DAXUESHENG ZHIYE GUIHUA
YU JIUYE ZHIDAO SUYANG

大学生职业规划与就业指导素养

主　编　方文利
副主编　汪恭敬

航空工业出版社
北　京

内容提要

本书是专门帮助大学生进行职业规划和就业编撰的实用教材。全书分为职业规划篇和就业指导篇两篇，共九讲。第一讲　知识导入——了解职业生涯　培养规划意识；第二讲　理论基础——掌握理论方法　提高理论素养；第三讲　自我认识——积极探索自我　夯实规划基础；第四讲　环境分析——评估职业环境　厘清规划方向；第五讲　规划实施——科学规划生涯　促进职业发展；第六讲　能力发展——基于生涯规划　提升就业能力；第七讲　就业准备——做好就业准备　把握就业先机；第八讲　求职择业——熟悉求职实战　冲破就业难关；第九讲　权益维护——重视签约环节　合法解决争议。

本书题材新颖，内容丰富，理论联系实际，具有针对性、实用性、时代性和指导性。在体例上，本书设置有知识目标、思政目标、知识导图、案例导入、知识链接、案例分析、知识拓展、互动测评、模拟实训等模块，帮助学生更好地理解和掌握所学知识，达到学以致用的目的。

图书在版编目（CIP）数据

大学生职业规划与就业指导素养 / 方文利主编 .—北京：航空工业出版社，2021.12

ISBN 978-7-5165-2815-0

Ⅰ. ①大…　Ⅱ. ①方…　Ⅲ. ①大学生—职业选择—高等教育—教材　Ⅳ. ① G647.38

中国版本图书馆 CIP 数据核字（2021）第 271290 号

大学生职业规划与就业指导素养

Daxuesheng Zhiye Guihua yu Jiuye Zhidao Suyang

航空工业出版社出版发行

（北京市朝阳区京顺路 5 号曙光大厦 C 座四层　100028）

发行部电话：010-85672663　010-85672683

北京荣玉印刷有限公司印刷　　全国各地新华书店经售

2022 年 1 月第 1 版　　2022 年 1 月第 1 次印刷

开本：787 毫米 ×1092 毫米　1/16　　字数：311 千字

印张：15.5　　定价：42.00 元

前言

2021年11月19日，教育部、人力资源和社会保障部召开2022届全国普通高校毕业生就业创业工作网络视频会议，深入分析高校毕业生就业形势，对2022届全国普通高校毕业生就业创业工作进行动员部署。会议指出，2022届高校毕业生规模预计1076万人，同比增加167万人，首次突破千万。面对复杂严峻的就业形势，国务院印发的《"十四五"就业促进规划》明确要求，持续做好高校毕业生就业工作。做好高校毕业生就业工作，离不开对高校学生职业生涯规划和就业的指导，基于此，编者编写了本书，期望能让学生有一个良好的职业规划，做好就业准备。

本书共九讲，第一讲是知识导入，让学生了解什么是职业生涯规划，培养学生的职业生涯规划意识；第二讲是理论基础，让学生掌握职业生涯规划的理论方法，提高学生的理论素养；第三讲是自我认识，帮助学生积极探索自我、了解自我，夯实职业规划的基础；第四讲是环境分析，帮助学生正确认识和评估职业环境，厘清职业生涯规划的方向；第五讲是规划实施，让学生根据前面所学知识科学进行职业生涯规划，促进学生的职业发展；第六讲是能力发展，在拟定的职业生涯规划基础上，帮助学生提高就业能力；第七讲是就业准备，让学生树立正确的就业观念，学会采集有效的就业信息，从而把握就业先机；第八讲是求职择业，让学生熟悉求职过程，了解求职误区，助力学生顺利就业；第九讲是权益维护，帮助学生了解签约环节和求职陷阱，让学生能够合法解决争议，维护自身权益。

本书题材新颖，内容丰富，理论联系实际，具有针对性、实用性、时代性和指导性。在体例上，本书设置有知识目标、思政目标、知识导图、案例导入、知识链接、案例分析、知识拓展、互动测评、模拟实训等模块，帮助学生更好地理解和掌握所学知识，达到学以致用的目的。其中，案例导入模块和案例分析模块在案例选择上兼顾课程思政要求，帮助学生在理解理论知识的基础上，提高学生的思政素养。此外，编者还为广大一线教师提供了服务于本书的教学资源库，有需要者可致电 13810412048 或发邮件至 2393867076@qq.com 领取。

本书不仅有利于引导高等院校学生正确面对就业，从容应对就业竞争，还可以帮助他们树立职业目标，合理规划自己的学业，为将来个人职场的成功奠定基础。由于就业环境变化莫测，书中难免有疏漏不当之处，敬请广大读者批评指正，在此表示衷心的感谢。

编　者
2021 年 12 月

目录

职业规划篇

就业指导篇

职业规划篇

吾十有五而志于学，三十而立，四十而不惑，五十而知天命，六十而耳顺，七十而从心所欲，不逾矩。

——《论语》

职业生涯是人生的重要部分，是影响人生发展高度的关键所在。有媒体开展的一项针对大学生职业生涯规划的调查显示，超过七成的大学生虽有一定的规划方向，但计划比较模糊。同时，超过八成的被调查者认同一份清晰的职业生涯规划有助于为找工作提前做好准备。职业生涯规划不应是找工作前的临时抱佛脚，而应是从容地提前谋划。

第一讲

知识导入——了解职业生涯　培养规划意识

职业是一个人在社会上生存的鲜明价值体现，是人生成功与否的重要标志，是一个人发展的核心部分。大学阶段是学习的高级阶段，也是职业发展的预备阶段。古人云：凡事预则立，不预则废。在大学这个特殊的时期进行职业生涯的规划，有效地规划职业生涯，对大学生未来的发展大有裨益。

知识目标

1. 了解职业、职业生涯与职业生涯规划的概念和特征。
2. 掌握大学生职业生涯规格的内容、原则、意义。
3. 了解大学生职业生涯规划教育的必要性。

思政目标

1. 培养进行职业生涯规划的意识。
2. 树立正确的生涯规划理念。

知识导图

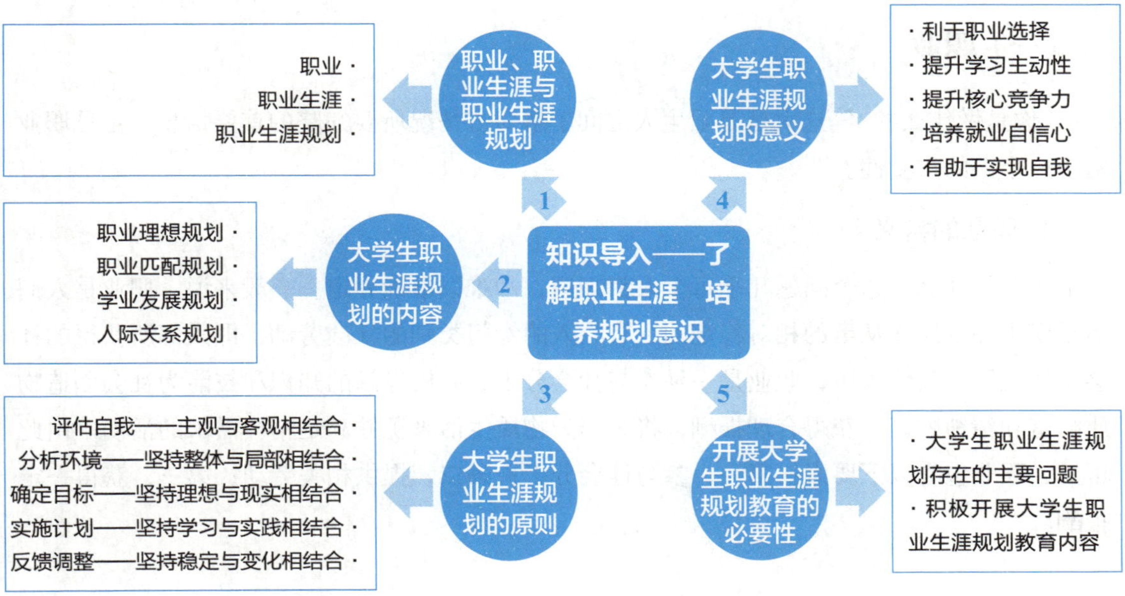

案例导入

X学院经济统计学专业A同学是2018届毕业生，在校期间，经常“泡”图书馆，极少参加班级活动。A同学的目的是考研，等考研成绩出来后发现没考上，该同学选择了找工作。由于之前一直在备考，没有参加任何大型招聘会，错过了招聘的“黄金期”，再加上没有任何工作实习经验，工作就更难找了。一段时间后A同学到了杭州一家生物制药公司做销售工作，工作了一个星期，由于工作辛苦，又对销售不太感兴趣，A便辞职了，又想继续报考研究生。不久后，A同学又放弃了这一目标（根据A的说法，研究生毕业后一样得找工作，还不如现在先工作，到时有机会再读研），于是该同学开始找工作，在网上不断地投简历。当有单位打电话过来时，由于投的单位太多，还要根据电话号码上网查看是那家企业应聘的是什么职位，就这样忙碌了一个星期，几乎每天要赶两个单位参加面试，就这样应聘了一个星期也没有回音。A同学对于未来的前景感到非常迷茫，不知所措。

思考

是什么导致了A同学目前的处境？

一、职业、职业生涯与职业生涯规划

在职业生涯规划活动开始之前，要先了解职业、职业生涯和职业生涯规划几个概念。

（一）职业

“你是做什么的？”这大概是陌生人之间了解对方情况所要知晓的首要信息，足见职业对于一个人的重要性。

1. 职业的含义

职业是什么？这个问题几乎每个人都知道，却难以准确界定。一般来说，职业是人们为了谋生和发展而从事的相对稳定的、有收入的专门类别的社会劳动，即人们所获得的社会生活位置。具体来讲，职业是一种参与社会分工、利用专门的知识和技能为社会创造物质财富和精神财富，获得合理报酬，将其作为物质生活来源并满足精神需求的活动。由此可见，职业包含以下要素：第一，参与社会分工；第二，提供相关劳动；第三，获得一定报酬。

2. 职业的特征

职业有如下特征：第一，职业具有广泛性。社会上的绝大部分成员都有职业，无业人员只是相对的少数。第二，职业具有同一性。同类职业的劳动条件、工作对象、生产工具、操作内容、人际关系具有相似性，即工作情境相似。第三，职业具有时代性。随着时代的发展，新的职业不断产生，旧的职业不断消失，职业的发展是动态的。第四，职业具有层次性。职业的层次性是不应该回避的话题，职业在组织权力结构中的地位、工作的自主权、收入水平、社会声望等方面存在差异。需要特别说明的是，职业与人的生涯紧密相关。

案例分析

2020 年 5 月，“95 后”快递小哥李庆恒被评定为杭州市高层次人才，并获得杭州市奖励的一百万元购房补贴，引发了社会关注。

李庆恒从事快递分拣员工作已经 5 年多的时间。每天晚上是他最忙碌的时候，因为分拣员要把收来的快递赶在清晨前分拣好，公司才能以最快的速度发送出去。日积月累、熟能生巧，李庆恒练就了一个本事：无论快件上标的是城市、区号、邮编还是航空代码，他都能准确无误地进行分拣。

背熟了，速度就快，就能早点回家，这是李庆恒最初的想法。为了背熟这些数据，他没少下功夫，甚至有些走火入魔。有时在马路上看到汽车车牌，他会把相关城市的所有信息在脑子里面过一遍。看到李庆恒有这个绝活，公司开始派李庆恒参加各种技能比赛。李庆恒也不负众望，拿到了包括“浙江省第三届快递职业技能竞赛”第一名在内的众多奖项。

| 分析 |

正所谓“三百六十行，行行出状元”，不论从事什么职业，只要专心去做，平凡的岗位照样能做出不平凡的业绩。

（二）职业生涯

职业生涯是一个时间与空间的结合体，与职业生活内涵与外延近似。

知识链接：职业的功能

1. 职业生涯的含义

职业生涯是指一个人一生中所有与职业相联系的行为与活动，以及相关的态度、价值观、愿望等连续性经历的过程。由此可见，职业生涯有以下两个要素：一是主观方面，职业生涯涉及一个人的价值观、态度、需要、动机、气质、能力、发展取向等；二是客观方面，职业生涯是一个人在工作时期进行的各种活动和表现、各种举止行为的连续体。

2. 职业生涯的特征

职业生涯具有如下特征：第一，总结性。职业生涯表示一个人一生中在各种职业岗位上的整个经历，与成功与否或进步快慢没有关系。第二，连续性。职业生涯是一个过程，是一个人一生中所有与工作相关的连续经历，而不仅仅指一个工作阶段。第三，环境性。职业生涯受各方面因素的影响，社会环境、家庭环境等都可能成为影响职业生涯的因素。

3. 职业生涯的类型

职业生涯有以下两种分类。

（1）外职业生涯和内职业生涯。外职业生涯是指从事职业相关的工作单位、工作地点、工作内容、工作职务、工作环境、工资待遇等因素的组合及其变化的过程。内职业生涯是指从事一项职业时所具备的知识、观念、心理素质、能力、内心感受等因素的组合及其变化过程。

（2）传统性职业生涯和易变性职业生涯。传统性职业生涯是指在一个人的职业生涯中，职业是持续而稳定的，我们通常称之为传统性职业生涯。如一个人的职业生涯之初是技术员，随着其专业知识的增长和工作经验的丰富，其职位可能会逐步晋升为助理工程师、工程师和高级工程师。易变性职业生涯是指一个人的职业生涯可能由其兴趣、能力、价值观及工作环境的变化而变化，可能从事多项职业，我们把这种职业生涯称为易变性职业生涯。如一个人职业之初是一名技术人员，后来从事管理工作等。

（三）职业生涯规划

职业生涯规划作为个人职业生涯发展的蓝图，对职业人的职业发展有着重要的指导意义。

1. 职业生涯规划的含义

职业生涯规划是指通过个人和组织相结合，对个人职业生涯的主客观条件进行测定、分析、总结、研究，尤其是对其兴趣、爱好、个性、能力、价值观、特长、经历以及存在的不足等各方面进行综合分析的基础上，确定其最佳的职业奋斗目标，并为实现这一目标作出行之有效的安排。这里需要区分两个概念：一是职业生涯规划不同于职业生涯设计，前者是针对个人层面而言，后者是针对专家层面而言；二是职业生涯规划也不同于职业生涯管理，职业生涯管理属于人力资源管理的研究领域，而职业生涯规划则是针对个人发展而言的。

2. 职业生涯规划的特征

职业生涯规划有如下几个特征。

（1）科学性。大学生在谈到自己的目标时，内涵贫乏的现象较为普遍，没有什么科学性和可行性。所以，在制订职业生涯规划时必须要有明确的时间规定，以及可行的实施方案，要有思路清晰的操作步骤。职业生涯规划对结果来说必须是可以随时随地衡量的，而且还要有具体的数据来加以说明以证明其有效性。同时，在实现职业生涯规划的过程中，要避免自欺欺人和捏造借口来说明事实。另外，职业规划要有一定的可行性，符合现实环境和自身情况，懂得把握合适的时机，在最佳时间，用尽可能少的努力去完成最有利的事情，充分释放规划的功能。

（2）连续性。大学生的职业生涯规划应该从入学开始，可以分为三个时期：第一，职业初选期。这一阶段主要是针对新生（一般是大一学生），此时学生的可塑性很强，在基本适应大学生活的基础上，学生要思考对职业的谋划，对未来的思考和期望，做好规划的预备活动。第二，职业规划期。这一阶段主要是针对大学中期的学生（本科一般是大二和大三，高职一般是大二），学生要认识自己的需要和兴趣，确定自己的价值观、动机和抱负，考虑未来的发展方向，提高求职技能，收集用人单位信息。第三，直面就业期。这个阶段主要针对的是即将毕业的大学生，经过大学的学习，要进一步认识自我，合理自我定位，探索工作选择和职业发展，为即将从事的工作积极收集信息和准备材料。

（3）时效性。社会需求在不断地发展变化，用人单位的发展存在多变性和风险性。因此，大学生更应该使自己的职业规划紧跟时代步伐，使自己的职业规划和社会、用人单位的需求相匹配。所以，大学生的职业规划必须受时间的制约，不是一个静态的、一成不变的过程，而是一个动态规划和变化的过程。

3. 职业生涯规划的类型

依据规划时间的长短，职业生涯规划可以分为短期规划、中期规划、长期规划和终身规划四种类型。

（1）短期规划是指 2 年以内的职业生涯规划，规划的主要目的是确定近期目标，制订近期应完成的计划和任务。

（2）中期规划是指 2~5 年内的职业生涯规划，这是最常见的一种职业生涯规划。

（3）长期规划是指 5~10 年内的职业生涯规划，规划的目的主要是设定比较长远的目标。

（4）终身规划是指对整个职业生涯的规划，时间跨度在几十年，目的是确定整个人生的发展目标。

二、大学生职业生涯规划的内容

大学生职业生涯规划主要规划什么？这涉及大学生职业生涯规划的内容问题。一般来说，大学生职业生涯规划包括如下内容。

（一）职业理想规划

职业理想是人生理想的核心部分，是狭义的理想。职业理想是指人们对未来职业表现出来的一种强烈的追求和向往，是人们对未来职业生活的构想和规划。任何人的职业理想必然受到社会环境、社会现实的制约。社会发展的需要是职业理想的客观依据，凡是符合社会发展需要和人民利益的职业理想都是高尚的、正确的，并具有现实的可行性。大学生的职业理想更应把个人志向与社会需要有机地结合起来。一个人选择什么样的职业以及为什么选择这种职业，通常都是以其职业理想为出发点的。大学生树立职业理想的过程，便是进行职业生涯规划的过程。一旦在心中有了自己认为理想的职业，就会根据职业理想的目标去规划自己的学习和实践，并为获得自己认为理想的职业而进行各种选择。

（二）职业匹配规划

职业匹配是职业生涯规划的重要内容，有方向性的作用。著名管理学家诺斯威尔曾指出："职业生涯设计就是个人结合自身情况以及眼前制约因素，为实现职业目标而确定行动方向、行动时间和行动方案。"换句话说，职业生涯规划就是在充分了解自己的兴趣、爱好的前提下，在认真分析当前形势的基础上，结合自己的专业特长和知识结构，对将来从事的工作所作的方向性的计划安排。大学生的职业匹配规划主要包括以下两方面内容。

1. 认识自我

认识自我是职业匹配规划的前提条件。大学生在校期间就应对自己的兴趣、能力、专长等个性因素进行全面的分析和评估，判断自身存在的问题、优势以及不足，从而对自己的各个方面有全面的认识。在职业生涯规划的过程中，首先关注的问题是对大学生自我认识能力的培养，即让大学生真正认识到"我是谁"。其次可以通过科学认知的方法和手段，对自己的职业兴趣、气质、性格、能力等进行全面认识；对希望从事的职业的区域性、行业性、岗位性等特性有清晰的了解，清楚自己的优势与特长、劣势与不足，努力避免职业生涯规划中的盲目性。

2. 认识职业

认识职业是入职的关键条件。在掌握知识技能、了解自我的基础上，需要了解职场，包括岗位职责、工作环境、工作性质等。只有在入职前对职场有清晰的了解，才能避免一些就业时的困惑和盲目。同时，大学生应该对职业有关的各种政策、职业动态、社会动态等也有一定的了解，以帮助个体作出更好的选择。在了解了自我和职业的基础上，个体根据自我的兴趣、能力、职业的相关要求去选择适宜的职业和岗位，最终达到较好的人职匹配。

（三）学业发展规划

学业发展规划是大学生职业规划中最具实质意义的部分，对大学学业有重要指导作用。学业规划就是大学生对与其事业目标相关的学业所进行的安排和筹划。具体来讲，是指大学生通过对自身特点、意向行业和职业的深入分析和正确认识，确定自己的职业目标，进而确定学业发展方向，并结合自己的具体情况制订学业发展计划。学业发展规划是一个有机结合的整体，制订适合个人的学业发展规划需要做很多深入的工作，根据不同年级，可将学业规划分解成阶段性的内容。

1. 大学初期（主要是大一）

这时的学业发展规划主要是适应。要学会适应自己的专业学习，适应大学的学习环境和学习方式。首先，可以从老师、学长那里了解专业特点以及该专业的发展前景；其次，通过各种途径了解有效的专业学习方法，不断提高自身能力；最后，对与本专业相关的一些课程内容做系统的了解，对于诸如基础课、专业基础课、专业课等信息有大概的了解，这有助于个体在后期的学习过程中合理安排精力和时间。

2. 大学中期（本科是大二、大三，高职是大二）

大学中期进入学业发展的重要阶段。首先应该根据自身实际和社会需要来规划自己的发展方向，制订学业发展计划，认识自身综合能力在职业发展道路上的重要作用，使自己开始意识到就业的压力和危机感、紧迫感。其次，开始有选择地辅修其他知识充实自己，同时考取一些资格证书，有目的地培养与职业目标相适应的职业素养；积极参与各种团体活动，通过学校组织的实习活动，学好专业知识，强化社会实践环节，进一步提高适应社会的能力。另外，根据自己的不同发展需要参加各种辅导、培训进行蓄力。

3. 大学后期（本科是大四，高职是大三）

主要以求职与择业为主。这个阶段，大学生首先应该作出选择（是继续深造还是选择就业），深造的方向和择业的内容需要进一步具体化和可操作化。如果选择就业，那么相关的求职材料的准备、就业的政策信息、面试笔试准备将是这个阶段的主要工作内容。总之，对于大学生而言，学业依然是大学生生涯规划中的一个重要内容，只有顺利地规划好各个阶段的学习内容，才有可能顺利地毕业。

（四）人际关系规划

卡耐基说过，一个人的成功，只有15%是由于自身专业技术，而85%则要靠人际关系和其处世能力。因此，对于大学生来说，处理好自己与父母、同学、老师之间的关系，对于集中精力学习、顺利完成学业有着十分重要的意义。

1. 父母关系

大学时期是人生发展阶段中精神上的“断乳期”，即从心理上摆脱对父母的依赖。作为大学生，一方面，因为生理的成熟、知识的积累，已经拥有了一定的生活智慧，加上上大学后远离父母，所以，自理能力是大学时期一个重要的成长内容。另一方面，由于大学生比较年轻，涉世未深，加上社会经验不足，在处理各种问题时难免会力不从心，而良好的家庭关系是大学生的重要支持力量。因此，大学生可以在自己无法应对的情境下，求助于父母的指导。同时，大学期间，通过和父母进行平等的沟通，既能加深亲子之间的情感衔接，彼此加深了解，也能避免产生过多的代沟。

2. 师生关系

建立良好的师生关系，对大学生的顺利发展也具有重要的意义。当今的大学校园，很多大学生非常重视和同学之间建立良好的人际关系，却忽视和老师之间建立良好的师生关系，加之大学较为宽松的授课环境，使师生关系不够紧密。离开家庭的呵护，良好的师生关系其实也是个体发展的重要支持系统。首先，教师能帮助学生提供一些前沿的信息，丰富大学生的信息量；其次，教师可以为学生释解疑惑；最后，对于一些处于困境的学生，教师的及时介入可能会避免严重后果的发生。

3. 同学关系

大学生思想活跃，精力充沛，兴趣广泛，极其渴望人际交往，力图通过人际交往去认识世界，获得友谊，从而满足自己物质上和精神上的各种需要，而最直接的交往就是同学交往。良好的同学关系对个体的发展具有重要作用。首先，可以促进个体的社会化，提高个体的社会能力；其次，亲密的同学关系是个体获得安全感和社会支持的重要来源；再次，在与同学互动的过程中，个体可以获得积极的情感体验；最后，良好的同学关系能够促进个体自我意识和人格的发展。总之，大学生之间的友谊相对更加纯粹，应珍惜这一段时光，个体会受益匪浅。

4. 宿舍关系

宿舍人际关系是一个敏感而又无法回避的问题，它既是大学生最重要而又相对较为脆弱的人际关系，也是大学生社会化过程中人际关系的一个集中反映。大学校园里，宿舍作为大学生活的基本单位，不仅是大学生生活和住宿的场所，也是学习、娱乐、交往的重要场景。大学生在性格、生活习惯、价值观念、成长环境、经济状况等方面的差异及大学生之间存在的利益关系，是大学生宿舍人际关系是否和谐的主要原因。大学生应该尊重舍友的文化观、价值观以及生活方式，宽容舍友无意间的小错误，不搞“小团体”，团结互助，不窥探他人隐私，真诚相待。所谓“心底无私天地宽”，学会和舍友分享酸甜苦辣，共同建立一个温馨的宿舍氛围。

总之，和谐的人际关系既是大学生心理健康的重要指标，也是大学生生涯规划的关键内容。

案例分析

小张，男，18 岁，大一学生。小张从小和爷爷奶奶住在一起，父母一直在外打工，常年不在身边，缺乏父母的陪伴。初中的时候，他学习成绩很好，顺利进入高中。后来他的父母离婚，小张与母亲同住，一直怨恨父亲，学习成绩一落千丈。后来，母亲百般呵护小张，让小张感受到母爱的温暖。在母亲的鼓励和支持下，小张顺利考上了大学。

因为小张之前没住过集体宿舍，所以觉得很不舒服。另外小张性格比较内向，不愿意和别人交流，经常一个人独来独往，宿舍的同学也很少主动和他交流。因为和同学关系疏远，也没有融入宿舍的集体生活，又不喜欢和老师、同学交流，小张出现了焦虑、注意力不集中、食欲不振、睡眠困难等问题。最后，他不想面对同学，甚至选择逃学，导致期末两门重要课程不及格，学习成绩和班级综合评价排在班级末尾。

小张现在很担心自己会让妈妈失望，也知道自己的心理问题导致成绩不合格，于是向辅导员求助。辅导员经过调查了解，分别找了小张的母亲和舍友谈话，同时引导小张消除焦虑，建立归属感。在辅导员的帮助和舍友的配合下，小张渐渐走出困境，成功适应了大学生活。

| 分析 |

和谐的人际关系是一个人健康成长、顺利发展的关键。当我们的人际关系出现问题时，要勇于面对，同时要善于寻求帮助。

三、大学生职业生涯规划的原则

大学生职业生涯规划是大学生进行自我剖析，在全面客观地认识主、客观因素与环境的基础上进行自我定位，设定自己的职业生涯发展目标，选择实现既定目标的职业，制订相应的培训、教育和工作开发计划，按照一定的时间安排，采取各种积极的行动去达成职业生涯目标的过程。完整、有效的职业生涯规划至少应包括评估自我、分析环境、确定目标、实施计划、反馈调整五个环节，在落实每一个具体环节时，都必须坚持相应的基本原则。

（一）评估自我——主观与客观相结合

评估自我是个人职业生涯规划的前提和基础。评估自我是对包括与个人相关的所有因素，比如气质、性格、能力以及潜能等因素进行分析和评价，即要弄清楚自己是谁，自己想要做什么，自己能够做什么。

大学生首先应对自己进行全面的评价和分析，评价是认识自我最直接、最有效的方式，是规划的基础。实际上，个人对自身的评价是经常进行的，但是这些评价往往是随意的、偶然的，缺乏系统性和科学性。要真正全面、系统地进行自我评价，必须借助于专业的职业生涯测评系统。一个完善、合理的职业生涯测评系统应当在综合管理学、心理学、组织行为学、人事测量学、统计学知识的基础上，对被测试者的职业兴趣、职业性格、职业能力和职业价值观等各个方面进行全面、深入的评价，从而使其能够了解自己的气质、性格、能力、特长、兴趣特点，分析自身具有的潜在优势和不足，提出发挥自己潜能、控制自己不足的建议。

个人对自我的评估往往带有较强的主观性，即使使用职业生涯测评系统，由于测评系统自身设计特点的局限，其结果和建议也并非完全符合实际。因此，需要将个人对自己的评价与他人对自己的评价结合起来，除了个人的主观测评之外，还应有来自熟悉自己的人的评价和看法，比如老师、同学、家长的评价。通过周围熟悉自己的人对自己的评价，获得的分析和认识会更加全面和客观。因此，大学生在制订职业规划时，需要与周围的朋友、家人和指导老师多沟通，从而更清晰地了解自己。

（二）分析环境——坚持整体与局部相结合

外部环境是个人发展的现实基础。只有立足于现实环境积极思考，才能认清形势，充分利用机会，实现自己的职业理想和人生价值。职业生涯规划必须考虑外部环境的影响，对各种可能影响职业的外部力量加以衡量、评估，才能保证其科学性和可能性。因此，要评估现实环境条件的特点、发展与变化趋势，并在此基础上认清自己与环境的关系，明确环境对自己的有利条件和不利条件，相应地调整自己的目标和预期，使自己的职业生涯规划切实可行，符合社会变化的要求和职业发展的要求。

大学生在进行职业生涯规划时，既要考虑个人的因素，也要自觉服从社会需要。据测算，在我国，GDP 每增长 1 个百分点，将会新增就业岗位 100 万个。因此，在规划职业生涯时，首先要分析把握社会整体的经济发展状况，特别是一些新的经济特点、新兴产业动向以及社会发展可能带来的影响，进而预测由此引发的社会人才需求、人才结构新的发展方向，以便根据情况确立自己的职业发展方向。社会的政治、文化氛围也是规划职业生涯时不能忽略的重要因素，因为社会是经济、政治、文化之间相互作用、相互影响的整体。一个新出台的政策可能导致一个产业的兴起或者衰败。因此，社会经济、政治、文化的变化发展也是职业生涯规划分析评价的内容之一。

对社会的一般性宏观分析是进行职业生涯规划的重要组成部分，但同时也要深入考虑具体情况。一方面，要清楚未来可能从事职业的工作内容、工作环境、任职条件所需的知识、能力、经验和经历等，以及相适应的职业兴趣类型。大学生要充分利用多种途径广泛收集相关信息，同时也要积极参加职业实践，通过实际锻炼来加强自己对职业的认知。另一方面，也要从本地区和具体就业区域的角度评估就业形势。因为大学生选择职业除了考虑职业自我属性、职业类型外，还必须考虑职业社会生态环境的差异，即组织、地区差异等因素对大学生职业选择的影响。

（三）确定目标——坚持理想与现实相结合

职业生涯目标是指可预期的、有一定可行性的规划目标，这是职业生涯规划的核心内容，决定着个人职业发展的方向，是奋斗的“灯塔”，也是制订方案、采取措施的核心依据。要在自我评估、外部环境分析的基础上，选择适合自己的职业方向，确立职业生涯发展目标。

理想是指引人前进的方向和目标，能够为人的奋斗提供强大动力和支持。所以，确立一个值得为之努力的职业理想是职业生涯规划的关键。成功者的经验表明，人生是需要规划和设计的。由于时间有限、环境多变，大学生需要确立职业理想，把有限的时间和精力用到最需要的地方去，“好钢用在刀刃上”，从而获得事业的成功。

在确定职业目标时不能好高骛远，不切实际。大学生缺乏对行业、职位详细信息的了解，体验不到真实的职业环境，目标的确定往往有些理想化，而具体行动计划又有脱离实际的倾向。大学生希望到待遇好、环境好的单位就业，这无可厚非，但应该根据实际情况对就业地域、单位属性、工资薪酬、职业目标等作出合理调整，提高职业适应性。

（四）实施计划——坚持学习与实践相结合

在确定职业生涯目标后，行动便成了关键的环节。这里的行动，是指落实目标的具体措施，主要包括学习、工作、实践等方面的措施。行动计划可分为长期计划和短期计划，长期计划的实现过程中不确定因素较多，因此，大学生要根据自身实际情况和社会发展趋势，不断地设定新的、可操作的短期行动计划，进而趋近实现长期计划。

知识的学习和积累是在校大学生的首要任务。良好的知识储备和专业技能水平是实现职业规划目标、顺利走上工作岗位、完成工作任务的前提和基础。因此，在实施职业生涯规划的过程中，不能仅重视职业工作能力的加强，还要重视知识的储备和专业技能水平的提高。

反之，也有部分大学生特别重视学习，认为只要把专业知识、各种技能学习好，就能找到好工作。比如有的大学生对英语四、六级的考试十分重视，但是却忽视英语的实际应用能力培养，并且大多数学生很少重视与职业相关的社会实践。只有经过社会实践，才能知道自身“所学”是不是将来的职业“所需”，自己能不能胜任规划的工作。如果不能，则需要在校期间尽快完善这方面的知识。因此，大学生有必要通过参加有益的职业训练，努力提高自己的综合能力，注意培养从事本行业岗位的基本能力和某些专业能力，即重点培养满足社会需要的创造能力、社交能力、实际操作能力、组织管理能力、自我发展的终身学习能力、心理调适能力等。

（五）反馈调整——坚持稳定与变化相结合

职业生涯规划不是一成不变的，而是动态变化的，职业生涯规划要根据社会环境的不断变化而不断反馈调整。大学生职业生涯规划中的反馈调整主要包括：职业方向的重新选择、各阶段具体目标的调整细化、实施措施与计划的修正等。反馈调整是一个对自我、对社会、对职业重新认识、重新发现、重新定位的过程，并且这种重新认识、发现、定位必须根据社会发展的需要和自身的发展及时变化调整。

职业生涯规划是关系人生发展的重要设计。从开始的分析评估自我、全面考察环境，到目标确立、实施计划，一般都需经过认真和慎重的考虑。因此，职业生涯规划一旦确定下来就应尽量保持稳定，尽可能不要作大的变动和调整。否则的话，就要重新花费精力去分析评估一系列的相关因素，重新确定目标，甚至推翻之前已经取得的成绩，重新选择道路，难度很大。

当然，这也并不意味着职业生涯规划一经设计就是一成不变的，它应随着社会需求的发展变化而变化。因此，学校应教育、引导大学生注意职业需求变化对职业生涯的影响，让他们主动适应各种变化，完善和发展自己的职业生涯规划。

四、大学生职业生涯规划的意义

大学生职业生涯规划对于大学生成长成才具有重要意义。

（一）利于职业选择

很多大学生对自己不是很了解，在职业选择时表现出盲目性，有些人甚至很不切实际。通过一个好的职业生涯规划，可以使大学生认识到他们本身所具有的个性特点、现有的和潜在的职业素养，帮助大学生认识自我的价值；同时，也可以对自己的总体优势和劣势进行多方位对比分析，重点培养一些职业特质，树立自己的职业目标和职业理想。在此基础上，有效地规划自己的职业学习和实践生活，并为自己最终能够得到理想的职业去做各方面的准备；能够较客观地估计自己的个人目标与现实之间的差距，运用科学的方法并结合切实可行的步骤和措施，不断提高自己的就业能力，最后实现自己的职业目标和理想。在职业生涯规划过程中，大学生必须学会不断地获取各种大量的信息，涉及职业、就业形势、组织、社会等各个方面。获得的信息越多，思想准备就越充分，在规划未来发展方向的时候，越能够依据现实社会的需求，着眼当前利益和长远发展规划的关系，合理地作出职业选择。

（二）提升学习主动性

明确职业生涯目标是进行个人职业生涯规划的必要步骤和重要内容，所以，通过制订科学的个人职业生涯规划，会使一个人的奋斗目标变得十分明晰，继而努力实现事业上的成功。大学生职业生涯规划是大学生为自己的成才和发展订立的心理契约，是自己对未来美好的承诺。制订科学的职业生涯规划，可以帮助大学生确定生涯发展目标，促使其在充分认识自己、认识社会、客观分析环境的基础上，制订大学阶段的学习和能力培养计划，并根据自己的爱好、实际能力和社会需求制定有效的实施步骤，即某个时间段自己要达到什么目标，最后根据目标和进程不断总结并完善自己的计划，对不和谐之处进行矫正。这样一来，大学阶段的学习和生活就会由被动变为主动。如果职业目标是成为政府机关公务员，那么在大学期间就应主动地加强自身的政策理论水平修养，加强个人口头表达能力、文字处理能力、组织协调能力的训练；如果职业目标是从事营销工作，就应培养自己的敏锐意识、应变能力及市场分析、预测能力；如果职业目标是开办公司，就应培养自主创业、勇于开拓的精神、踏实的工作作风、吃苦耐劳的意志。

（三）提升核心竞争力

当今社会处在变革的时代，竞争的形式和烈度也在发生着变化。大学生就业时往往在知识、实力和经验方面准备不足。知识和经验的积累是人生成功的关键，是一个不断学习、挖掘和积累的过程。大学期间正是知识学习、能力锻炼和培养的关键时期。职业生涯规划能帮助大学生成功地积累人生发展的必备资源。这些资源主要包括健康的身体、优良的思想道德品质、合理的知识结构、协调的人际关系及良好的社会适应能力等。职业生涯规划能够培养大学生对这些资源的驾驭能力，如通过对职业尝试性的定位与选择，反思自己的人生理想和人生态度；通过对个人的评估及对职业形势的分析，培养自己有选择、有目的地完善知识结构的能力；通过参加各类实践活动，锻炼自己的人际协调能力，培养自己在未来人生发展中分析、观察及创造的能力等。

（四）培养就业自信心

自信心对大学生职业生涯规划有着重要作用。自信心是建立在对其所从事职业的认知和驾驭能力充分认识的基础上。职业生涯规划的过程，也是大学生不断学习、实践的过程。随着知识的不断积累、接受教育的增多和社会锻炼的加强，对自己和职业的了解及认识也会不断强化，就业能力逐渐提高，自信心自然而然地、逐步建立起来，这对顺利实现就业非常有利。

（五）有助于实现自我

自我实现的实质特点是大学生的各种能力和创造力的充分发挥和展现。自我实现的过程是发展的过程，换句话说，就是寻找真实的自我，发现本身具有的潜在能力的过程。大学生的自我实现是通过职业生涯规划的方法来完成的，并在自己的努力下不断满足自我实现的需求。当前，在日益激烈的市场竞争和社会经济正在发生变革的形势下，不但要对自我有充分的认知，而且要在大学里建构自己的人生观、价值观、世界观、理想、信念和发展方向。因此，大学生必须学会调动身边可用的资源，有意识地培养、建构自己的优良特质，充分发掘自己的优点，弥补自己的短处，不断完善自我。同时，大学生必须知道如何和周围的环境保持协作性和协调性，才能在合适的时机中把握机会，在职业生涯中实现自我的需求，实现自我的价值。

大学生要想在步入社会后有所作为，合理的职业生涯规划是必修课，有助于个人提高自身应对竞争的能力，获得职业发展优势。合理的职业生涯规划能够帮助大学生深入了解自己，客观准确地评价自己，从而不断促进个人发展和综合素质提高。职业生涯规划还能使大学生对工作对象、职业信息的了解更加深入，认清就业形势，转变就业观念，准确定位职业发展方向，合理选择适合自己的行业和职业，找到人生未来的奋斗目标。合理的职业生涯规划既能提高大学生在大学期间的学习和生活质量，也能让大学生的学习有内容，生活有目标，为就业提前做好充分的准备，实现“人职匹配”，提高就业满意度和生活幸福感。这些都将为大学生以后的职场生涯打下坚实的基础，使他们的事业向成功迈进。

五、开展大学生职业生涯规划教育的必要性

为了实现大学生学业和职业的良好匹配，使大学生能够成长成才，将来成为祖国合格的建设者，需要大学生发挥自身的自觉性、主动性和能动性。在大学期间要对职业生涯合理规划，为将来的职业做好准备。

（一）大学生职业生涯规划存在的主要问题

1. 认识偏差

认识偏差是大学生职业规划面临的首要问题。一个有效的职业生涯规划，必须在充分且正确地认识自身条件与相关环境的基础上进行。所以说，要进行职业生涯规划，需要审视自己，认识自己，了解自己，并作自我评价。但是，大学生群体中有部分学生对自己不能进行正确的评估，不能真正了解自己的兴趣，不了解自己喜欢什么，不了解自己的特长

技能以及自己的优势和劣势，不知道什么对自己更有帮助。还有的学生对自己的认识比较片面、单一，缺乏整体性的认识，夸大了自己的优点，对于职业规划过于理想化，脱离实际；有的学生则过于悲观，忽视自己的特长和能力，找不到自己的价值，对自己的前途没有信心。

2. 意识模糊

职业规划意识模糊也是职业生涯规划的大忌。大学生正处于从依赖到独立、从学生向社会过渡的时期，对职业认识模糊。有的学生认为职业生涯规划只属于想成功的人，而自己只想做个平凡的人，用不着进行职业生涯规划；有的学生认为，这个世界变化太快，易变的职业生涯不需要规划，很多事情既然无法预测，再规划也是枉然；也有的学生抱怨没有机会，然而当升迁机会来临时，才感叹自己平时没有积蓄足够的学识与能力，以致不能胜任，追悔莫及。所以说，缺乏准备，没有计划，即使好的机会摆在面前也抓不住，导致不少学生看到别人考研才想考研，看到别人找工作自己才有所行动。没有规划，盲目随大流，最终一事无成。

3. 墨守成规

环境不是一成不变的。尤其是在信息化的今天，用静止的观点看待外部环境，一定会碰得头破血流。但是，许多大学生对于环境的认识，如社会的发展需求、经济的变化、政策法规等的认识，一直处于传统的普遍的层面。如对于就业，大学生自然会考虑社会给自己提供了多少就业机会，有多少选择的可能，就业形势如何，等等。学生对于大环境的认识是就业难，于是大学生把找工作难归咎于大环境不好，而没有考虑适合自己的具体就业区域和领域等因素。外部环境不以个人意志为转移，大学生应该寻找对自身有利的因素，避免不利因素，制订出符合社会实际需要的职业规划目标。

4. 缺乏执行力

歌德曾经说过："仅有知识是不够的，我们必须应用；仅有愿望也是不够的，我们必须行动。"就像有的学生称自己对职业规划有所了解，自己也进行了规划，但只有总体计划，没有阶段性计划或没有细化，也没有相应的措施来提高学习和工作效率，那样计划就无法实施，如有的学生认为在学校学习很难获得工作经验。其实，这也是一个认识上的误区。工作单位要求应聘者的实际能力，只要大学生在校期间足够努力就可以培养。所以，大学生在做了职业规划以后，就要行动起来，落到实处。行动是落实目标的具体措施，如学生可利用职业规划，在平时的学习过程中认真学习基本的专业知识，并培养对应专业的基本技能，注重提升自己的综合素质和能力等。

（二）积极开展大学生职业生涯规划教育内容

高等教育要重视大学生的职业规划教育，能够合理地安排教学内容，科学地安排教育方式，把大学生职业规划教育贯穿于大学生教育的整个过程中，有计划、有步骤地对大学生开展职业生涯的规划教育，才能保障大学生的就业和发展的质量。

1. 职业生涯规划的基础内容

要积极开展职业生涯规划的基础教育，通过职业生涯规划的基础教育，使学生能够适应大学生活，对大学生活有一个整体的了解与规划；使学生能够了解大学教育目标，积极进行角色的转变，调整自己的心理和行为，适应大学的学习与生活。

大学生职业生涯规划教育的基础内容包括对学生进行专业教育。对于大学生而言，专业知识与技能是他们在大学阶段所要学习的重点内容，也是使学生未来立足社会、谋求发展的基础。因此，学校在职业生涯规划基础教育中，要加强专业教育，使学生明白专业培养目标，明确学习的目标和方向。通过专业教育，使学生能了解相关专业的培养要求和完成学业需要具备的基本条件；通过专业教育，使学生了解本专业在社会上的实际应用情况，本专业的发展情况和前景等；通过专业教育，使学生能够了解社会，了解自己未来的发展方向。

大学生职业生涯规划基础教育内容还包括开展就业形势教育，强化职业意识教育。通过就业形势教育，使学生能够了解自己专业发展的情况和就业政策，提升学生的学习动力，为学生未来有效地就业做好准备。加强职业意识教育，学生需要对职业内容、职业要求和职业竞争情况有全面的了解；通过职业意识教育，学生要明白自己未来所从事的职业应该是什么，了解这个职业的特点，了解职业与事业之间的关系，明白自己的未来发展方向，使学生认识到职业竞争激烈的形势，提升学生勇于竞争、积极进取的意识。

2. 职业目标引导教育和素质教育

要加强对学生职业目标的引导教育和素质教育，通过职业目标引导教育，使学生能够确定自己的职业生涯目标，并且能够在目标的引导下，自觉、有序地丰富自己的专业知识技能，提升自身的综合素养。职业目标引导教育需要对学生深入进行职业认知心理教育，开展职业心理学课程教育，通过群体辅导和个别辅导的方式，使学生了解自己未来所从事职业的类型、特点，对自己的职业有全面、客观的了解，对自己的个人能力和爱好、情趣有全面、客观的了解，从而确定自己的职业奋斗目标。加强职业目标教育需要引导大学生针对自己的情况确定科学的职业目标，要通过这一阶段的教育，使大学生能够实现职业目标与专业学习的结合，职业目标与个人能力的结合，职业目标与社会职业发展要求的结合。只有学生确定科学合理的职业目标，才能在目标的引导下，获得有效发展。

开展学生职业生涯规划教育，还需要加强学生综合素养的培养教育。首先，学校要做好引导工作，能够引导大学生根据自己的职业目标建立合理的知识结构，使学生能够广泛地学习相关知识。在有条件的情况下，尽量辅助学习一些其他课程与专业，构建自己的知识结构体系。其次，学校要引导大学生积极进行身体素质锻炼和综合能力培养，使学生在专业技能知识学习的同时，能够发展自身职业能力，发展组织协调能力、沟通能力，提升自身的身体素质。要引导学生多参加一些社会实践活动，提升学生的实践能力。

3. 职业技能培养教育

同样地，加强对学生进行职业技能的培养教育，明确职业生涯规划教育的重要内容，这是提升学生职业技能、丰富学生职业经验的重要途径。职业技能培养教育的开展，要求学校帮助学生在职业目标的引导下，选择与职业目标相关的实践工作岗位，积累实践工作经验。学校要鼓励学生走出学校，走向社会，能在社会范围内选择与自己职业目标相一致的工作，这对于提升大学生的职业素养具有积极的作用。另外，学校应重视学生的社交能力培养，引导学生扩大校内外的交际圈，能够广泛地与校友和职场人士交往，使学生在交往中，学会尊重他人，宽容地对待他人，掌握交往的技能，这对于学生未来的职业发展也具有积极的作用。学校还应加强对学生求职技能的培养，可以开展一些模拟求职实践活动，使学生在模拟求职的过程中掌握求职技巧，学会如何更好地制作简历并进行面试，掌握基本职场礼仪等。学生掌握了求职技能，才能在未来求职过程中得到用人单位的青睐，更好地就业和发展。

4. 择业、就业教育

要对学生进行择业、就业教育，引导他们能够合理择业，成功就业。择业、就业教育主要是对学生进行择业观与就业观的教育，引导学生树立正确的择业观和就业观，降低择业的盲目性，解决学生频繁换工作的问题。通过择业、就业教育，要使学生能够认识到个人发展与社会发展相结合的重要性，认识到利益与奉献的一致性；使学生能够转变一次就业定终身的错位观念；使学生可以根据自己的职业理想、职业生涯规划进行择业、就业规划；使学生能够认识到在最需要的地方发挥自身价值的重要性，认识到创业的意义，提升学生的认识。学校要加强对学生进行就业心理素质教育，增强学生的抗挫折能力，消除学生对就业的迷茫和矛盾，增加学生的就业自信心。要通过就业心理素质教育，使学生能够正确、客观、全面地评价自己，调整自己的就业心态，拓宽自己的思路，着眼未来，提升自身的承受能力及就业心理素质。

知识拓展

网络新行业

网络的兴起催生了许多新兴行业。下面就让我们来看看这些新行业。

试客：试用商家的产品，试用过后按要求写下自己的试用体会作为回报。

印客：把网民的文字、图片制作成具有永久保存价值的个性化印刷品。

红客：也称网络安全顾问，维护国内网络安全，并对外来进攻予以防御和还击。

播客：创作视频传到网上，靠点击率赚钱。

调客：专做网络调查。

威客：通过互联网把自己的智慧、知识、能力、经验转换成实际收益。

换客：把闲置物品拿出来跟别人交换。

帖客：根据广告主悬赏的要求，在论坛发帖对其商品进行宣传，获取一定报酬。

玉米虫：靠注册域名赚钱。

网络掌柜：网上开店铺的老板。

网络团长：聚集网络消费者和资金，加大与商家谈判的能力，以求最优价格。

网络保姆：为个人网站提供网络安全咨询指导，以防止类似“黑客”将数据篡改的行为，避免造成经济损失。

网络推手：帮助企业或个人推广品牌。

网络模特：为网络店铺拍摄平面照片进行宣传。

网络秘书：用自有办公设备预约客户，制订商业计划。

网络店小二：帮网络店铺上货，与顾客沟通。

网店装修师：利用软件处理，让网络店铺更吸引人，更方便顾客浏览商品。

网络心理师：通过网络进行心理辅导和治疗。

网络包工头：通过网络承包各种业务再转出，从中赚取差价。

网络钟点工：以分钟、小时等为单位出售自己的时间，为别人效劳，收取报酬。

链接零售商：从事链接出售以增加网站流量赚取佣金。

直播销售员：通过直播带货赚取佣金。

互动测评

职业成熟度测试

根据实际情况，对表 1-1 中适合自己的选项画“√”。

表 1-1　职业成熟度测量表

陈述	很赞同	赞同	难以判断	不赞同	很不赞同
得分	5	4	3	2	1
1. 我知道我的条件适合从事什么职业					
2. 我会收集有关职业选择的相关资料					
3. 我清楚一些职业的薪水和待遇					
4. 我对未来充满信心					
5. 我会有意识地读一些与未来工作有关的书					
6. 我的工作能力不比别人差					
7. 当学习碰到困难的时候，我会想办法解决					
8. 我会向朋友打听目标职业的相关消息					
9. 我能够冷静、沉着地判断事情					
10. 选择工作时，首先要考虑对工作的兴趣					
11. 我会留意国际发展的趋势					
12. 找工作时，只听专家的意见即可					
13. 我会在自己的能力范围内选择我感兴趣的职业					
14. 自己感兴趣的工作，就算薪水不多，我也愿意做					
15. 我会注意报纸、杂志上与目标职业有关的报道					
16. 我难以自己作决定					
17. 我确定自己有能力从事自己感兴趣的职业					
18. 我知道当今社会需要什么人才					
19. 我怀疑自己选择职业的能力					
20. 我会保存有用的职业资料					
21. 我对自己很有信心					
22. 找不到第一志愿的工作，我乐于接受第二或第三志愿的工作					
23. 我会直接向公司或工厂索取相关的职业资料					
24. 我认为选择工作的时候，有必要考虑外在环境的影响					
25. 事情决定后，我通常不会轻易放弃					
26. 我勇于表达自己的想法					

续表

陈述	很赞同	赞同	难以判断	不赞同	很不赞同
得分	5	4	3	2	1
27. 我会注意媒体报道的职业消息					
28. 由于科技变化太快，就业前不必有太多准备					
29. 薪水高又不必负责任的工作最好					
30. 我会将各种有关职业的资料加以分类整理					
31. 我会尽可能选择和自己专业有关的职业					
32. 选择职业时，我会优先考虑声誉较高的职业					
33. 我会留意相关职业的发展动向					
34. 选择职业时，只要瞄准市场上最热门的职业即可					
35. 我对许多职业好像都感兴趣，又好像都没有兴趣					
36. 我不清楚我感兴趣的职业需要哪些专业能力					
37. 靠工作的收入养活自己比较有尊严					
38. 我抱着随时换工作的心态					
39. 从事一种职业，能否成功全靠机遇和运气，不必考虑太多					
40. 我清楚一些职业的发展机会					
41. 我知道我的条件不应该从事哪些职业					
42. 我清楚一些职业的工作环境					
43. 我会列出自己感兴趣的所有职业，作为职业的选择参考					
44. 我实在很难决定自己要从事什么职业					
45. 找工作时，我会优先考虑薪水，再考虑发展前景					
46. 每个人要从事什么职业都是命中注定的					
47. 我不清楚自己感兴趣的职业应该具备什么条件					
48. 想到选择工作就让我烦恼					
49. 我不了解为什么有些人能够那么确定自己的职业兴趣					
50. 我知道现在哪种专业最难就业					
51. 没有家人、朋友的支持，我实在很难选择一份合适的工作					

记分方法：职业成熟度包括以下几个方面，对应的记分题目序号如表 1-2 所示，按照题号把每题的得分加起来就是每一方面成熟度的总分（题号前有“*”的是反向记分，反向记分的意思为原来的 1 分变为 5 分，原来的 2 分变为 4 分，3 分仍然为 3 分，原来的 4 分变为 2 分，原来的 5 分变为 1 分），总分再除以题目数，就是每一方面成熟度的最后得分。

表 1-2　记分表

职业成熟度指标	题号							总分	平均分
信息应用	2	5	8	20	23	30			
职业认知	3	18	*36	40	42	43			
自我认知	4	6	10	17	*35	*49			
个人调适	7	11	15	27	33	*38			
职业态度	*12	21	*28	*39	*46	*51			
价值观念	13	14	31	*29	32	37	*45		
职业选择	9	*16	*19	25	26	*44	*48		
条件评估	1	22	24	*34	41	*47	50		

表 1-2 中所示职业成熟度指标说明如下：

信息应用：指个人主动收集相关的职业资料，并加以整理、分析、保存，作为选择职业的参考，如经常浏览相关职业信息，关注有关职业报道、登录自己喜欢的公司网站等。

职业认知：指个人对职业世界的认识与了解，如个人对所向往的职业的知识、该职业的从业人员所需的能力等相关信息的了解程度。

自我认知：指个人对自己的认识与理解，以及对自己的了解程度，包括自己的个性、职业兴趣倾向、职业价值观等方面。

个人调适：指个人从事职业选择时，对自我主观条件与外观客观条件的折中、调和，如对自己的心态、个人行动等方面进行调适。

职业态度：指个人对职业选择所持的观念和心态，包括个体积极参与职业决策过程的态度，对客观现实的接受程度，职业决策过程中不盲目依从他人的程度。在职业决策过程中，根据现实状况随机应变以适应环境的程度，对自己作出符合自身特点的职业决策的信心程度。

价值观念：指个人对职业的评价及好恶倾向，能否关注自己内在的职业兴趣、爱好。

职业选择：指个人从事职业选择时所表现出的独立性与明确性，自己能否独立判断和选择自己喜欢的工作等。

条件评估：指个人对职业市场需求的评估，能否了解某一职业的市场需求量、职业前景、职业发展空间等状况。

成果评估：平均分最低为 1 分，最高为 5 分。一般而言，低于 3 分即欠成熟，高于 3.5 分则为较成熟。

模拟实训

我的职业“资金”

选择一个目标岗位当作“商品”，将自己的能力当作“资金”，看看目前你的“资金”能否买下这个“商品”。

一、“商品”情况

你选的岗位是：________________

岗位的专业要求是：________________

岗位对人的素质要求是（至少写三项）：

1.________________

2.________________

3.________________

岗位的招聘模式是：________________

岗位的薪酬待遇是：________________

岗位的发展空间是：________________

二、“资金”情况

我的专业能力是什么？能否满足？

____

我的素质情况怎样？能否满足？

____

我是否有获得这个岗位的长远规划？

____

三、弥补差额

针对自己的不足，制订改进计划。

____

____

____

第二讲

理论基础——掌握理论方法　提高理论素养

随着对职业生涯的深入研究，职业生涯规划的科学化程度不断提高，逐渐形成了一系列理论，这些理论为职业生涯规划的制订提供了科学依据。总体来看，职业生涯规划的理论“丛林”有三个区域，即职业生涯发展阶段理论，用来描述职业生涯的分期，并阐述特点；职业选择匹配理论，用来根据自身情况和特点选择职业；职业生涯管理理论，用来解决职业生涯中的相关问题。

知识目标

1. 掌握金斯伯格的职业意识发展阶段理论。
2. 掌握舒伯的终身职业生涯发展理论和施恩的职业生涯发展理论。
3. 了解罗双平的年龄阶段理论。
4. 掌握帕森斯的特质因素论和霍兰德的职业个性理论。
5. 了解职业锚理论和职业生涯决策理论。

思政目标

1. 提高理论素养，增强决策的理论意识。
2. 激发爱国情怀和学习兴趣。

知识导图

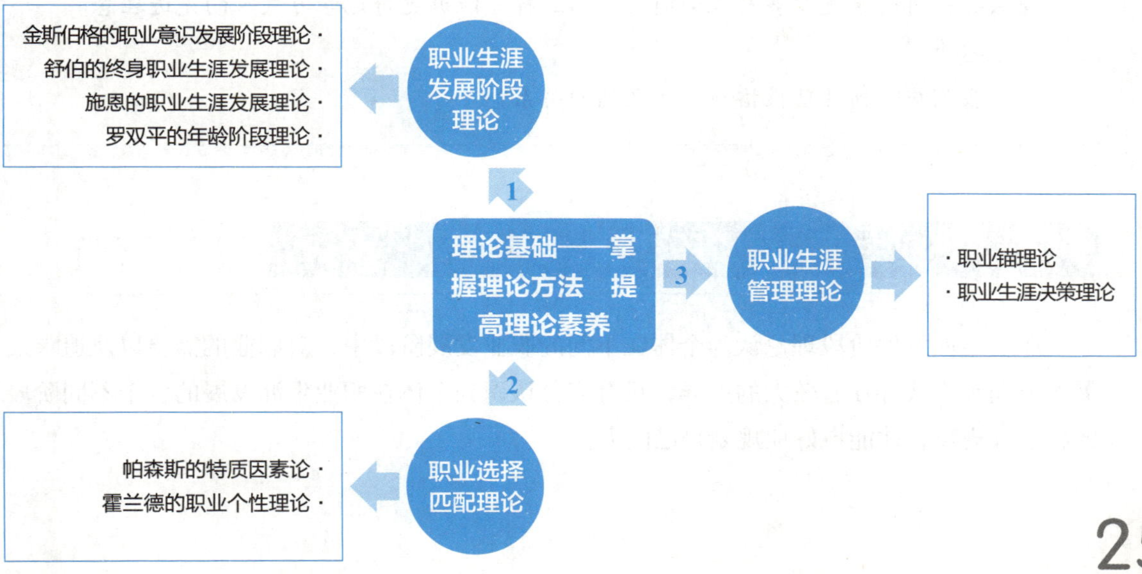

案例导入

【案例 1】

A 同学，1966 年生人，1984 年考上湖南医科大学，上学期间发现自己晕血，但是，当时医生很吃香，张某没有选择更换专业，而是继续学医。毕业后，他被分配到天津一所医院。作为天之骄子，他身上无形中散发的傲气，再加上不擅与人交流，让他跟身边的人格格不入，这也导致工作中屡屡受挫，于是他选择了考研。随后，A 以优异的成绩考上了北京大学的研究生，之后又继续攻读北大医学博士生。A 选择了血液内科学作为进修专业，后由于学业不顺患上抑郁症，只能休学，随后被学校劝退。A 负气回到老家待业，一呆就是 18 年，生活全靠姐姐接济，最后沦为低保户。

【案例 2】

B 同学，1993 年生人，2009 年就读于武昌理工学院，是一所名不见经传的三本大学，但是他并没有因此放弃学习，2013 年考上武汉邮电大学的研究生，2015 年考入华中科技大学攻读博士。2019 年 10 月，B 结束了自己的博士生涯，被导师推荐到纽约大学博士后交流站做访问学者。在纽约的一年中，B 不仅得到了国外很多学者的赞赏，甚至有公司开出 360 万元年薪的优厚待遇。但 B 没有被金钱所诱惑，因为他清楚地知道，自己必须回国，为祖国的建设做出贡献。2020 年,B 回国，接受了华为“天才少年计划”的邀请，参加了无比严苛的面试，经过 7 轮淘汰，成为众多天才中年薪最高的一个。

B 曾说过，自己并没有什么过人之处，有可能是他的性格，才有了现在的成就。他认为，自己的人生首先要有一个规划，分析自己的能力所在，然后认清自己能干什么；做好规划后，就向着自己的目标不断接近，有恒心，有信心，不轻易放弃；再者就是要多与人沟通交流，这样才能够更好地学习别人的先进理念。

| 思考 |

我们应如何处理性格与职业之间的关系？

一、职业生涯发展阶段理论

职业生涯发展阶段理论认为个体在不同的职业发展阶段中，对职业的需要以及追求发展的方向和方式存在着较大的差异，只有充分认识到个体在职业生涯发展的各个不同阶段的特点和规律，才能更好地规划自己的人生。

（一）金斯伯格的职业意识发展阶段理论

美国著名职业生涯发展理论先驱、职业心理学家金斯伯格，通过对个体的童年到青少年阶段职业心理发展过程的研究，将个体职业心理的发展划分为幻想期、尝试期和现实期三个阶段。

1. 幻想期（4~11 岁）

幻想期的儿童已逐渐获得关于社会角色的直接印象，他们对自己经常看到或接触到的各类职业都感兴趣，并充满新奇，幻想长大以后要从事什么职业。特别是他们在早期的游戏中，常常扮演他们各自所喜爱的角色。随着年龄的增长，游戏中所喜爱的角色得到初步强化，他们开始在日常服饰搭配、语言行动上对这些角色进行模仿。如果这种模仿得到成人和伙伴的赞许、肯定，那么他们的这种开始萌芽的职业意识会得到强化。幻想期的儿童职业心理发展特点主要包括以下几个方面：一是属于单纯的兴趣爱好与模仿；二是不考虑自身的条件和能力水平；三是不能形成与社会需要相适应的职业动机，完全处于幻想之中。很多时候，儿童对职业的认识也是模糊的，如很多儿童把漫画中的英雄当作职业。

2. 尝试期（11~17 岁）

尝试期处于儿童向青少年过渡的时期。随着他们生理的迅速成长和变化，心理也在快速发展，以其独立意识和价值观念的形成作为显著标志，他们开始憧憬自己的职业未来。伴随着知识和能力的增长与增强，特别是获得一些社会生产、生活经验后，他们开始对职业问题进行积极探索，如能够比较客观地审视自己的条件、能力，注意社会职业声望、需要等。尝试期还可以划分为以下四个阶段。

（1）兴趣阶段（11~12 岁）。开始觉察到社会不同职业之间的一些差异，对自己较为关注的职业产生兴趣。

（2）能力阶段（12~14 岁）。开始注意社会不同职业对人的能力要求，注意衡量自己的能力与某些自己感兴趣的职业之间的差异，部分人自觉进行训练。

（3）价值观阶段（14~16 岁）。开始注意了解各种职业的社会价值和个人价值，运用这些价值审视自己的职业兴趣和能力。

（4）综合阶段（16~17 岁）。开始综合有关职业信息，并综合判断个体职业发展方向，缩小职业兴趣范围，把自己在前几个阶段中形成的职业价值判断和早期职业行动转移到自己初步确定的职业方向上来。

3. 现实期（17 岁以后）

现实期是青年向成人过渡的年龄阶段，个体开始步入社会进行劳动并实现就业。这一时期的个体能够客观地把自己的职业愿望同自己的主观条件、能力以及职业需要密切联系起来，寻找适合自己的职业角色。他们对职业的认识已不再模糊不清，并形成了明确的、具体的、现实的职业生涯目标。客观性、现实性是这一时期青年职业心理最明显的特点。现实期分为以下三个阶段。

（1）试探阶段。对尝试期初步确定的职业方向进行各种职业试探活动，如调查、访谈、参观、考察、查询、咨询等，了解职业发展方向及就业机会，为选择职业生涯做准备。

（2）具体化阶段。对职业试探阶段中的某些结果，结合自己的情况进行比较分析，再一次缩小职业选择范围，使自己的职业选择方向具体化。

（3）专业化阶段。对个体职业发展的专业方向进行确认，并以实际行动投入目标变为现实的行为过程中去，包括选择专业院校学习和直接对工作单位进行选择。

金斯伯格的研究固化在儿童到青年阶段，但事实上，对那些从工作中寻找满足感的人来说，职业选择是一个终身的决策过程，是不断增进自己正在变化的职业目标与工作现实之间匹配程度的过程。

（二）舒伯的终身职业生涯发展理论

从人的终身发展的角度出发，舒伯由“生涯发展形态”的研究结果入手，参照布尔赫勒的生命周期理论，提出了终身职业生涯发展理论。

1. 发展阶段

舒伯依据年龄将个体生涯阶段划分为成长、探索、建立、维持和衰退五个阶段，其中有三个阶段与金斯伯格的分类相近，在此基础上，舒伯增加了就业以及退休阶段的生涯发展。

（1）成长阶段（0~14 岁）。成长阶段的儿童开始发展自我意识，以各种不同的方式来表达自己的需要，且通过对现实世界的不断尝试来扮演自己的角色。这个发展阶段的任务是：发展自我形象，了解工作的意义。这个阶段包括三个时期：一是幻想期（0~10 岁），以“需要”为主要考虑因素。在这一时期，幻想中的角色扮演很重要；二是兴趣期（11~12 岁），以个人喜好为主要考虑因素；三是能力期（13~14 岁），以能力为主要考虑因素，能力逐渐发挥重要作用。

（2）探索阶段（15~24 岁）。探索阶段的青少年，通过学校的活动、社团活动、打零工等机会，对自我能力及角色、职业进行了一番探索。因此，在进行职业选择时有较大弹性。探索阶段属于学习打基础阶段。这一时期，个人将认真地探索各种可能的职业选择，对自己的天资和能力进行现实性评价，并根据未来的职业选择作出相应的教育决策，完成初次就业。具体又可分为三个时期：一是试验期（15~17 岁），综合认识和考虑自己的兴趣、能力与职业社会价值、就业机会，开始进行择业尝试；二是过渡期（18~21 岁），正式进入劳动力市场，或者进行专门的职业培训，由一般性的职业选择转为特定职业目标的选择；三是尝试期（22~24 岁），选定工作领域，开始从事某种职业，对职业发展目标的可行性进行试验。

（3）建立阶段（25~44 岁）。建立阶段属于选择、安置阶段。这一时期，经过早期的试探与尝试后，最终确立了稳定职业，并谋求发展，获得晋升。这一阶段是大多数人职业生涯周期中的核心部分，是整个人生的高产期，一般又分为三个时期：一是尝试期（25~30 岁）。对初次就业选定的职业不满意，可以再选择、更换职业工作，也可能对初选职业较为满意而无须更换；二是职业中期的危机阶段（30~40 岁），处于转折期。可能会发现自己并没有朝着目标靠近或发现了新的目标，需重新评价自己的需求和目标；三是稳定期（31~44 岁）。最终确定稳定的职业目标，并致力于实现这个目标。

（4）维持阶段（45~64 岁）。维持阶段属于升迁和巩固阶段。这一阶段，劳动者一般达到通常所说的"功成名就"的阶段，已不再考虑更换职业工作，力求维持已取得的成就和社会地位。

（5）衰退阶段（65 岁以上）。衰退阶段属于退休阶段。在家庭中投入相当多的时间，休闲者和家长的角色最为突出，这一阶段的主要任务就是注重发展新的角色，寻求不同方式以替代和满足需求。

2. 循环式发展任务

舒伯认为，在各个发展阶段中，同样要经历成长、探索、建立、维持和衰退这些阶段，这样就形成了一种螺旋循环发展的模式（见表 2-1）。这种大阶段套小阶段的模型丰富和深化了生涯发展阶段的内涵。

表 2-1 循环式发展任务

生涯阶段	年龄			
	青年期 14~15 岁	成年初期 25~45 岁	成年中期 45~65 岁	成年晚期 65 岁以上
成长期	发展合适的自我概念	学习与他人建立关系	接受自身的限制	发展非职业性的角色
探索期	从机会中学习	寻找理想的工作机会	确认待处理的新问题	选个良好的养老地点
建立期	在选定的职业领域中起步	确定投入某一工作寻求职位上的升迁	发展新的应对技能	完成未完成的梦想
维持期	验证目前的职业选择	致力于维持职位的稳固	巩固自我以应对竞争	维持生活兴趣
衰退期	从事休闲活动时间减少	减少体能活动的时间	集中精力于主要活动	减少工作时间

3. 职业生涯彩虹图

20 世纪 80 年代初，舒伯创造性地描绘出一个多重角色生涯发展的综合图形——“职业生涯彩虹图”（见图 2-1），用来阐述生涯发展阶段与角色彼此间的相互影响，形象地展现了生涯发展的时空关系。

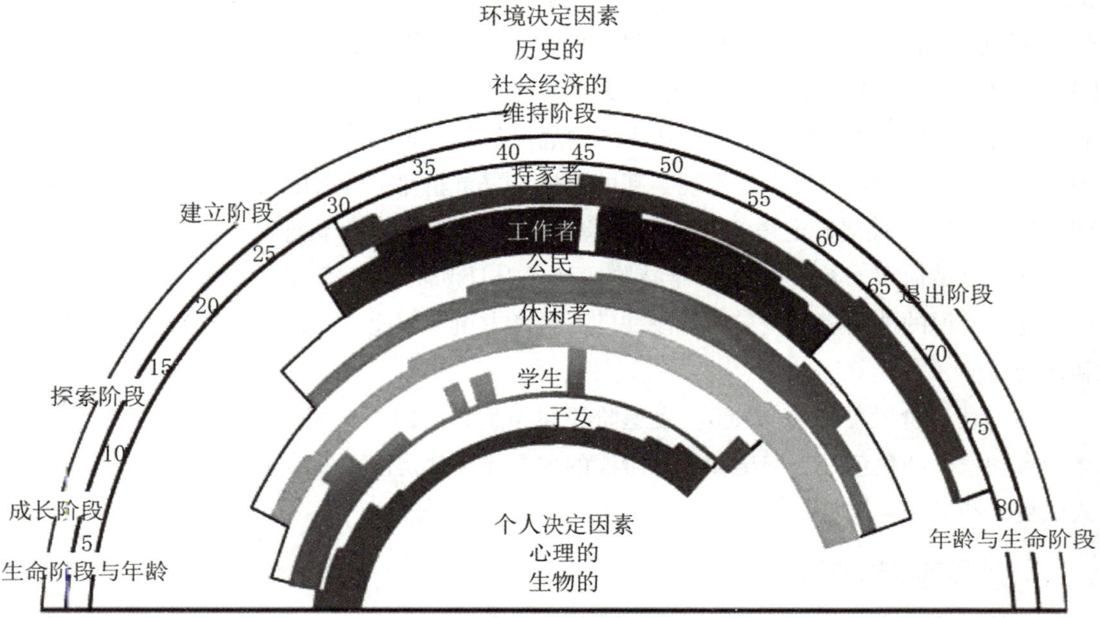

图 2-1　舒伯的职业生涯彩虹图

在职业生涯彩虹图中，最外的层面代表横跨一生的“生活广度”，又称为“大周期”，包括成长期、探索期、建立期、维持期和衰退期。里面的各层代表纵观上下的“生活空间”，由一组角色和职位组成，包括儿童、学生、休闲者、公民、工作者、家长等主要角色。各种角色之间是相互作用的。一个角色的成功，特别是早期角色的成功，将会为其他角色奠定良好的基础；反之，某一个角色的失败，也可能导致另一个角色的失败。舒伯进一步指出，为了某一角色的成功付出太大的代价，也有可能导致其他角色的失败。

彩虹图中的阴影部分表示角色的相互替换、盛衰消长。它除了受年龄增长和社会对个人发展、任务期待的影响外，往往跟个人在各个角色上所花的时间和感情投入的程度有关。从这个彩虹图的阴影比例中可以看出，成长阶段（0~14 岁）最显著的角色是儿童；探索阶段（15~20 岁）是学生；建立阶段（30 岁左右）是家长和工作者；维持阶段（45 岁左右）工作者的角色突然中断，又恢复了学生角色，这正如一般所说的“中年危机”的出现，暗示这时必须再学习、再调适才有可能处理好职业与家庭生活中所面临的问题，才能渡过“中年危机”。

舒伯的职业生涯发展阶段理论完整地阐释了将个人特征与职业进行匹配的动态过程，

并将制约个人职业选择和发展的心理因素、社会因素有机地结合在一起，对职业生涯发展研究具有丰富的实践价值。

（三）施恩的职业生涯发展理论

美国著名职业心理学家施恩根据人的生命周期的特点和不同年龄阶段的人所面临的主要心理、生理、家庭问题及其职业的主要任务，提出了分为 9 个阶段的职业生涯发展理论。

1. 成长、幻想、探索阶段（0~21 岁）

该阶段主要任务包括三点：一是发展和发现自己的需要和兴趣，以及自己的能力和才干；二是学习职业方面的知识，寻找现实的角色模式，从测试和咨询中获取丰富的信息，发展和发现自己的价值观、动机和抱负，进行合理的教育决策，查找有关职业和工作角色的可靠的信息源，将幼年的职业幻想变为可操作的现实；三是接受教育和培训，开发工作中所需要的基本习惯和技能。在这一阶段充当的角色是学生、职业工作的候选人、申请者。大学生正处于这一阶段。

2. 进入工作（16~25 岁）

步入该阶段的人，首先要进入劳动力市场，谋取第一个工作，成为一名职业人；然后，个人和雇主之间达成正式的协议，个人成为某个组织或某种职业的成员，充当的角色是应聘者、新学员。

3. 基础培训（16~25 岁）

与正在进入职业工作或组织阶段不同，基础培训是要担当实习生、新手的角色。也就是说，个体已经迈进职业或组织的大门。此时的主要任务：一是了解、熟悉组织，接受组织文化，融入工作群体，尽快取得组织成员资格，成为一名正式成员；二是适应日常的操作程序，应对工作任务。

4. 早期职业的正式成员资格（17~30 岁）

获取早期职业的正式成员资格，面临的主要任务：一是承担责任，成功地完成与第一次工作分配有关的任务；二是发展和展示自己的技能和专长，为提升或进入其他领域的横向职业打基础；三是根据自身才干和价值观，根据组织中的机会和约束，重估当初追求的职业，决定是否留在这个组织或职业中，或者在自己的需要、组织约束和机会之间寻找一种更好的配合，还要体会第一次工作中的成功感和失败感。

5. 职业中期（25 岁以上）

处于职业中期的正式成员，年龄一般在 25 岁以上。主要任务包括：一是选定一项专业或进入管理部门；二是保持技术竞争力，在自己选择的专业或管理领域内继续学习，力争成为一名专家或职业能手；三是承担较大责任，确定自己的地位；四是开发个人的长期职业计划。

6. 职业中期危险阶段（35~45 岁）

这个时期的主要任务：一是现实地评价自己的进步、职业抱负及个人前途；二是就接受现状或者争取看得见的前途作出具体选择；三是建立与他人的良好关系。

7. 职业后期（40 岁至退休）

从 40 岁以后直到退休，可说是处于职业后期阶段，此时的职业状况或任务：一是成为一名良师，学会发挥自己的影响力，指导、指挥别人，对他人承担责任；二是扩大、发展、深化技能，或者提高才干，以担负起更重大的责任；三是如果求安稳，就要接受和正视自己影响力和挑战能力下降的现实。

8. 衰退和离职阶段（40 岁至退休）

一般在 40 岁之后到退休期间，不同的人会在不同的年龄衰退或离职。此期间主要的任务：一是学会接受权力、责任、地位的下降；二是基于竞争力和进取心的下降，要学会接受和发展新的角色；三是评估自己的职业生涯，并准备退休。

9. 离开组织或职业至退休

在失去工作或组织角色之后，会面临两大问题或任务：一是保持一种认同感，适应角色、生活方式和生活标准的急剧变化；二是保持一种自我价值观，运用自己积累的经验和智慧，以各种资源角色，对他人进行“传帮带”。

施恩虽然基本依照年龄增长顺序划分职业发展阶段，但并未局限于此，其阶段划分更多的是根据职业状态、任务、职业行为的重要性。因为施恩划分职业周期阶段是依据职业状态、职业行为和发展过程的重要性，又因为每个人经历某一职业阶段的年龄有别，所以他只给出了大致的年龄跨度，并且职业阶段的划分在年龄上也有交叉。

（四）罗双平的年龄阶段理论

近年来，我国许多学者对职业生涯规划理论进行了研究和探索，取得了许多有价值的研究成果。下面就介绍极具代表性的我国学者罗双平的年龄阶段理论。

我国从事职业生涯规划研究的学者罗双平认为，以年龄为依据，每 10 年划分为一个阶段比较合适，即 20~30 岁为一个阶段，30~40 岁为一个阶段，以此类推。

1. 走好第一步（20~30 岁）

这一阶段的主要特征，是从学校走上工作岗位，是人生事业发展的起点。如何起步，直接影响今后的职业发展状况。

这一阶段的主要任务：一是选择职业。在充分做好自我分析和组织内外环境分析的基础上，选择适合自己的职业，设定人生目标，制订人生计划；二是要树立自身良好的职业形象。年轻人步入职场，表现如何，直接影响其未来的发展，因为人们总是习惯于依据最初的印象对别人作出判断。因此，刚毕业初入职场的大学生，要注重自我形象管理，要给同事留下良好的印象；三是要坚持学习。有职业专家指出，现在职业半衰期越来越短，所有高薪者若不学习，只需 5 年就会变成低薪。在 10 个人中只有一个人拥有电脑初级证书时，他的优势是明显的，而在 10 个人中已有 9 个人拥有同一种证书时，那么原来的优势便不复存在。因此，如果停止学习，将无法永远保持优势，很快会被职场所冷落，甚至被淘汰。

2. 可忽视修订目标（30~40 岁）

这个时期是一个人风华正茂之时，是充分展现自身才能、获得晋升、事业得到迅速发展的时期。此时的任务，除发奋努力、展示才能、拓展事业以外，对很多人来说，还有一个调整职业、修订目标的任务。人到 30 多岁，应当对自己、对环境有更清楚的认识和了解。看一看自己选择的职业、所选择的生涯路线、所确定的人生目标是否符合现实。如有出入，应尽快调整，选择更合理的定位。

3. 及时充电（40~50 岁）

这一阶段是人生的收获季节，也是事业上获得成功的人大显身手的时期。对于到了这个年龄仍一无所得、一事无成的人应深刻反省一下原因何在，重点要在自己身上找原因，对环境因素也要作客观分析，切勿将一切原因都归咎于外界因素或他人之过。只有正确认识自己，找出主观原因，才能解决人生发展的困扰，把握今后的努力方向。

此阶段的另一个任务是继续充电。很多人在此阶段都会遇到知识更新问题，如不及时充电，将难以满足工作需要，甚至影响事业的发展。

4. 做好晚年生涯规划（50~60 岁）

此阶段是人生的转折期，无论是在事业上继续发展，还是准备退休，都面临转折问题。由于医学的进步和生活水平的提高，很多人此时乃至以后的十几年，都能确保身体健康，仍能投身工作。所以，做好晚年生涯规划十分重要。日本的职工一般是 45 岁时开始做晚年生涯规划，美国是 50 岁时做晚年生涯规划。我国的职工按退休年龄提前 5 年做好晚年生涯规划即可。

这一阶段的规划内容主要包括：一是确定退休后的二三十年内，准备做些什么事情，然后根据目标，制订行动方案；二是学习退休后的工作技能，最好是在退休前三年开始着手学习；三是了解退休后再就业的有关政策；四是寻找工作机会。

二、职业选择匹配理论

职业选择匹配理论是极具实用性的职业生涯规划理论，一般用于求职择业。当然，职业选择匹配理论对于指导职业发展方向的作用也不可小觑。

（一）帕森斯的特质因素论

美国波士顿大学的帕森斯教授提出的特质因素论，是用于职业选择与职业指导的经典理论之一。

1. 帕森斯的职业选择三因素

1909 年，帕森斯在《职业选择》一书中，明确提出了在职业选择过程中涉及的三大要素，即：

（1）了解自我：性向、成就、兴趣、价值观和人格特质等。

（2）了解职业成功的条件：信息的类型（工作条件、薪水等）、职业分类系统、职业所要求的特质和因素等。

（3）整合有关自我与职业的知识，并合理推论两者间的关系。

2. 帕森斯理论的选择过程

帕森斯理论强调，在作出职业选择之前，首先应评估个人的能力，因为个人选择职业的关键就在于个人的特质与特定行业的要求是否匹配；其次要进行职业调查，即强调对工作进行分析，包括研究工作情形，参观工作场所，与工作人员进行交谈；最后要以人职匹配作为职业指导的最终目标。帕森斯认为只有这样，人才能适应工作，并且使个人和社会同时得益。

3. 帕森斯人职匹配的类型

帕森斯认为职业与人的匹配分为以下两种类型。

（1）条件匹配（因素匹配）。条件匹配即所需专门技术和专业知识的职业与掌握该种专门技能和专业知识的择业者相匹配。比如劳动条件差的职业，需要吃苦耐劳、体格健壮的从业者。

（2）特长匹配（特性匹配）。特长匹配即某些职业需要具有一定的特长，如具有敏感、易动感情、不守常规、有独创性、个性强、理想主义等人格特性的人，宜从事具有美感、自我情感表达的艺术创作类型的职业。

4. 人职匹配的过程

根据帕森斯的职业选择三要素，可以把职业选择分为以下三个步骤。

（1）特性评价。通过心理测量及其他手段，分析个体的身体状况、能力倾向、兴趣爱好、个性特征等个人资料，以及有关家庭背景、成长经历、学校教育、学业成绩等，在获得全面资料的基础上，作出综合评价。

（2）因素分析。分析各种职业对从业者的要求，如学历、年龄、性别、专业技能、身体条件等；广泛收集相关职业的信息，如职业性质、工作条件与待遇、深造和晋升的机会等；为准备就业而需要参加的课程、培训等。

（3）根据个体的特性评价和对社会职业因素分析的结果，选择一项既适合自己特点，又有可能通过努力获得的职业。

帕森斯的特质因素论，作为职业选择的经典性理论，对职业生涯规划和职业心理学的发展具有重要的指导意义。

（二）霍兰德的职业个性理论

美国霍普金斯大学心理学教授约翰·霍兰德于 1971 年提出了具有广泛社会影响的个性—工作适应性理论，并设计了霍兰德职业人格能力测验，该测验能帮助个体发现和确定自己的职业兴趣与能力专长，作为个体在求职择业时进行决策的依据。

1. 主要观点

霍兰德认为，职业生涯选择是个人人格在职场中的延伸，某一类型的职业通常会吸引具有相同人格特质的人，而具有相同人格特质的人对许多生活事件的反应模式也是基本相似的，他们创造了具有某一特色的生活环境及工作环境。霍兰德认为，在同等条件下，人和环境的适配性或一致性将会增加个体的工作满意度、职业稳定性和职业成就感，提高职业效能。

霍兰德职业生涯理论的基础主要由四个基本假设组成：一是大多数人的人格特质都可以归纳为六种类型，即现实型、研究型、艺术型、社会型、管理型和常规型；二是工作环境也有六种类型，其名称、性质与人格类型的分类一致；三是人们都尽量寻找那些能突出自己特长、体现自己价值和能令自己愉快的职业；四是一个人的行为表现是职业环境类型和人格类型相互作用的结果。

根据霍兰德职业生涯理论，清楚自己的人格类型和职业类型，人们就可以预测自己的职业选择、工作变换、职业成就、教育及社会行为等，这也为有效地进行职业选择匹配提供了条件。

2. 人格类型

（1）现实型。现实型的人喜欢从事户外工作或操作机器，而不喜欢在室内工作。这种人通常比较现实，身强体壮，擅长机械和体力劳动，他们会倾向于选择如制造业、渔业、技术贸易、机械、农业、技术、林业和军事等工作。有时现实型的人在用语言表达自己的情感时可能会存在困难。

（2）研究型。研究型的人喜欢那些与思想有关的研究活动，如数学、物理、生物和社会科学等，他们喜欢研究那些需要分析、思考的抽象问题。研究型的人通常具有如下特征：聪明、好奇、有学问、具有创造性和批判性、具有数学和科学天赋。这一类型的人虽然常隶属于某一研究团体，但他们喜欢独立工作。例如实验室工作人员、生物学家、化学家、社会学家、工程设计师、物理学家和程序设计员等均属于这一类型。

（3）艺术型。艺术型的人喜欢自我表达，喜欢在写作、音乐、艺术和戏剧等方面进行艺术创作。他们会尽力避免那些过度模式化的环境。他们喜欢将自己完全投注在自己所制定的项目中。这样的人通常善于表达，有直觉力，想象力和创造力丰富，具有表演、写作、音乐创作和讲演等方面的天赋。他们从事的职业主要有创作、艺术、音乐、绘画、表演、戏剧导演、作曲、乐队指挥和室内装潢等。

（4）社会型。社会型的人典型的表现是喜欢与人合作，积极关心他人的幸福，喜欢给他人做培训或向他人传达信息，愿意帮助别人解决困难。他们喜欢那些需要与人建立关系、与群体合作、与人相处以及通过谈话来解决问题和困难的工作环境。社会型的人通常易合作、友好、随和、机智、善解人意。他们偏好的主要职业有教学工作、社会工作、宗教、心理咨询和娱乐等。

（5）管理型。管理型的人喜欢领导和控制别人，或为了达到个人或组织的目的而去说服别人。他们追求高出平均水平的收入，喜欢利用权力，希望成就一番事业。这样的人多数会从商或从政。管理型的人通常精力充沛、热情、自信，甚至自负，具有冒险精神，能控制形势，擅长表达和领导。他们大多会在政治或经济领域取得成就。这类人适合的职业主要有商业管理、律师、政治领袖、推销商、市场经理或销售经理、体育运动策划者、采购员、投资商、电视制片人和保险代理人等。

（6）常规型。常规型的人喜欢规范化的工作或活动，他们希望确切地知道别人希望他们怎么样和让他们干什么，他们喜欢整洁、有序的工作环境。若把常规型的人放在领导者的位置，会让他们感到不适应，他们更愿意在一个大的机构中处于从属地位，跟随大流。常规型的人大多具有细心、顺从、依赖、有序、有条理、有毅力、效率高等特征。他们多擅长文书或数据类工作，通常会在商业事务性的工作中取得成就。适合这一类人的典型职业有会计、银行出纳、图书管理员、秘书、档案文书、税务专家和计算机操作员等。

3. 职业环境类型

（1）现实型的职业。通常是指那些对物体、工具、机器、动物等进行操作的工作。从事现实型职业的人往往具有现实型的人格特质。他们大多是现实的、机械的，并具有传统的价值观，倾向于用简单、直接的方式来处理问题，用他们的技术能力进行生产。

（2）研究型的职业。通常是指那些对物理学、生物学或文化知识进行研究和探索的职业。从事这类行业的人往往具有研究型的人格特质，他们大多是有学问、聪明的人，他们获取成就的方式主要是通过证明他们的科学价值而达到，这样的人一般会以复杂、抽象的方式看待世界，并倾向于用理性和分析的方式来处理问题。

（3）艺术型的职业。通常是指那些进行艺术、文学、音乐和戏剧创作的职业。从事这类职业的人通常具有艺术型的人格特质。他们大多擅长表达，富有创造力，直觉能力强，不随大流，独立性强。他们通常以展示自己的艺术价值来获取成就，以复杂的和非传统的方式来看待世界，与他人交往更富于情感和表达。

（4）社会型的职业。通常是指那些与人打交道的工作，如教育、培训、发展、治疗或启发人的心智等。从事这类职业的人往往具有社会型的人格特质。他们乐于助人、善解人意、灵活而随和，获取成就的主要方式是通过展示自己的社会价值而达到，并常常以友好、合作的方式与人相处。

（5）管理型的职业。通常是指那些通过控制、管理他人而达到个人或组织目标的职业。从事这类职业的人往往具有管理型的人格特质。他们一般具有领导和演说才能，通过展示自己的金钱、权力、地位等来获取成就，常常依据权力、地位、责任等来衡量外界事物，并通过控制的方式来处理问题。

（6）常规型的职业。通常是指那些对数据进行细致有序的系统处理的工作，如录入、档案管理、信息组织和工作机器操作等。从事这类职业的人往往具有常规型的人格特质。他们擅长文书工作，一般会在适应性和依赖性的工作中获取成就，以传统的和依赖的态度来看待事物，并用认真、现实的方式来处理问题。

4. 霍兰德六种职业类型之间的关系

霍兰德以一个六边形模型形象地阐述了六种职业类型之间的关系，六种类型占据了六边形的六个角，各角之间相邻类型彼此具有较高的一致性，即相邻两种类型间有一定的共同特点；而相隔一角的类型之间具有次一级的一致性；相对角之间的类型一致性最弱，用虚线表示（见图 2-2）。以社会型与现实型为例，社会型的人喜欢帮助别人，在团体中工作更看重人际间的互动；现实型的人则偏好用机器来工作，不喜欢以人群为工作对象。

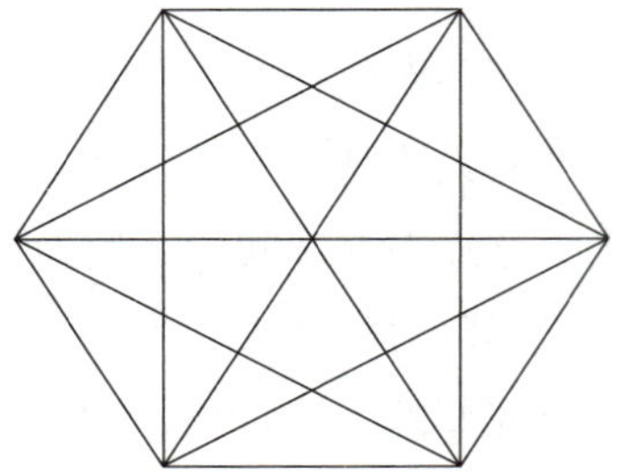

图 2-2　霍兰德六角形职业类型图

霍兰德的职业类型论对职业指导过程的分析、解释和判断产生了重大影响，其理论广泛应用于心理测量工具的编制和应用，并推动了众多对其理论进行研究的工作与报告的产生。

三、职业生涯管理理论

职业生涯管理理论用于职业生涯规划与实施的实务，具有很强的实践性。在此详细介绍职业锚理论（职业定位理论）与职业决策理论。

（一）职业锚理论

美国麻省理工学院斯隆商学院的施恩教授经过长达 12 年的职业生涯研究，提出了职业锚理论，也称职业定位理论。

1. 职业锚的含义

锚，是使船只停泊定位用的铁制器具。职业锚，实际就是人们选择和发展自己的职业时所围绕的中心，是指当一个人不得不作出选择的时候，无论如何都不会放弃的职业中的那种至关重要的东西或价值观。它是自我意向的一个习得部分，是个人进入早期工作情境后，由习得的实际工作经验所决定，与在经验中自省的动机、价值观、才干符合，达到自我满足和补偿的一种稳定的职业定位。职业锚强调个人能力、动机和价值观三方面的相互作用与整合。职业锚是个人同工作环境互动作用的产物，在实际工作中是不断调整的。

对于职业锚，应该有如下深入的了解。

（1）职业锚以员工习得的工作经验为基础。职业锚产生于早期职业阶段，新员工已经工作若干年，习得工作经验后，方能选定自己稳定的长期贡献区。个人在面临各种各样的实际工作生活情境之前，不可能真切地了解自己的能力、动机和价值观以及在多大程度上适应可行的职业选择。因此，新员工的工作经验产生、演变和发展了职业锚。换句话说，职业锚在某种程度上由员工的实际工作表现所决定，而不只是取决于潜在的才干和动机。

（2）职业锚不是员工根据各种测试得出来的能力、才干或者工作动机、价值观，而是在工作实践中，依据自省和已被证明的才干、动机、需要和价值观，现实地选择和准确地进行职业定位。另外，职业锚是员工自我发展过程中的动机、需要、价值观、能力相互作用和逐步整合的结果。

（3）员工个人及其职业不是固定不变的。职业锚是个人稳定的职业贡献区和成长区。但是，这并不是意味着个人将停止变化和发展。员工以职业锚为其稳定源，可以获得该职业工作的进一步发展，以及个人生物社会生命周期和家庭生命周期的成长与变化。此外，职业锚本身也可能发生变化，员工在职业生涯的中后期可能会根据变化了的情况，重新选定自己的职业锚。

2. 职业锚的类型

1978 年，施恩教授提出的职业锚理论把职业锚分为五种类型。20 世纪 90 年代，随着对职业锚认识的深入，施恩教授将职业锚增加到八种类型。

（1）技术 / 职能型。技术 / 职能型的人，追求在技术 / 职能领域的成长和技能的不断提高，以及应用这种技术 / 职能的机会。他们对自己的认可来自他们的专业水平，他们喜欢面对来自专业领域的挑战。他们一般不喜欢从事一般性的管理工作，因为那意味着他们要放弃在技术 / 职能领域的成就。

（2）管理 / 能力型。管理 / 能力型的人追求并致力于工作晋升，倾心于全面管理，独自负责一个部分，可以跨部门整合其他人的努力成果，他们想承担更多工作，并将公司的成功与否视为己任。具体的技术 / 职能工作仅仅被看作是通向更高、更全面管理层的必经之路。

（3）自主 / 独立型。自主 / 独立型的人希望随心所欲地安排自己的工作方式、工作习惯和生活方式。追求能施展个人能力的工作环境，最大限度地摆脱组织的限制和制约。他们宁愿放弃提升或工作扩展的机会，也不愿意放弃自由与独立的状态。

（4）安全 / 稳定型。安全 / 稳定型的人追求工作中的安全感与稳定感。他们可以预测将来的成功从而感到放松。他们关心财务安全，例如退休金和退休计划。稳定感包括诚信、忠诚以及完成老板交代的工作。

（5）创造型。创造型的人希望靠自己的能力去创建属于自己的公司或创建完全属于自己的产品或服务，且愿意去冒风险，并克服面临的障碍。他们想向世界证明公司是他们靠自己的努力创建的。他们可能正在别人的公司工作，但同时，他们在学习并评估将来的机会，一旦他们感觉时机成熟，便会创建自己的事业。

（6）服务型。服务型的人是指那些一直追求他们认可的核心价值，例如帮助他人，改善人们的安全，通过新的产品消除疾病等。他们一直追寻这种机会，并且不会接受无法令他们实现这种价值的工作变换或工作提升。

（7）挑战型。挑战型的人喜欢解决看上去无法解决的问题，战胜强劲的对手，克服极具挑战性的困难和障碍。对他们而言，参加工作或职业的原因是工作允许他们去战胜各种不可能。新奇、变化和困难是他们的追求目标。如果工作任务可以轻易完成，那样会令他们感到厌倦。

（8）生活型。生活型的人喜欢允许他们平衡并结合个人需要、家庭需要和职业的需要的工作环境。他们希望将生活的各个主要方面整合为一个整体。正因为如此，他们需要一个能够提供足够弹性让他们实现这一目标的职业环境。为此他们甚至可以牺牲职业的一些方面，如提升带来的职业转换等。他们将成功定义得比职业成功更广泛，认为自己在如何去生活、在哪里居住、如何处理家庭事务以及在组织中的发展道路等方面是与众不同的。

上述八种职业锚之间可能存在交叉，但是每一种都有一个最突出、最鲜明、最易识别的特性。由于职业锚是个人和工作情境之间相互作用的产物，职业锚不可能像职业性那样容易通过各种测评来预测，要经过若干年实际工作的内化沉积而成。

3. 职业锚理论对职业生涯规划的意义

经过近 40 年的发展，职业锚理论已成为许多人职业生涯规划的必备参考和公司人力资源管理的重要工具。这一理论在员工的工作生命周期及组织的事业发展过程中都发挥着重要作用。

对企业而言，通过员工在不同工作岗位之间的轮换，了解员工的职业兴趣爱好、技能和价值观，将他们放到最合适的工作岗位上去，可以实现企业和个人发展的双赢。

个人在进行职业规划和定位时，可以运用职业锚理论思考自己具有的能力，确定自己的发展方向，审视自己的价值观是否与当前的工作相匹配。只有个人的定位和要从事的职业相匹配，才能在工作中发挥自己的长处，实现自己的价值。尝试各种具有挑战性的工作，在不同的专业和领域中进行工作轮换，对自己的资质、能力、偏好进行客观的评价，是使个人的职业锚具体化的有效途径。

对于大学生来说，职业锚理论在职业生涯规划和就业选择过程中也有非常积极的作用。

（1）有效地认识自我。认识自我的方法有很多，比如职业测试等。寻找并确定职业锚，实际上也是个人自我认知的过程——认识自己具有什么样的能力、才干，自己最需要的是什么，职业价值观是什么，通过不断地反省和整合达到自己职业生涯的最佳状态。

（2）确定职业目标。大学生在进行职业生涯规划时，可以通过分析自己的职业生涯锚点，确定自己的职业方向，对自己今后的职业发展道路进行有针对性的设计和准备，并通过参加相应的培训、学习、实践，为职业生涯的成功奠定基础。

（3）选择毕业方向。大学生临近毕业时，会面临多种选择。继续深造或直接就业？私营企业还是国有企业？先求打工立足再谋发展还是自主创业大胆追梦？运用职业锚的理论和观点，有助于我们逐步明确自己最希望得到的东西，从而确定自己近期的奋斗目标。

（二）职业生涯决策理论

职业生涯决策理论指当一个人在面对职业、生涯等重大问题的抉择时，所作的选择力求能够获得最大收益或满意度。目前，职业生涯决策理论主要有标准化职业生涯决策、描述性职业生涯决策和规范性职业生涯决策三种。

1. 奇兰特的职业决策过程模式（标准化职业生涯决策）

该理论认为，决策是一连串的决定的组合，任何一个新决定都是由先前决定的影响所致，而新作出的决定又会连锁影响导致后续决定的出现，所以，决策是一个决定又一个决定连锁反应的发展过程，而非单一的孤立事件。这也说明生涯决策不是一次选择或一个结果，而是持续不断地作决定及修正的过程，具有系统工程的特征。为了使决策过程理性化、系统化，奇兰特职业决策模式特别强调资料的重要性和过程的严整性。为此，他提出了资料处理的三个策略系统和决策过程的七个步骤。

（1）关于个人处理资料的三个策略系统。

①预测系统。预测不同的选择可能会产生的结果，并估算出每个行动可能造成该结果的概率，以作为应该采取哪个行动方案的参考。

②价值系统。个人对于各种可能行动的喜好程度。

③决策系统。评判各种行动方案的标准，其选择取向包括：一是期望取向。选择可能达成自己最想要的结果的方案，即与自己的职业观相一致，最符合自身兴趣、特长的方案；二是安全取向。选择最安全、最保险的方案。这个方案适合追求稳定的人，但该方案也许与个人职业兴趣并不一致；三是逃避取向。避免选择可能造成最坏结果的方案。这也是适合追求稳妥、不爱挑战的人，选择的结果也许与个人的期望有一定差距；四是综合取向。考虑自己对于行动结果的需求程度、成功概率及避免最坏结果，权衡这三个方面，然后选择一个行动方案。

（2）关于职业生涯决策的七个步骤。

①个体意识到做决策的需要，根据需要制定决策的目的或目标。

②收集与目标或目的有关的信息资料，并调查可能的行动方案。

③根据所得的资料，预测各个可能的行动方案的成功概率及其结果。

④根据价值系统，评价结果是否满足需要。

⑤评估各种可能方案，选择其中的一个方案执行。

⑥若达成目标则终止决定，然后再等待下一个决定的出现。

⑦若没有成功，则继续调查其他可行的方案。

2. 克朗伯兹的社会学习论（标准化职业生涯决策）

20 世纪 70 年代，班杜拉提出社会学习论，强调的是个人独特的学习经验对其人格与行为的影响。克朗伯兹将这一观念引用到职业生涯辅导上，用以了解，社会、遗传与个人因素对于个人决策的影响。在此基础上，他提出了影响职业选择的四因素，其后又提出了职业生涯决策的七个步骤。

（1）决策影响的四因素。

①遗传特征与特殊能力。遗传因素包括种族、性别、外在的仪表和特征、身体健康程度等；个人的特殊能力包括职业偏好、智力、音乐能力、美术能力、动作协调能力等。

②环境条件与特殊事件。克朗伯兹认为，在影响教育和职业的选择因素中，有许多来自外部环境，非个人所能控制。这些外部因素大多由人为所致（如社会、文化、政治或经济的活动），也可能由自然力量引起（如自然资源的分布或天然灾害）。

③学习经验。克朗伯兹认为，每个人独特的学习经验，在决定其生涯路径时都扮演着重要的角色作用。学习经验包括个人作用于环境的经验和环境作用于个人的经验两种。

④工作取向技能。前面提到的三种因素会以一种相互影响的方式使个人形成特有的工作取向技能，这些工作取向的技能包括解决问题的能力、工作习惯、工作的标准与价值、情绪反应、知觉和认知的历程（如选择、注意、保留、符号知觉等心理过程）等。

（2）职业生涯决策的七步骤。

1977 年，克朗伯兹以社会学习理论对职业生涯决策技巧的作用进行研究，提出了进行职业生涯决策的七个步骤。

①界定问题。厘清自己的需求、时间和个人限制，并制定出明确的目标。

②拟订行动计划。思考可能达成目标的行动方案，并规划达到目标的流程。

③澄清价值。界定个人的选择标准，作为评量各项方案的依据。

④找出可能的选择。收集资料，论证可行的方案。

⑤评价各种可能的选择。依据自己的标准，对各种可能的选择方案进行评价。

⑥系统地删除。系统地删除不合适的方案，挑选当前最优方案。

⑦开始执行方案。方案确定之后开始实施。

克朗伯兹的理论是以社会学习的观点来解释人类生涯选择的行为，特别强调社会影响因素和学习经验，对实际的生涯辅导工作应用提供了不少方法和启示，具有较高的实用价值。

3. 泰德曼的决策历程理论（描述性职业生涯决策）

泰德曼生涯决策理论的特点是把职业选择作为一个连续不断的历程，而非单一事件。他将生涯发展概念化为一个不断辨别自我认定、处理发展性任务和解决心理危机的过程。这些持续的活动被认为是发生在一个时间阶段的架构之内。根据他的观点，生涯决定是经由一个有系统的问题解决的形态而达成的，包括两个阶段、七个步骤。

（1）预期阶段。该阶段个体采取各种方式，先拟定几个可行的方案，然后考虑澄清各个方案的利弊得失，预估其可能的结果，最后作出具体的选择。这一阶段可分为四个步骤。

①探索。考虑不同选择方向及可能目标。

②具体化。经过对各种不同选择方向或目标利弊的斟酌，情况逐渐清晰。

③选择。制定出一个能够解除当前困扰的目标。

④澄清。审视、修正与调整准备要行动的目标。

（2）实践与适应阶段。该阶段的任务是将选择的方案落实于现实生活，然后评估其结果，并根据个人对结果的满意程度，对方案进行调整或改变。这一阶段可分为三个步骤。

①入门。开始执行自己的预选择，这是新经验的开始，以新的角色出现，应积极争取周围人的认可。

②革新。调整步伐与心态，专心一致、全力以赴地适应新环境。

③整合。个人的信念与集体的信念达到平衡。

4. 丁克里奇职业生涯决策风格（描述性职业生涯决策）

风格是指不同的人在做事方式上所表现出来的习惯和偏好。决策风格是影响决策效果与决策效率的一个重要因素。1968 年，丁克里奇通过访谈研究，将人们作职业生涯决策时所采用的风格归结为八种类型。

（1）冲动型。抓住遇到的第一个选择，不再考虑其他的选择或收集更多信息。其想法是“先决定，以后再考虑”。比如，先找到一份工作干着再说。这种决策方式风险很大，等看到有更好的选择时往往追悔莫及。

（2）宿命型。将决定留给境遇或命运，迷信“我这个人永远也不会走运”，显得无力和无助，人生态度消极，这样的人容易成为环境的“受害者”。

（3）顺从型。顺从别人的计划而非独立作决定，相信“他们都觉得好，我就觉得好”。从众的人固然在追随群体的过程中会获得一种安全感，却忽略了自身的独特性，其选择在很大程度上并不适合自己。

（4）延迟型。把问题往后推迟，比如“我还没有准备好工作，所以打算先考研。”拖延型的人总是希望“也许事情过几天就自动解决了”。

（5）烦恼型。过度收集信息，使用信息时又顾虑重重，反复比较，当断不断，心境表现常常是“我就是拿不定主意。”

（6）直觉型。因为“感觉是对的”而作决策，但不能说明确切原因。直觉在人们对所处环境状况无法获得充分信息时会有一定效果，但可能并不符合客观事实。

（7）瘫痪型。接受作决策的责任，但是感觉过于焦虑而不能对决策作出有建设性的支持。他们知道自己应该开始了，可能内心深处总是笼罩着“一想到这种事就害怕”的阴影。结果，他们无法真正为决策和决策的后果承担责任。

（8）计划型。使用如同标准化决策模型所推荐的所谓理性策略。

上述八种决策风格没有绝对的优劣之分，各有其适用的范围和局限性。例如，直觉型决策反映了决策者能够迅速提取相关信息的能力，或者说他们是反应很快的理性决策者；那种喜欢到处咨询或模仿他人的人，有依赖的倾向，但也有可能把个人的认知偏差减小到最小。决策风格既受个性的影响，又受环境的塑造，并非绝对无法改变。

5. 认知信息加工理论（规范性职业生涯决策）

1991 年，盖瑞·彼得森、詹姆斯·桑普森和罗伯特·里尔敦三人合著《职业生涯开发和服务：一种认知的方法》一书，提出了一种新的思考职业生涯发展的方法并进行了论述，这就是认知信息加工理论。

（1）基本观点。

认知信息加工理论认为，生涯发展是关于一个人如何作出生涯决策以及在生涯决策过程中如何使用信息。作出生涯选择是一项解决问题的活动，生涯决策需要动机，有赖于想什么、如何想，而生涯的质量有赖于是否很好地学习和掌握了作出生涯决策所需的技能。所以，通过改进认知信息加工技能，可以提高生涯管理的能力。

金字塔中的最高层是称为元认知的执行加工领域，是个人完成一项任务或达到一定目标而投身其中的记忆和思考，是一种思维活动过程。元认知的作用是对认知过程进行调节、监督和控制，主宰着如何思考生涯问题和制定决策，它包括自我言语、自我觉察、控制与监督。

中间层是决策技能领域，关注的是“个体如何作决策的”，其功能相当于计算机的程序软件，对所存储的信息进行加工处理。

最底层是知识领域，包含自我知识和职业知识。自我知识包括了解自己的价值观、兴趣、需要和技能；职业知识包括理解特定的职业、学校专业、休闲及组织状况等。知识领域相当于计算机的数据文件，需要进行存储，这是职业生涯决策的基础。

在这三个层次中，执行加工领域相当于电脑的工作控制功能，操纵电脑按指令执行程序，对其他的两个领域进行监控和调节；决策技能领域相当于电脑的应用软件，对所存储的信息进行加工处理；而知识领域相当于电脑的数据文件。任何一个层次出问题，都会影响职业生涯规划决策的质量。

（2）通用信息加工技能的五个步骤。

金字塔中间层的决策技能领域是关键环节，对所有的信息进行加工处理，进而形成决策，它由五个环节构成：沟通、分析、综合、评估和执行，构成了决策的循环。

①沟通。个体意识到理想和现实情境之间存在差距，于是认识到作出职业选择是必需的。这一步是决策的开始，个人如果没有意识到自己的需要，后面的步骤则无从谈起。沟通包括内部沟通和外部沟通。内部沟通包括情绪信号和身体信号，比如，你所接收的信息对你的职业计划带来的焦虑感（不满、厌烦、失望等）；外部沟通包括老师、父母、媒体传递给你的有关就业不容乐观的信息。

②分析。将问题的各个组成部分相互联系起来，对现状进行评估，对所有的信息进行分析。检查自我知识和职业知识领域，改善自己在兴趣、技能、价值观、职业、学习机会、工作组织、行业类型等方面的知识，考虑和分析可能影响职业决策的积极或消极想法。分析的目的在于决策时避免冲动、盲目行事。

③综合。把前一步骤分析阶段提供的各种信息放到一起，进行综合和加工，制订出消除问题或差距的行动方案。这一阶段，个体首先要搜索查找各种解决问题的可能性，扩展解决问题的选项，对每一个选项进行思考；然后再逐步缩小选项的范围，保留更好的方案，通常要减缩到 3~5 个。

④评估。从可行性和满意度两方面评估保留下来的选择方案，并按照评估结果予以排序，得出最终的选择。评估中，每个人都必须面对这样的抉择：

· 对个人而言，哪个选择是最好的。

· 对个人生活中重要的他人如父母和亲友而言，哪个选择是最好的。

· 对社会而言，哪个选择是最好的。

每一种选择都要从对自己和对他人的代价和利益两方面进行考虑。排序时，能够最有效地消除在沟通阶段所确定的存在于现实与理想状态之间的差距的那个选择排在第一位，次之的选择排在第二位，以此类推。

⑤执行。对自己的选择付诸积极行动并解决在沟通阶段所确定的职业问题。需要注意的是，决策是一个循环的过程，也就是说，在行动之后，还需要对自己的决定及其结果进行评估，由此可能进入新一轮的决策过程。

综上所述，标准化职业生涯决策理论认为，决策者能够加工所有相关信息，作出完全理性的选择。在选择时，遵循效用最大化原则。描述性职业生涯决策理论主要是解释个体如何从实际生活的职业选项中作出决策，规范性职业生涯决策则注重程序上的合理化。

案例分析

饺子，原名杨宇，1980年出生于四川省泸州市，中国内地动画导演、编剧、制作人，毕业于四川大学华西药学院。2019年，凭借《哪吒之魔童降世》一举成名。

每个人都有过梦想，只不过多数人在长大的过程中把梦想弄丢了，饺子也不例外。小学时，老师问：“你有什么理想？”饺子回答：“我要当科学家！”那时候他对华罗庚、袁隆平非常崇拜。初中时，同学问：“你有什么理想？”饺子回答：“我要当漫画家！”那时候他刚刚成为《圣斗士星矢》和《龙珠》的忠实粉丝。高中时，填高考志愿被问：“你有什么理想？”饺子回答：“我要吃饭！”这是他最认真的一次回答，也是最没有理想的一次回答。高考后，他进入了四川大学华西药学院。饺子说：“我们父母都在医院工作，对医生这行最熟悉，当医生至少温饱不愁。名牌大学的医生，那工作一定不愁了！”

进入大学后，手握医生这份“就业保险单”，饺子并没有感到预期的安全感，反而经常隐隐觉得憋闷：“有东西在跳，有火在烧，仿佛一头猪在地震来临前想要拱圈。”这种感觉持续了三年，胸中的无名火越烧越旺，但他找不到釜底抽薪的办法。转机出现在2002年，大三的下学期，药学院的一个同学转行去做了软件。饺子被刺激到了，胸中的“小宇宙”瞬间爆发，他想明白了一切：“原来我那股创作的激情一直没熄灭过。”从小到大，饺子酷爱绘画，算得上是他认识的同龄人中绘画水平最高的，他的课本上布满涂鸦，大家也称赞他画得好，然而他的家境普通，他又是个危机感很强的人，长大后知道社会上靠作画赚钱的人凤毛麟角，于是他强行压灭了兴趣爱好的火焰，准备踏踏实实做一名医生。但其实这股火焰从未熄灭，三年来它一直在燃烧。

很多人经常说：我已经学这个两年了，放弃是不是太可惜了？我已经做这行三年了，转行是不是太浪费了？我在这里坚持五年了，难道不应该再继续坚持吗？人生最大的痛苦，莫过于坚持了不该坚持的，放弃了不该放弃的。终于，饺子做了一个决定——那个坚持了三年的东西，他放弃了，那个不该放弃的东西，他找回来了。从此，饺子放弃医学，自学Maya软件（三维动画软件），入行CG（计算机动画）。

| 分析 |

职业生涯规划并不是一成不变的，我们在成长过程中会面临很多职业决策，了解相关职业生涯决策理论可以帮助我们少走一些弯路。

知识拓展

职业倦怠理论

职业倦怠是人们在长期从事某种职业、日复一日地重复机械的工作过程中逐渐产生一种疲惫、困乏甚至厌倦的心理，在工作中失去兴致，提不起精神，缺乏个人创造性和主动性，只是将工作当作一种习惯进行延续。

一、职业倦怠的表现

加拿大著名心理大师克里斯汀·马斯勒将职业倦怠症患者称为“企业睡人”。据中国人力资源开发网《中国“职业倦怠指数”调查结果》发现，70%的被调查者在情绪衰竭、玩世不恭和成就感低落三个职业倦怠指标中必占有一项，处于轻微工作倦怠状态；有39.2%的受访者在两项指标上出现工作倦怠，处于中度工作倦怠状态；13%的受访者在三项指标上均出现工作倦怠，处于高度工作倦怠状态。其中，政府公务员、教师、医护人员、企业职员等患有职业倦怠的现象尤为严重。同时，人们产生职业倦怠的时间也越来越短，有的人甚至才工作半年就开始厌倦工作。在日常生活中，白领一谈到工作，用得最多的词就是“忙”和“累”，而这里“累”的含义明显包含有身体和心理的双重疲倦。职业倦怠主要表现在以下方面：第一，对工作丧失热情，情绪烦躁、易怒，对周围的人、事、物漠不关心；第二，工作态度消极，对服务或接触的对象没有耐心，如教师对教学感到厌倦，无故体罚学生，或医护人员因厌倦工作而对患者态度恶劣等；第三，对自己工作的意义和价值评价下降，常常迟到早退，甚至开始打算跳槽转行。职业倦怠不仅影响了倦怠者的身心健康和工作态度，而且对于倦怠者与组织内部各种关系、倦怠者所在组织的绩效都有不良影响。对于职业倦怠及其应对方式的研究于倦怠者自身而言，有利于倦怠者自我身心调节、实现自我价值；对倦怠者所在的组织而言，有利于改善工作氛围、提高工作效率；对整个社会而言，有利于缓和社会矛盾、提高社会成员的生活质量。

二、职业倦怠产生的原因

对于职业倦怠产生的原因，学者也从不同角度给出了解释，比较有代表性的观点如下：

（一）环境因素观

该观点强调，职业倦怠产生的主要原因是环境因素。有学者从个体工作环境的角度对职业倦怠的产生进行过研究。研究发现，员工职业倦怠的程度与他们接触顾客的人数、接触时间、工作难度等环境因素有显著正相关关系。环境因素堪称影响职业倦怠的决定性因素。他认为个人因素只是诱发因素，而环境因素加强并刺激了职业倦怠程度的增加。有学者认为，可以从六个方面来对个人与工作情境的匹配程度进行评定，即工作负荷、控制感、报酬、社区、公平、价值观。个体在这六个方面越是不匹配，越有可能产生工作倦怠；越是匹配，敬业程度越高。

（二）个体因素观

该观点认为引起职业倦怠的主要原因不是外界因素，它与从事的某项特定工作没有必然联系，而与个体对自我工作能力的感知度有关。如个体认为自己能胜任某项工作，职业倦怠感便不会产生；相反，个体认为自身能力达不到工作要求，则会产生心理压力，这种压力就是职业倦怠。有学者认为个体因素是引发职业倦怠的主要原因，还有分析显示工作要求与情绪衰竭相关更大，工作资源与去人格化、成就感降低的关系较大。

（三）交互作用观

有学者通过研究发现，个体对环境不仅作出被动的反应，个体的认知对职业倦怠的产生同样存在影响。个体因素和环境因素是一个互动的、相互影响的研究整体，单从某一方面研究对职业倦怠的产生原因是不全面的，任何一个因素都不能单独引发职业倦怠，所以需要采用多变量模型以便更全面地解释各变量及其相互作用与职业倦怠各成分之间的复杂关系。对此有学者提出了多变量模型，把影响因素分为三类：组织应激源（包括上下级沟通等 3 种）、工作应激源（包括工作负荷等 6 种）、人格特征（包括自尊等 4 种）。从三类因素到职业倦怠，社会支持（来自上级、同事、配偶和朋友）起着中介的缓冲作用，三类因素相互作用，并在社会支持的中介作用下引发职业倦怠。无论是人格特征还是组织及工作特征均与职业倦怠相关，社会支持都起着明显的中介作用。不同类因素与职业倦怠不同成分之间有着不同的相关模式，例如，组织和工作特征更为明显地预测职业倦怠的情绪耗竭和个人成就感成分，而人格特征与人格解体成分关系更为密切。

引发职业倦怠的因素很复杂，不能仅归因于个体工作能力及心理承压能力，也不能仅归因于外界环境太恶劣，而应该将两者结合，从一个整体的角度分析职业倦怠产生的深层次原因，仅仅从某一方面去考虑是片面的。

三、职业倦怠的干预方法

（一）开展职业倦怠的预防和治疗

职业倦怠的干预包括预防和治疗两个层面，主要通过组织和个人两种途径进行干预。组织干预的基本目标是通过减少消极的组织影响、增加积极的影响来进行干预，如改善工作环境，增加上下级间的沟通，减少工作量，完善激励机制等方式。个人干预是以积极的预防方式取代消极的治疗方式，如增加个体的职业培训，加强个体的生理、心理素质和工作能力等方式，同时配合个案的心理辅导与治疗。临床心理学家提出了多重理论整合模式的治疗策略。要想成功地进行职业倦怠干预，需采用动力学、认知学等相结合的理论，并根据个案的不同特点，采用不同的干预策略。

（二）建立社会支持网络

社会支持是处理人际资源紧张的一种有效资源，这种资源对职业倦怠的干预同样具有显著效果。有学者考察了情感的、评价的、指导的和信息的四种不同的社会支持对职业倦怠的影响。研究表明，来自同事之间情感的、指导的和信息的社会支持对缓解职业倦怠有显著效果，而评价的社会支持对职业倦怠的缓解影响不大。社会支持与职业倦怠呈显著相关，社会支持中的同事支持对职业倦怠有负向显著影响，而家庭支持对职业倦怠的无人情味及降低个人成就感有负向显著相关影响。

（三）协调个体与环境的关系

有学者从个体与环境的匹配程度上分析，认为想有效干预职业倦怠，不仅能从环境的改变上着手，也不能单从个体能力的提高着手，而应该改善环境与个体在工作负荷、控制、报酬、工作团体、公平性和价值观这六个方面的匹配程度，最终建立个体积极的工作投入。因此，应该采用综合干预模式，将对员工的教育和组织环境的改善有机结合起来。一方面，通过对员工的培训和教育来提高员工的各项能力，包括工作能力、抗压力、人际沟通能力等，以提高员工的生理、心理各项素质；另一方面，也要从改善组织环境方面着手，如改善工作环境、适当减少工作量、加强员工上下级间的沟通交流等，将这两方面的改善结合起来，达到人职匹配。

互动测评

职业锚测定

根据你的实际情况，从“1~6”中选择一个数字，数字越大，表示这种描述越符合你的情况。

一、职业定位问卷

确定最符合你自身情况的选项：

（1）从不；（2）偶尔；（3）有时；（4）经常；（5）频繁；（6）总是。

1. 我希望做自己擅长的工作，这样我的内行建议可以不断地被采纳。
2. 当我整合并管理其他人的工作时，我非常有成就感。
3. 我希望自己的工作能让我用自己的方式、按自己的计划去开展。
4. 对我而言，安定与稳定比自由和自主更重要。
5. 我一直在寻找可以让自己创立自己事业（公司）的创意（点子）。
6. 我认为只有对社会真正作出贡献的职业才算是成功的职业。
7. 在工作中，我希望去解决那些有挑战性的问题，并且胜出。
8. 我宁愿离开公司，也不愿从事需要个人和家庭作出一定牺牲的工作。

9. 将我的技术和专业水平发展到一个更具有竞争力的层次是成功职业的必要条件。

10. 我希望能够管理一个大公司（组织），我的决策将会影响许多人。

11. 如果职业允许自由地决定自己的工作内容、计划、过程时，我会非常满意。

12. 如果工作的结果使我丧失了自己在组织中的安全稳定感，我宁愿离开这个工作岗位。

13. 对我而言，创办自己的公司比在其他的公司中争取一个高管职位更有意义。

14. 我的职业满足感来自我可以用自己的才能去为他人提供服务。

15. 我认为职业的成就感来自克服自己面临的非常有挑战性的困难。

16. 我希望自己的职业能够兼顾个人、家庭和工作的需要。

17. 对我而言，在我喜欢的专业领域内做资深专家比总经理更有吸引力。

18. 只有在我成为公司的总经理后，我才认为我的职业生涯是成功的。

19. 成功的职业应该允许我有完全的自主与自由。

20. 我愿意在能给自己带来安全感、稳定感的公司中工作。

21. 当通过自己的努力或想法完成工作时，我的工作成就感最强。

22. 对我而言，利用自己的才能使这个世界变得更适合生活或居住，比争取一个高管职位更重要。

23. 当我解决了看上去不可能解决的问题，或者在必输无疑的竞赛中胜出，我会非常有成就感。

24. 我认为只有很好地平衡个人、家庭、职业三者的关系，生活才算是成功的。

25. 我宁愿离开公司，也不愿频繁接受那些不属于自身专业领域的工作。

26. 对我而言，做一个全面的管理者比在我喜欢的专业领域内做资深专家更有吸引力。

27. 对我而言，用我自己的方式不受约束地完成工作，比安全、稳定更加重要。

28. 只有当我的收入和工作有保障时，我才会对工作感到满意。

29. 在我的职业生涯中，如果我能成功地创造或实现完全属于自己的产品或点子，我会感到非常有成就感。

30. 我希望从事对人类和社会真正有贡献的工作。

31. 我希望工作中有很多机会，可以不断挑战我解决问题的能力（或竞争力）。

32. 能很好地平衡个人生活与工作，比达到一个管理职位更重要。

33. 如果在工作中能经常用到我特别的技巧和才能，我会感到特别满意。

34. 我宁愿离开公司，也不愿意接受让我离开全面管理的工作。

35. 我宁愿离开公司，也不愿意接受约束我自由和自主控制权的工作。

36. 我希望有一份让我有安全感和稳定感的工作。

37. 我梦想创造属于自己的事业。

38. 如果工作限制我为他人提供帮助和服务，我宁愿离开公司。
39. 去解决那些几乎无法解决的难题，比获得一个高管职位更有意义。
40. 我一直在寻找一份能最小化个人和家庭之间冲突的工作。

二、记分方法

按照下列矩阵形式，将每一题的分数计入相应题号，然后按照“列”进行分数累加得到一个总分，将每列总分除以五得到每列的平均分，填入表 2-2。记住：在计算平均分和总分前，不要忘记将最符合你日常想法的三项额外加上 4 分。

表 2-2　积分表

类型	TF	GM	AU	SE	EC	SV	CH	LS
加分项	1	2	3	4	5	6	7	8
	9	10	11	12	13	14	15	16
	17	18	19	20	21	22	23	24
	25	26	27	28	29	30	31	32
	33	34	35	36	37	38	39	40

总分：____________________。

平均分：____________________。

根据得分情况，测定你的职业锚倾向（排序）：____________________。

三、结果说明

TF 型：技术 / 职能型职业锚。

如果你的职业锚是技术 / 职能型，你始终不肯放弃的是在专业领域中展示自己的技能，并不断把自己的技术发展到更高层次的机会。你希望通过施展自己的技能以获得他人的认可，并乐于接受来自专业领域的挑战，你可能愿意成为技术 / 职能领域的管理者，但管理本身并不能给你带来乐趣，你极力避免全面管理的职位，因为这意味着你可能会脱离自己擅长的专业领域。

GM 型：管理型职业锚。

如果你的职业锚是管理型，你始终不肯放弃的是升迁到组织中更高的管理职位。这样，你能够整合其他人的工作，并对组织中某项工作的绩效承担责任。你希望为最终的结果承担责任，并把组织的成功看作是自己的工作。如果你目前在技术 / 职能部门工作，你会将此看成积累经验的必要过程，你的目标是尽快得到一个全面管理的职位，因为你对技术 / 职能部门的管理不感兴趣。

AU 型：自主 / 独立型职业锚。

如果你的职业锚是自主 / 独立型，你始终不肯放弃的是按照自己的方式工作和生活，你渴望工作方式足够灵活性，在组织中能由自己来决定何时及如何工作。如果你无法忍受某些程度上的组织约束，就会去寻找一些有足够自由的职业，如教育、咨询等。你宁可放弃升职加薪的机会，也不愿意丧失自己的独立自主性。为了能有最大限度的自主和独立，你可能创立自己的公司，但你的创业动机与后面叙述的创业家的动机是不同的。

SE 型：安全 / 稳定型。

如果你的职业锚是安全 / 稳定型，你始终不肯放弃的是稳定的或终身雇用的职位。你希望有成功的感觉，这样你才可以放松下来。你关注财务安全（如养老金和退休金方案）和就业安全。你对组织忠诚，对雇主言听计从，希望以此换取终身雇用的承诺。虽然你可以达到更高的职位，但你对工作的内容和在组织内的等级地位并不关心。任何人（包括自主 / 独立型）都有安全和稳定的需要，在财务负担加重或面临退休时，这种需要会更加明显。安全 / 稳定型职业锚的人总是关注安全和稳定问题，并把自我认知建立在如何管理安全与稳定上。

EC 型：创造 / 创业职业锚。

如果你的职业锚是创造 / 创业型，你始终不肯放弃的是凭借自己的能力和冒险愿望，扫除障碍，创立属于自己的公司或组织。你希望向世界证明你有能力创建一家企业，现在你可能在某一组织中为别人工作，但同时你会学习并评估未来的机会，一旦你认为时机成熟，就会尽快开始自己的创业历程。你希望自己的企业有非常高的收入，以证明你的能力。

SV 型：服务型职业锚。

如果你的职业锚是服务型，你始终不肯放弃的是做一些有价值的事情，比如，让世界更适合人类居住、解决环境问题、增进人与人之间的和谐、帮助他人、增强人们的安全感、用新产品治疗疾病等。你宁愿离开原来的组织，也不会放弃对这些工作机会的追求。同样，你也会拒绝任何使你远离这些工作的调动和升迁。

CH 型：挑战型职业锚。

如果你的职业锚是挑战型，你始终不肯放弃的是去解决那些看上去无法解决的问题，战胜强硬的对手或克服面临的困难。对你而言，职业的意义在于允许你战胜不可能的事情。有的人在需要高智商的职业中发现这种纯粹的挑战，例如，仅仅对高难度、不可能实现的设计感兴趣的工程师。有些人发现处理多层次的、复杂的情况是一种挑战，例如，战略咨询师仅对面临破产、资源消耗殆尽的客户感兴趣。还有一些人将人际竞争看成是挑战，例如，职业运动员，或将销售定义为非赢即输的销售人员。新奇、多变和困难是挑战的决定因素，如果一件事情非常容易，它马上会变得令人厌倦。

LS 型：生活型职业锚。

如果你的职业锚是生活型，你始终不肯放弃的是平衡并整合个人的、家庭的和职业的需要。你希望生活中的各个部分能够协调统一地向前发展，因此，你希望职业有足够的弹性允许你来实现这种整合。你可能不得不放弃职业中的某些方面（例如晋升带来跨地区调动可能打乱你的生活）。你与众不同的地方在于过自己的生活，包括居住在什么地方、如何处理家庭事务及在某一组织内如何发挥自己的作用。

模拟实训

找角色

从文学作品、影视剧中找出“现实型、研究型、艺术型、社会型、企业型、常规型”六类角色，回答下列问题。

1. 现实型

角色：______

出自哪部作品：______

简述角色的职业生涯：______

给我的启示：______

2. 研究型

角色：______

出自哪部作品：______

简述角色的职业生涯：______

给我的启示：______

3. 艺术型

角色：______

出自哪部作品：______

简述角色的职业生涯：______

给我的启示：______

4. 社会型

角色：______

出自哪部作品：______

简述角色的职业生涯：______

给我的启示：______

5. 企业型

角色：______

出自哪部作品：______

简述角色的职业生涯：______

给我的启示：______________________________

6. 常规型

角色：______________________________

出自哪部作品：______________________________

简述角色的职业生涯：______________________________

给我的启示：______________________________

第三讲

自我认识——积极探索自我　夯实规划基础

事物的发展是内因与外因的结合。正如《孙子兵法》所言："知己知彼，百战不殆。"对大学生职业生涯规划来说，自我认知是一个知己的过程，是大学生职业规划的重要基础。在自我认知的过程中，大学生要客观、科学地认识自己，既不要妄自菲薄，也不要好高骛远、脱离实际。

知识目标

1. 了解职业价值观的类型和意义。
2. 了解职业兴趣对职业生涯规划的作用。
3. 了解气质类型与职业选择的关系。
4. 了解性格对职业的影响。

思政目标

1. 培养正确的职业价值观，并积极地践行社会主义核心价值观。
2. 学会明确自己的兴趣和性格，激发学习兴趣。

知识导图

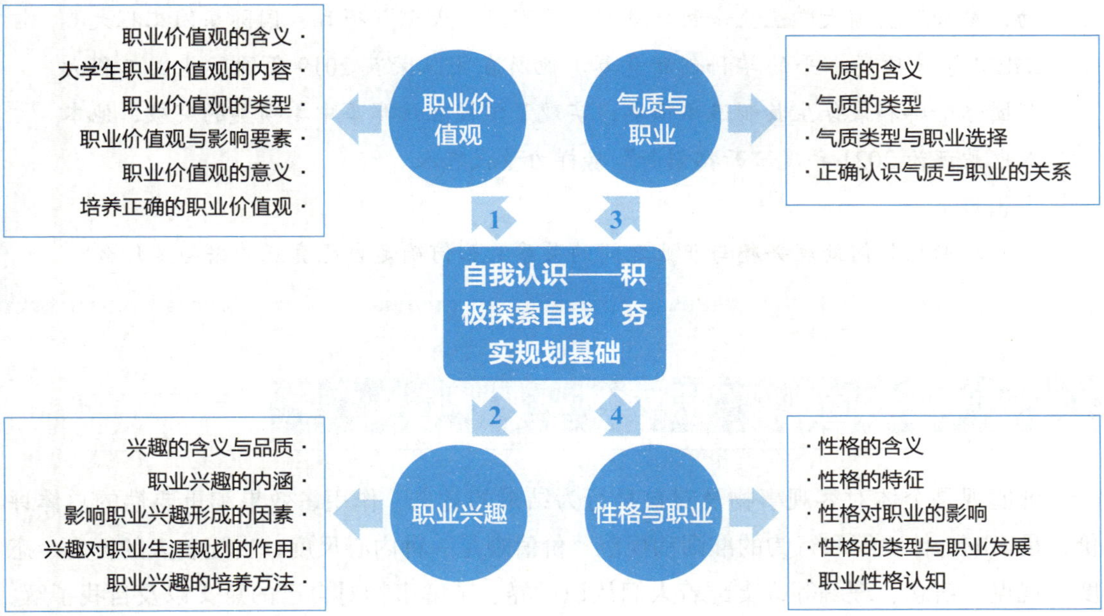

案例导入

【案例1】

A同学，动漫设计专业毕业，后出于对游戏设计的兴趣，参加了相关的学习和培训，在某大学三维游戏影视动画研修班专业学习一年。由于对游戏设计方面非常感兴趣，A找了份与游戏设计有关的工作，在某科技公司从事3D场景设计师一职，后因为公司业务调整离职。当重新踏入社会求职时，A发现游戏设计这块发展速度非常快，企业基本都是招聘30岁以下的青年。但A对游戏设计情有独钟，他执着地应聘游戏设计一类的岗位。由于年龄问题加上技能不强都没有成功，A一直处于失业状态。

【案例2】

B同学，空气动力学专业，毕业后在一家科研机构研究空气动力学5年，由于专业能力强获得上级的认可，一度被列为提拔对象。但B对研究工作始终提不起兴趣，他真正感兴趣的是影视特效。由于从小的兴趣，B在影视特效方面有一定的技术水平，但经过调查，他发现国内并没有合适的公司，自己的能力也远远达不到全球级的水平。最终他选择了国内发展相对成熟且门槛较低的游戏行业，最终入职网易，成为一名资深技术美术。

【案例3】

C同学，从小就喜欢和哥哥一起看蚂蚁、抓蜜蜂，对生物特别感兴趣。高考后，他没有选择父母中意的计算机专业，而是一头扎入生物的海洋，选择了自己心之所向。从大一开始陆续参与人类易感基因大赛和微生物趣味竞赛等校内活动，参加了全国大学生生命科学竞赛、国家级“大创”项目、国际基因工程大赛iGEM等多项高水平的学科创新竞赛。他所在团队荣获2019年国际基因工程大赛团体金牌和最佳生物制造单项奖，实现了学校在该赛事中单项奖的突破，他本人也被评为2021年度“开拓创新”榜样力量代言人。

| 思考 |

我们应如何处理兴趣与职业之间的关系？如何确定自己真正的兴趣是什么？

一、职业价值观

价值观是个体对客观事物及对自身行为结果的意义、作用、效果和重要性的总体评价，是影响个体决策和行为的准则和规范。价值观是一种内心尺度，支配着人的行为、态度、观点、信念、理解等，支配着人们认识世界、了解事物对自己的意义以及自我了解、自我定向、自我设计等，也为自认为正当的行为提供充足的理由。因此，价值观对于人的选择与决策具有重要的意义。

（一）职业价值观的含义

职业价值观是价值观在人们从事的职业上的体现，是人们对待职业的一种信念和态度，是人们在职业生涯中表现出来的一种价值取向。职业价值观也是个人对某一职业的价值判断，是个人希望从事某种职业的态度倾向，也就是个人对某种职业的愿望和向往。个人的职业价值观是其人生观、世界观在职业上的体现。价值观的个体系统包括价值、价值取向和价值体系。职业价值观也有与之相对应的职业价值、职业价值系统和职业价值取向。受家庭环境、教育、兴趣爱好等多方面的影响，不同个体的职业价值观是不同的，因而对某一职业的评价和取向也不同。有人喜欢同人打交道的职业，有人喜欢同物打交道的职业，有人喜欢具有挑战性的职业，有人喜欢安全平稳的职业等。不同人喜欢不同的职业，这正是职业价值观的体现。

（二）大学生职业价值观的内容

大学生职业价值观是在校大学生在学习和社会实践过程中形成的对于职业评价、职业选择、职业价值取向的总体看法，反映了其对职业的信念和态度，正确的职业价值观直接影响学生的择业观，而适当的择业观对大学生就业和职业发展有着重要意义。大学生职业价值观的内容具体包括：职业价值取向、职业理想、职业价值目标、职业发展观。第一，职业价值取向。包含价值目标、职业社会地位、职业收入、行业选择、地域倾向、工作条件选择等方面，正确的职业价值取向应强调自我价值和社会价值的协调统一。第二，职业理想。大学生在设定职业理想时，要权衡各种条件，如社会需求、个人追求、个人能力素质、工作机会和待遇等，在此基础上明确职业目标并制订科学具体的实施方案。第三，职业价值目标。大学生的职业目标源于职业需要，而其职业需要是多方面的，包括福利待遇、事业成就、社会地位、人际关系等。第四，职业发展观。科学的职业发展观是指大学生在职业定位、职业选择以及从事职业过程中，通过对自己和职业的正确认识和客观评价，把自己的职业兴趣、职业能力和未来从事职业的要求紧密结合起来，形成稳定的职业态度和良好的择业动机，推动个人职业生涯的科学发展。

（三）职业价值观的类型

职业价值观是一个人对职业的认识和态度以及其对职业目标的追求和向往。俗话说“人各有志”，这个“志”表现在职业选择上就是职业价值观，它是一种具有明确目的性、自觉性和坚定性的职业选择的态度和行为，对一个人职业目标和择业动机起着决定性的作用，因此必须重视。

我们可以从不同角度对职业价值观进行分类。

1. 从理想信念角度分类

（1）自由型。这类职业价值观的人不喜欢被安排，喜欢凭自己的能力和本领创造生活。典型职业：室内装饰专家、摄影师、音乐教师、雕刻家、漫画家等艺术性职业。

（2）小康型。这类职业价值观的人追求声望，优越感也很强。渴望能有社会地位和名誉，渴望受到众人尊敬。当欲望得不到满足时，由于过分强烈的自我意识，有时反而很自卑。典型职业：会计、银行出纳、法庭速记员、税务员、办公室职员、秘书等。

（3）支配型。这类职业价值观的人喜欢运用自己的权力支配别人，由此获得乐趣。典型职业：经理、总裁、政工人员等。

（4）自我实现型。这类职业价值观的人更喜欢挥洒个性，追求真理，不考虑收入、地位及他人对自己的看法，把释放潜能视为生活的意义。典型职业：气象学家、生物学家、天文学家、药剂师、动物学者、化学家等。

（5）志愿型。这类职业价值观的人富于同情心，把他人的痛苦视为自己的痛苦，不喜欢哗众取宠，把帮助别人视为最大的快乐。典型职业：社会学家、福利机构工作者、咨询人员、护士等。

（6）技术型。这类职业价值观的人认为立足社会须有一技之长，认为靠本事吃饭既可靠，又稳定。典型职业：木匠、机械工、电工、司机等。

（7）经济型。这类职业价值观的人认为金钱至上，属于典型的拜金主义者，他们认为钱能解决一切问题。典型职业：商人等。

（8）合作型。这类职业价值观的人人际关系较好，认为朋友是最大的财富。典型职业：公关人员、推销人员等。

（9）享受型。这类职业价值观的人喜欢安逸的生活，不愿从事任何挑战性的工作。无固定职业类型。

2. 从心理需求角度分类

美国心理学家洛特克在《人类价值观的本质》一书中，提出了 14 种价值观，包括成就感、美感的追求、挑战、健康、收入与财富、独立性、爱、家庭与人际关系、道德感、欢乐、权力、安全感、自我成长、协助他人。借鉴洛特克的观点，我国学者阚雅玲于 2003 年将职业价值观分成如下 12 类。

（1）收入与财富。工作能够明显、有效地改变自己的经济状况，将薪酬作为选择工作的重要依据。工作的目的或动力主要源于对收入和财富的追求，并以此改善生活质量，显示自己的身份和地位。

（2）兴趣特长。以自己的兴趣和特长作为选择职业最重要的因素，能够扬长避短、趋利避害、爱我所爱，可以从工作中得到乐趣，获得成就感。

（3）权力地位。有较高的权力欲望，希望能够影响或控制他人，使他人照着自己的意思去行动，认为有较高的权力地位会受到他人尊重，可以从中得到较强的成就感和满足感。

（4）自由独立。在工作中能有弹性，不想受太多的约束，可以充分掌握自己的时间和行动，自由度高，不想与太多人发生工作关系。

（5）自我成长。工作能够给予培训和锻炼的机会，使自己的经验与阅历能够在一定的时间内得以丰富和提高。

（6）自我实现。工作能够提供平台和机会，使自己的专业和能力得以全面运用和施展，实现自身价值。

（7）人际关系。将工作单位的人际关系看得非常重要，渴望能够在一个和谐、友好甚至被关爱的环境中工作。

（8）身心健康。工作能够免于危险、过度劳累，免于焦虑、紧张和恐惧，使自己的身心健康不受影响。

（9）环境舒适。工作环境舒适宜人。

（10）工作稳定。工作相对稳定，不必担心经常出现裁员和辞退现象，免于经常奔波找工作。

（11）社会需要。能够根据单位和社会的需要响应某一号召，为集体和社会作出贡献。

（12）追求新意。希望工作的内容经常变换，工作和生活丰富多彩，不单调枯燥。

（四）职业价值观与影响要素

在职业价值分析与评定过程中，个人必须处理好职业价值观不同要素间的关系，并根据不同时期、不同情况明确自己的核心职业需求。

1. 处理好职业价值观与金钱的关系

金钱是在确定职业价值观时首先要面对的问题。有些经济条件不太好的大学毕业生在求职时，将金钱作为首选价值观，从根本上讲这并没有错。但是对于一些人来说，现在拥有的知识、能力、经验和阅历还不足以使其一走上社会就获得大量的金钱回报。寻求暴富的心理是不正常的，更是危险的，甚至会误入歧途。面对严峻的就业形势，更应理性地降低对金钱的期望值，把眼光放长远一些，应尽可能地将自我成长和自我实现作为在毕业求职时的首选价值观。

2. 处理好职业价值观与个人兴趣、特长的关系

个人兴趣和特长是人们在择业时需要考虑的重要因素。在确定职业价值观时，一定要考虑其是否与自己的兴趣和特长相适应。如果一个人从事自己不喜欢的工作，那就难以在他选择的职业上取得成功；而如果选择了自己喜欢的工作，则可以充分发挥潜能，获得职

业发展的原动力。此外，选择一项自己擅长的工作，也会事半功倍。

3. 处理好职业价值观的排序与取舍的关系

职业价值观的特性决定人们不会只有唯一的职业价值观，人性的本能也会驱使人们有多种需求，但在现实生活中，鱼和熊掌不可兼得。既然是选择，就要有所取舍，只有舍，才能得。所以，要对自己的职业价值观进行排序，找出自己认为最重要、次重要的方面，并提醒自己不可能什么都得到。否则，就会患得患失，始终不清楚自己到底想要什么，更谈不上职业生涯的成功和对社会的贡献了。

4. 处理好职业价值观中个人与社会的关系

人不能离开社会而独立存在，个人只有在工作中为社会作贡献才能实现自己的职业价值。这并不是说要忽略择业中的个人因素，只去尽社会责任，这样不但不利于个人，也是社会的损失。例如，让一个富有科学创造力、不善言辞的学者去从事普通的教师工作，可能使国家损失一项重大的发明，社会不过多了一个也许并不出色的老师。因此，应该反对只为个人考虑，毫不考虑国家和社会需要的职业价值观。

5. 处理好淡泊名利与追逐名利的关系

追逐名利是人的正常欲望，欲望可以使人成就大事业，也可使人误入歧途。以合理、合法、公正、公平的方式追名逐利在一定程度上对个人、对社会都是有益的，但它需要一定的限度，切记要适可而止。

（五）职业价值观的意义

价值观决定人的自我认识，直接影响和决定一个人的理想、信念、生活目标和追求方向的性质。职业价值观对人们自身的职业行为的定向和调节起着非常重要的作用。具体而言，职业价值观的作用体现在以下几个方面。

（1）职业价值观对择业动机有导向作用。个体择业行为的动机受职业价值观的支配和制约，职业价值观对择业动机模式有着重要影响。在同样的外部条件下，具有不同职业价值观的人，其择业动机模式不同，产生的择业行为也不相同，其择业动机的目的、方向受职业价值观的支配。这也正是同样的职业不同的人会有不同评价和选择的原因。每一个求职者由于其所受教育的不同和所处环境的差异，在职业取向上的目标和要求也是不同的。在许多场合，人们往往要在一些得失中作出选择，而左右人们选择的，往往就是职业价值观。例如，是要工作舒适轻松，还是要高标准的工资待遇；是要成就一番事业，还是要安稳太平。

（2）职业价值观反映了人们对职业的认知和需求状况。职业价值观是人们对职业及职业行为结果的评价和看法，因而，它从某个方面反映了人们的人生观和价值观，反映了人们主观认知世界的状况和差异。

（3）职业价值观是判定职业生涯发展状况和人才配置的重要依据。价值观是一种基本信念，它带有主观判断的色彩，代表了一个人对职业的好恶。职业价值观是对自己职业生涯成功与否及其发展状况评价的依据，也是组织进行人力资源配置的重要依据。因此，树立良好的职业价值观，对个人正确判断职业生涯发展状况以及单位合理开展人力资源管理工作都具有重要意义。

（六）培养正确的职业价值观

（1）树立正确的职业价值观要有科学的世界观。世界观是人们对这个世界的认知和理解的方式，决定了人们采取什么样的方法去面对各种问题。唯物主义的世界观告诉人们这个世界是物质的，物质是发展和联系的，大学生可以通过自身的努力，来改造物质世界。这样的世界观就会给予大学生职业发展的信心和动力，而不至于沦为宿命论那般的消极和消沉。

（2）树立正确的职业价值观要有正确的人生观。不同的人生态度决定了是浑浑噩噩地活，还是轰轰烈烈地生，也决定了对生活对工作的态度。积极地面对生活当中的各种困难和问题，积极地面对职业道路上的各种困惑和压力，是大学生应有的人生态度。只有这样，大学生才能在人生的旅途上，走得更远，走得更稳，走得更踏实。

（3）树立正确的职业价值观要正确地看待名利和地位。有些人不惜自我丑化谋出名，虽然获得了名，并因为迎合低级趣味获得了利益，但是人们永远用嘲笑的目光看待他们。大学生应该看到，最宝贵的权利，就是可以决定自己的人生；最重要的财富，就是当前所拥有的一切；最高的地位，就是可以心无旁骛地做好自己。

二、职业兴趣

获得诺贝尔物理学奖的丁肇中说过：“兴趣比天才重要。”重视个人兴趣是职业生涯规划中自我认知的一个很重要的内容，是影响职业发展的关键因素，是职业选择中人职匹配的依据。但是，兴趣是一个不确定的因素，特别是对于由学生向职业人转变的大学生来说，兴趣的动力往往是短暂的。在当前的就业形势下，能够顺利地找到一份结合自身兴趣的职业和岗位也是比较困难的。这就要求大学生对于兴趣的认识要宽泛，要正确把握兴趣和行业职位的结合点，从而在求职过程中具备更多的选择。

（一）兴趣的含义与品质

兴趣是指个体力求认识、掌握某种事物，并经常参与该种活动的心理倾向，或者说，兴趣是一个人积极探究某种事物的心理倾向。人的兴趣是在需要的基础上产生并在活动中发展起来的，而且它还是推动人们去寻求知识和从事活动的巨大的内在动力。一个人在从事自己感兴趣的活动时，能产生愉快的心理状态，注意力会更加集中，思维会更加活跃，行为会更加持久、稳定。

人的兴趣在广度、深度、稳定性和效能方面所表现出的不同特点叫作兴趣的品质。具体情况如下。

（1）兴趣的广泛性。兴趣的广泛性是就兴趣范围的而言。有些人兴趣广泛，对什么都感兴趣；有的人兴趣就比较单一，范围比较狭窄。

（2）兴趣的中心性。兴趣的中心性是指兴趣的深度。人不可能对所有的事物都抱有浓厚的兴趣，而只是对某些事物特别感兴趣。因此，只有广泛的兴趣与中心兴趣相结合，才能促使人更好地发展。否则，什么都知道一些但又什么都不深入，浅尝辄止，博而不专，这样的人会比较肤浅。

（3）兴趣的稳定性。兴趣的稳定性是指兴趣的持久与稳固程度。人与人之间的差异很大，有的人对所从事的工作或研究的问题长期地保持浓厚的兴趣，无论在工作中遇到什么困难都能克服，这是成功的重要基础。

（4）兴趣的效能性。兴趣的效能性是指兴趣对活动产生的效果，能促使人积极主动地学习和工作，并产生明显效果的都是积极的、有效能的兴趣。

（二）职业兴趣的内涵

人的兴趣对象指向职业活动时，就形成了人的职业兴趣。职业兴趣主要是回答“我喜欢做什么”的问题。职业兴趣对人的职业活动有着重要的影响，一份符合自己兴趣的工作能够给自己带来愉悦感和满足感。在选择职业时，人们总会将自己是否对此有兴趣作为考虑因素。从感到有趣开始，到逐渐地形成更加稳定、持久的乐趣，进而与自身奋斗目标相结合，形成有着明确方向性和意志性的志趣，这是人的职业兴趣发展的过程，也是自我探索的过程。

从事自己感兴趣的职业活动时，人们会表现出强烈的探索和创造热情，可以在良好的体能、智能、情绪状态下从事有意义的职业活动，进而全身心地投入而感觉心甘情愿。从事自己感兴趣的职业活动可以使人比较容易适应变化的职业环境，在追求职业目标时表现出坚定、恒久的意志力。可见，职业兴趣是个人在进行职业设计时必须考虑的重要因素之一，不可忽视。

因此，大学生应该努力培养自己多方面的兴趣爱好，并且注意培养自己的中心兴趣，努力发展自己的专长，从而使自己的兴趣爱好有明确的方向性，以便在进行职业选择时既有一个较广的适应范围，又有一个确定的定位。同时，只有将能力和兴趣结合起来考虑，才更有可能取得职业的适应和成功。

对个人来说，如果从事感兴趣的工作，就会更加努力，而只有努力才会出成绩。从某种意义上可以说，兴趣比能力更重要。

（三）影响职业兴趣形成的因素

职业兴趣的形成与个人的个性、自身能力、实践活动、客观环境和所处的历史条件有着密切的关系。因此，有关职业兴趣的探索不能孤立地进行，应当结合家庭的、社会的、自身的因素开展系统性的研究。

1. 家庭环境

家庭对每个人的心理发展都会产生重要影响。因此，个人职业心理发展具有很强的社会化特征，家庭环境的熏陶对职业兴趣的形成具有十分明显的导向作用。大多数人从幼年起就在家庭的环境中感受其父母的职业活动，随着年龄的增长，逐步形成自己对职业价值的认识，使得求职者在选择职业时不可避免地带有家庭教育的印迹。家庭因素对职业取向的影响主要体现在择业趋同性与协商性等方面。一般情况下，个人对于家庭成员特别是长辈的职业比较熟悉，在职业兴趣和职业选择上产生一定的趋同性影响；同时受家庭群体职业活动的影响，个人的决策或多或少产生于家庭成员共同协商的基础之上。所以，考察职业兴趣，一定要关注家庭环境。

2. 社会舆论

社会舆论对职业兴趣的影响主要体现在政府政策导向、传统文化、社会时尚等方面。政府就业政策的宣传是主导的影响因素，传统的就业观念和就业模式也往往会制约个人的职业选择，而社会时尚职业则始终是大部分人特别是青年人追求的目标。

3. 教育程度

个人接受教育的程度是影响自身职业兴趣的重要因素。任何一种社会职业从客观上对从业人员都有知识与技能等方面的要求，而个人的知识与技能水平的高低在很大程度上取决于其受教育程度。一个人学历越高，接受职业培训范围越广，其职业取向领域就越宽，职业兴趣则更广泛。

4. 职业需求

职业需求是一定时期内用人单位可提供的职业岗位的总需求量，它是影响个人职业兴趣的客观因素。职业需求越多、类别越广，个人选择职业的余地就越大。职业需求对个人的职业兴趣具有一定的导向性，在一定条件下，它可强化求职者的职业选择，或抑制个人不切实际的职业取向，也可引导个人产生新的职业取向。

（四）兴趣对职业生涯规划的作用

兴趣是最好的老师，是最初的原动力，是成功之母。兴趣是职业生涯规划的内因，对职业生涯规划的影响主要表现在以下三个方面。

1. 影响职业定位，决定职业选择

职业心理学家认为，选择职业，兴趣比能力更重要。兴趣是人们从事职业活动强有力的动力之一。事实证明，如果对工作有兴趣，即使是枯燥的工作也会变得乐趣无穷；相反，如果从事的是不感兴趣的工作，在心理上便是一种负担，无精打采，勉强应付，很难作出成绩。因此，兴趣是影响职业选择的首要基础和重要因素。职业兴趣一旦形成，就对人的行为产生一定的导向作用，使人积极寻求满足实现职业需要的途径和方法。兴趣可以使人集中精力去获得所喜欢的职业知识，启迪智慧并创造性地开展工作。当一个人对某种职业发生兴趣时，就能调动全身心的积极性，能积极地感知和关注该职业相关知识和动态，积极思考，大胆探索，并且保持情绪高涨、想象丰富，还能增强记忆效果和克服困难的意志。反之，则不会取得良好效果，当然也就很难在职业上发挥个人的优势，作出巨大的贡献。正如我们在日常生活中喜欢从事自己感兴趣的活动一样，具有一定兴趣类型的人更倾向于寻找与之有关的职业，特别是在外界环境限制较小时，更倾向于选择自己感兴趣的职业。

2. 提高工作效率，促进职业创新

李嘉诚说过："对创业者自身成就事业至关重要的是培养自己对所从事职业的浓厚兴趣。"日本学者本村久一在《早期教育与天才》一书中说了一段耐人寻味的话："天才人物指的是有毅力的人、勤奋的人、入迷的人和忘我的人。但是，千万不要忘记，勤奋、毅力、入迷和忘我的出发点实际上在于兴趣。有了强烈的兴趣自然就会入迷，入了迷自然会勤奋、有毅力、最终达到忘我。因此，我特别想说的是，天才就是强烈兴趣和顽强入迷。"职业兴趣令枯燥的工作变得丰富多彩、趣味无穷。兴趣使工作不再是一种负担，而是一种享受。因为兴趣可以调动人的全部精力，以敏锐的观察力、高度的注意力、深刻的思维和丰富的想象力投入工作，促进其能力的发挥，兴趣和能力的合理结合会大大提高工作效率。古今中外的著名科学家、艺术家、文学家，他们之所以能为人类作出重大贡献，莫不是由于他们将创造兴趣与事业的责任感相结合，凝聚成一股强大的力量，推动他们孜孜不倦地努力才获得成功的。

3. 保证职业稳定，促进职场成功

兴趣是工作动力的重要源泉。对于每个人来说，对工作感兴趣就愿意钻研，就更有可能做出成绩——这正是兴趣的作用所在。一般来说，兴趣是职业生涯适应的一个基本方面，可以为职业生涯选择提供有效的信息。兴趣主要用于预测工作满意感和工作稳定性。工作满意是职业生涯适应的一大标志。在其他条件相似的情况下，从事自己感兴趣的职业不但可以让人感到满意，而且能够让工作单位感到满意，并由此导致工作的长期性和稳定

性。此外，多方面的兴趣可以使人善于应付多变的环境。如需换工作，只要自己感兴趣，就能够很快地学会这项工作，求职成功，并能够在新的岗位很快地熟悉和适应新的工作。因此，兴趣是职场成功的一个重要因素，它能够将人的潜能最大限度地调动起来，使人长期专注于某一方向，付出艰苦的努力，取得令人瞩目的成绩。一个人如果能根据自己的兴趣去选择生涯，他的主观能动性将会得到充分发挥。即使十分疲倦，也总是兴致勃勃，心情愉快；即使困难重重也绝不灰心丧气，能想尽办法、百折不挠地去克服它，甚至废寝忘食，如醉如痴，全心投入。

（五）职业兴趣的培养方法

职业兴趣一旦形成，就具有一定的稳定性，但根据实际需要，职业兴趣还是可以通过多种途径，加上自己的努力去改变、发展和培养。

1. 寻找职业兴趣

大学生首先要客观地评估和寻找自己的兴趣所在，不要把社会、家人或朋友认可和看重的事当作自己的爱好；不要以为有趣的事就是自己的兴趣所在，而是要亲身体验并用自己的头脑作出判断；不要以为有兴趣就意味着自己有这方面的天赋，不过可以尽量寻找天赋和兴趣的最佳结合点。最好的寻找兴趣点的方法是开阔视野，接触众多的领域。唯有接触才能尝试，唯有尝试才能找到自己的兴趣所在。大学正是这样一个可以让大学生接触并尝试众多领域的独一无二的场所。因此，在大学学习中，要充分利用学校的资源，通过使用图书馆资料、旁听课程、搜索网络、听讲座、兼职、参加社团活动、与朋友交流、使用电子邮件和电子论坛等不同方式接触更多的领域、更多的工作类型和更多的专家学者，找寻自己感兴趣的领域。

2. 热爱所学专业

大学生要在理想与现实之间找到平衡点。有的大学生认为一旦学了自己不喜欢的专业，眼前的路似乎只剩下两条：换专业或者漆黑一片的迷茫。在大学中，换专业并不容易，但前途也并不像想象中那般渺茫。

在这种情况下，不妨培养兴趣。首先，应该尽力试着把本专业读好，并在学习过程中逐渐培养自己对本专业的兴趣。此外，一个专业可能有很多不同的领域，也许你对专业里某一个领域会有兴趣。现在，很多专业发展了交叉学科，两个专业的结合往往是新的增长点。多接触、多尝试，也许就会碰到自己真正感兴趣的方向。

一个专业的学习需要一个人的多种能力，一个专业包含的课程也能够培养一个学生多方面的能力，这些能力对个人职业发展的方向都会起到一定的帮助。当不喜欢自己的专业时，还可以安排业余时间从事真正感兴趣的事情。可以尝试课外学习、选修或旁听相关课程，也可以去找一些兼职或假期实习的机会，进一步理解相关行业的工作性质。

3. 培养社会责任心

“把没有意思的工作很有意思地去完成”——美国“钢铁大王”卡内基这样告诫人们。当就业环境和自身素质决定一个人必须做自己不喜欢的工作时，应该拿出必要的对社会负责任的态度，培养自己的职业兴趣，即所谓“干一行，爱一行”。事实上，在就业时，多数人并不能够挑选到自己理想的职业。当还不能选择到自己满意的职业时，就必须尽快调整职业期望值，适应就业环境，在不理想的职位上，培养职业兴趣，干出一番理想的事业来。

4. 培养广泛的兴趣

具有广泛兴趣的人，不仅对自己职业领域的东西能产生浓厚的兴趣，而且对其他方面也有一定的兴趣。这种人眼界比较开阔，解决问题时可以从多方面得到启发，在职业选择上有较大的余地。如某个电视节目主持人利用闲暇时间搞投资工作。当他不做主持人的工作后，他原来的“业余爱好”使他能靠投资继续他的职业生活。兴趣范围狭窄、涉足面小的人，对新事物的适应性就差些，在职业选择上所受的限制也多些。

5. 重视培养间接兴趣

直接兴趣是由于对事物本身感到需要而引起的兴趣，间接兴趣则不是对事物本身的兴趣，而是对于这种事物未来的结果感到需要而产生的兴趣。人在最初接触某种职业时，往往对职业本身缺乏强烈的兴趣，必须要从间接兴趣着手培养直接兴趣。可以通过了解职业兴趣在社会活动中的意义、对人类活动的贡献等以引起兴趣，也可以通过了解某项职业的发展机会引起兴趣，还可以通过实践逐步提高间接兴趣。

6. 要有中心兴趣

人的兴趣应广泛，还要有一定的集中爱好，既广泛又有重点，才能学有所长，获得更多的知识。如果只有广泛性而无中心兴趣，人往往会知识肤浅，没有确定的职业方向，心猿意马，这样难有成就。所以，大学生还应着意培养自己在某一方面的职业兴趣，促进自己的发展和成才。

三、气质与职业

这里的气质是一个心理学范畴，是一种稳定的心理特征。研究气质，了解人的心理特征，对于职业生涯规划具有重要意义。

（一）气质的含义

俗话说“江山易改，本性难移”，这里说的就是气质。气质是指个体身上经常表现出来的典型而稳定的心理活动的特征，表现为一个人情绪和行为发生的强度、速度、稳定性、灵活性及指向性等方面的动力性人格特征。类似于我们平时所说的脾气、秉性、性情。气质影响着个体活动的方方面面，具有某种气质特征的人，在完全不同的环境中会显出同样性质的特点。

现代心理学认为，气质是一种不受活动目的和内容影响的心理活动典型的、稳定的动力特征，即心理活动的强度、速度、稳定性、灵活性、指向性等特征。这些特征是个体与生俱来的高级神经活动类型在情感和行为方面的表现。如有的婴儿一出生就表现得很好动、喜欢吵闹，对外界事物反应迅速；有的婴儿则表现得比较平稳、安静，对外界事物反应缓慢。这些特征在儿童以后的游戏、学习、社会交往等活动中会逐渐表现出来。

（二）气质的类型

在古希腊时代，医学家希波克拉底就认为人体内有四种体液：黏液汁（生于脑）、黄胆汁（生于肝）、黑胆汁（生于胃）、血液（生于心脏）。这四种体液在不同的人身上占有不同的比例，只有四种体液调和，人才能健康，如果失调，人就会生病。他还根据体液在人体内占有优势的程度不同，把人的气质分为四种类型：在体液的混合比例中，血液占优势的人属多血质，黏液汁占优势的人属黏液质，黄胆汁占优势的人属胆汁质，黑胆汁占优势的人属抑郁质。虽然现代生理学研究表明，气质的生理基础是人的高级神经活动类型，与人的体液无关，但希波克拉底把人的气质分为四种基本类型这一理论至今仍被采纳，影响广泛。

（1）多血质：情绪兴奋性高，思维语言动作敏捷，心境变化快但强度不大，稳定性差；活泼好动，富于生气，灵活性强，乐观亲切，善交往；浮躁轻率，缺乏耐力和毅力；不随意反应性强，具有可塑性；外倾性较强。

（2）黏液质：情绪兴奋性和不随意反应性都较低，沉着冷静，情绪稳定，深思远虑；思维语言动作迟缓；交际适度，内心很少外露，坚毅执拗，淡漠，自制力强；感受性低而耐受性较高；内倾性较高并且明显。

（3）胆汁质：情绪兴奋性高，反应迅速，心境变化剧烈，抑制能力较差；易冲动，性情直率，不够灵活；精力旺盛，动作迅猛，性情暴躁，脾气倔强，粗心大意；感受性低而耐受性较高；外倾性明显。

（4）抑郁质：感受性很强，善于觉察细节，见微知著，细心谨慎，敏感多疑；内心体验深刻但外表表现不强烈，动作迟缓，不活泼；易于疲劳，疲劳后也易恢复；办事犹豫，缺乏信心；内倾性明显。

实际生活中，纯粹属于某种典型气质的人很少，大多数人是接近某种气质，同时又具有其他气质的某些特点。

（三）气质类型与职业选择

气质的类型对职业的选择有重要的参考作用。

1. 胆汁质气质与职业选择

依据希波克拉底的体液说，黄胆汁占优势的人属于胆汁质。胆汁质心理特征属于兴奋而热烈的类型，热情、直率、外露、急躁。这种气质类型的人做事易冲动、有干劲、爆发力强，为人直率热情、朴实真诚、表里如一，正直、仗义，但自制力较差，言语较鲁莽，容易引起言语上的冲突。有理想、有抱负，见解独到，敢作敢为，做事雷厉风行，毫不拖泥带水，但易感情用事，刚愎自用。

由胆汁质气质类型心理特征分析得知，胆汁质的人较适合做反应迅速、动作有力、应激性强，具有开拓性的工作。择业时适宜从事那些竞争性、冒险性、风险性强，要求反应果断而迅速的职业，如推销员、运动员、导游、节目主持人、勘探工作者、演员、驾驶员、探险者、新闻记者、外事接待员、警察、实业家、改革者等，但不适宜从事稳定、细致的工作。

2. 多血质气质与职业选择

多血质又称活泼型，属于活泼、好动、敏感的类型。这种气质类型具有较强的外倾性特点，活泼好动、机智灵敏、喜欢与人交往，容易适应新环境，具有较强的可塑性；思维活跃，语言表达力强、富有感染力，善于交际，性格外向。但专注力不足，兴趣多变，缺乏忍耐力和毅力。在工作和学习上肯动脑筋，有机敏的工作能力和较高的办事效率，活动能力强，但兴趣和注意力容易分散，情绪多变，易浮躁。

因此，多血质气质类型具有较强的职业适应性，在广泛的社会职业领域都可以发挥特长。这种气质类型的人适合从事营销业务、广告宣传、商务公关、贸易谈判等。他们的外向性特点，更适合于社交性较强的工作，如政治家、外交家、商人、管理者、律师等。对于过于简单、细致和琐碎的工作，对缺乏竞争和刺激、只要求细心谨慎的工作，多血质的人不太感兴趣，也难以深入。可见，即使是职业适应性较强的多血质气质，也有不适宜的职业。

3. 黏液质气质与职业选择

黏液质又称安静型，属缄默而沉默的类型。这样气质类型具有理智、沉着、稳重、安静、善忍耐等特点。具有这种气质类型的人情绪平稳、心平气和、表情平淡，思维灵活性略差但考虑问题细致周到，寡言深思，做事踏实稳重，善于控制和忍耐。同时这种人反应较为缓慢，常给人以呆板、执拗的感觉，主动性较差，灵活性不足，缺乏创新精神。

因此，黏液质气质类型的人稳重、踏实、专注，他们善于处理复杂的人际关系，能很好地利用协调性、积极性、社会性及感情稳定性表现自己的才能，发挥出卓越的能力。一般比较适合于从事稳定、细致、严谨、有条理、持久性的工作，如研究、学术、教育、医护、外科医生、法官、管理人员、图书管理员、会计、情报翻译员、营业员等内向型的职业，但不适宜做反应迅速、具有冒险性及与人打交道的工作，也难以胜任变动大的工作。

4. 抑郁质气质与职业选择

抑郁质又称易抑制型，属呆板而羞涩的类型。抑郁质气质类型的人情感细腻，体验深刻，细心谨慎，做事认真仔细；敏感而又机智，思维敏锐、风趣幽默；感受性强，想象力丰富，善于发现别人不易察觉的细小事物；情绪兴奋性较弱，多愁善感，内向孤僻，不善与人交往，胆小、怯懦，是“情感深厚而沉默的人”。

因此，根据抑郁质气质类型的特点，他们一般较适合从事持久、细致的工作，需要思虑周密，有步骤、有计划、持久耐心地去完成任务。要求认真、沉稳、精细、敏锐等方面的工作，如理论研究、应用科学研究、哲学研究、实验研究、化验员、检验员、机要秘书、统计员、记账员、会计、出纳、刺绣、雕刻等，不适宜做要求灵活的工作。

气质类型与职业的关系如表 3-1 所示。

表 3-1　气质类型与职业

气质	职业特点	适合的职业	不适合的职业
胆汁质	适合做反应迅速、动作有力、应激性强、危险性较大、难度较高而费力的工作，喜欢不断有新活动出现	导游、勘探工作者、推销员、节目主持人、外事接待人员、监督员等	稳重、细致、长期不变的工作
多血质	适合做社交性、文艺性、多样性、要求反应敏捷且均衡的工作	外交工作、管理工作、医生、律师、运动员、记者、演员、警察、服务员等	细心、单调的工作
黏液质	适合做有条不紊、刻板平静、难度较高的工作	外科医生、法官、管理人员、财会、统计、播音员等	从事剧烈、多变的工作
抑郁质	适合做兢兢业业、持久细致的工作	打字员、排版员、检查员、登录员、化验员、刺绣工、机要秘书、保管员、编辑等	要求反应灵敏、处理果断的工作和与人交往的工作

（四）正确认识气质与职业的关系

（1）气质是天生的，但是在人们后天受到的教育经历、生活阅历、身体状况的变化影响下，其固有的气质特征会发生一定程度的改变。在现实生活中，具有某一典型气质类型特征的人很罕见，大多数人的气质类型是混合型的，表现为两种或三种气质特征的混合。

因此，大学生在择业时，不要拘泥于气质类型与职业匹配。

（2）气质本身不分优劣，气质特征只说明这个人具有某方面的个性特点，对性格与能力等个性方面有一定的影响，不能决定一个人活动的社会价值，不具有社会道德评价的意义。每种气质类型都有其积极的一面，也有其消极的一面。比如，胆汁质的人热情、直率、生机勃勃，但急躁、易怒；多血质的人灵活、机敏、情感丰富，但专注力不足，易感情用事；黏液质的人理智、平和、踏实稳重，但较为呆板和固执；抑郁质的人敏感、细致、富于想象，但孤僻、怯懦。所以，气质本身并无好与坏，不具有道德评价的意义。任何一种气质类型的人，都有可能成为道德高尚、有益于社会的人，也有可能成为道德堕落、危害社会的人。

（3）气质不决定个人成就大小和智力发展水平的高低，它会影响个人活动的形式，使智力活动带有一定的取向。现实生活中，人们发现气质在一定程度上影响人的工作效率和工作方式，比如胆汁质和多血质的反应性要比黏液质和抑郁质的快而灵敏。也有些职业活动直接对人的气质类型提出要求，这点应该引起注意，以运动员为例，胆汁质的人易兴奋、反应快、爆发性强，比较适合中短跑、跳高、跳远、球类等项目；而多血质的人适应强、可塑性大，可以从事体操、跳水、击剑等项目；黏液质的人耐受性强，较适合棋类、登山、长跑等项目。

（4）气质与职业稳定性密切相关，著名职业大师霍兰德的职业兴趣理论指出：个体职业的稳定性与持续性除了受气质类型影响外，还在很大程度上与个人的职业兴趣密切相关。随着个体年龄的增长，其工作适应性程度与职业稳定性也逐渐增加，而且气质与职业的一致程度越高，其职业稳定性越高，反之则越低。随着社会的快速发展，很多职业和岗位都在不断更新，想要决定自己感兴趣或适合的职业和岗位，首先要理智地选择职业发展方向，这是可以把握的；然后根据自身情况仔细选择适合自己的工作岗位，努力踏实地实行，才能在职业生涯发展的道路上少走弯路，早日获得职业的成功。

因此，大学毕业生应该首先了解自己的气质类型，再根据自身气质扬长避短，合理就业，避免盲从。

四、性格与职业

性格是先天气质与后天环境作用的结果，集中体现为行为模式，对于职业生涯的发展有着至关重要的作用。

（一）性格的含义

性格指的是一个人经常性的行为特征，以及因适应环境而产生的惯性行为倾向，它是表现在个人对现实的态度和行为方式中的较为稳定而有核心意义的心理特征。因此，性格包括显性的行为特征和隐性的心理倾向。

（二）性格的特征

1. 完整性

性格由能力、气质和人格三方面组成，这些特征之间彼此联系，相互依存，构成了一个在机能上相互适应、相互影响、相辅相成的有机系统。这种联系使得对性格的推测有了现实的可能性。

2. 复杂性

性格的完整和统一不是绝对的，这是因为客观现实中存在着种种矛盾，这些矛盾反映到人的性格内部，就构成了人的各种态度或各种性格特性之间的矛盾。这些矛盾必然会通过人的行为表现于外。但行为方式和态度之间并不一一对应，性格结构的完善和完整程度存在着个体差异。

3. 稳定性

在某种程度上，性格的稳定性取决于人对现实的态度以及有关态度与人们核心价值观之间的联系。

4. 可塑性

一个人要想很好地适应社会与环境，保持自己对于外界的最佳适应状态，就必须进行必要的挑战，维持适当的适应性。如果性格中某些部分不适应特定环境，就需要对它们进行一定程度的调整。这种性格调整的灵活性就是性格的可塑性，健全、完善性格的塑造，正是在性格的可塑性基础上实现的。

（三）性格对职业的影响

（1）选择职业要考虑自己的性格特征，尽量选择适合自己性格的工作。因为每一种工作都对从业者的性格有特定的要求，如各类服务人员，必须具有亲切、热情、周到、体贴他人的性格，这样才能做好服务工作。再如，作为工程技术人员，则要求具有严谨认真、一丝不苟、精益求精、善于合作的性格。

（2）职业对性格具有反作用。服务行业的工作人员如果性格是孤傲型、冷僻型或者轻率有余而稳重不足的人，为了能干好本职工作，需要按职业上的工作要求修炼自己的性格。

（3）进行职业生涯规划时，除了要考虑自身性格同职业所要求的人际关系相适应外，还要考虑自己性格特点同职业本身性质、规矩之间的适应关系。研究发现，杰出人物绝大多数属于性格坚强、有毅力、人缘和谐的类型，其中有的人要经过数年甚至几十年的努力，花费大量的精力和劳动，才能取得一项或几项成果。在职业生涯规划中，一方面要在各种环境中培养、修炼自己的性格，使之适应职业领域里更广泛的工作；另一方面要根据自身特点，选择更适合发挥自己性格特长的工作。

（4）性格对职业生涯发展也有较大的影响，在事业上成功的人往往具有共同个性，不畏艰苦、百折不挠、善于忍耐、自律性强、独立、执着。虽说“江山易改，本性难移”，但实际上，在他们身上很少有那些诸如暴躁、冲动、懦弱等不良性格。改变人生应首先从改变自己的性格开始，如果有持之以恒地改变自己的心态，那就能够改变自己的性格，因为一个人的性格修养主要取决于后天长期所接受的教育和环境的影响。

（四）性格的类型与职业发展

1. 梅尔－布来格类型指标

瑞士心理学家容格认为，心理活动会指向外部世界，也会指向自己的内心世界，前者属外倾型，后者属内倾型。同时，通过感官和直觉来获取外界的信息，并利用这些信息，通过理性和感性的方式，对事情进行判断和认识，并在此基础上形成自己的行为习惯和人格模式。梅尔和布来格母女以容格的理论为基础，发展出 16 种人格理论，并于 1962 年发表了“梅尔－布来格类型指标”(MBTI)，作为测量心理类型的工具。

（1）心理类型理论。心理类型理论主要是将人的性格区分为四组维度，每组两个向度，据此划分出 16 种不同的心理类型。

MBTI 中的四个维度包括：

①外倾（E）—内倾（I）维度。外倾是指个体的注意力和能量主要指向外部世界；内倾是指个体将自己的注意力和能量集中于自己的内心世界。

②感觉（S）—直觉（N）维度。感觉和直觉是个体感知世界、获取信息的两种方式。感觉型的人倾向于通过自己的感官来获取有关环境的事实和现实，他们需要获取精确的信息和事实，着眼于现在；直觉型的人则习惯用超越感官的方式来获取信息，他们更注重事情的含义、象征意义和潜在意义，直觉型的人对洞察力、抽象的事物和未来等方面有明显的偏好。

③思维（T）—情感（F）维度。思维和情感是关于个体如何对获取的信息作决定并得到结果的两种方式。思维型的人习惯于通过分析数据、权衡事实来作出符合逻辑的、客观的结论和选择；而情感型的人则习惯于通过自己的价值判断来作决定，他们通常会对信息作出个人的、主观的评价。思维型的人通常是直接的、主观分析的，他们用思维作决定；而情感型的人更坚信自己的价值观，并习惯于用心灵来作决定。

④判断（J）—觉察（P）维度。判断和觉察是关于个体面对外部环境时如何行动的

两种态度。判断型的态度意味着个体会通过思维和情感去组织、计划和调控自己的生活；而觉察型的态度则意味着个体倾向于用感觉和直觉的方式去对事物作决定，他们的态度通常是灵活机动的、开放的。判断型的人喜欢将事情管理得井井有条，习惯过一种稳定有序的生活；而觉察型的人喜欢自发、随意地处理问题，并愿意保持一种开放性的态度。

（2）性格类型与职业的匹配。通过对上述四个维度进行排列组合，就能得到 16 种性格类型。每个人都通过 MBTI 测试可以获得关于自己的信息，了解自己的性格特点，并据此选择适合自己性格类型的职业，这为职业匹配提供了依据。

①内向感觉思考判断型（ISTJ）。严肃、沉静，因专注和执着而取得成功；务实、有条不紊、尊重事实、逻辑严密、现实、可信，能够承担责任。较适合会计师、账务核查员、工程师、财务经理、警察、技师等职业。

②内向感觉情感判断型（ISFJ）。沉静、友好、可靠、尽责，全力以赴地承担责任；持之以恒、勤劳、细致、忠诚、周到。较适合健康工作者、图书馆工作人员、服务性工作者、教师等职业。

③内向直觉情感判断型（INFJ）。不屈不挠，原创能力强，渴望做任何有需要的事，尽最大努力工作；很有可能获得别人的景仰，且喜欢说服别人谋取最佳的福利。较适合艺术工作者、神职人员、音乐家、心理医师、教师、作家等职业。

④内向直觉思考判断型（INTJ）。具有原创力，有较大动力去实现自己的构想和目的；眼界开阔，很快就能发现外在事件的意义；在感兴趣的领域有很好的组织和实践能力；对事存疑，具有批判性，独立，坚决，能有高水准的工作表现。较适合电脑分析师、工程师、法官、律师、工程人员、科学家等职业。

⑤内向感觉思考觉察型（ISTP）。是冷眼旁观者，沉静、保守，以好奇心远远地来观察和分析生活，具有非预期的幽默感；关心事件的因果，应用逻辑原则来组织事实；擅长直接切入实际问题的核心，并找出解决的办法。较适合手工艺者、建筑工作者、机械工、服务工作者、统计人员等职业。

⑥内向感觉情感觉察型（ISFP）。沉静、友善、敏感、善良、谦虚，即使有不同意见，也不会勉强他人接受其意见和价值观；不喜欢领导别人，而是忠实的跟随者；喜欢享受眼前的时刻，不急于完成事情。较适合文书、建筑工、音乐家、户外工作者、油漆工等职业。

⑦内向直觉情感觉察型（INFP）。是沉静的观察者、理想主义者，忠实、重视外在生活与内在价值的一致性；充满好奇心，能很快看到事情的可能性，并将之作为实践其想法的催化剂；具有弹性与包容性，希望了解人们及实现人类潜能的方式；较少关注周围的现实。较适合艺术工作者、娱乐工作者、编辑、心理学家、社会工作者、作家等职业。

⑧内向直觉思考觉察型（INTP）。沉静且保守，特别喜欢理论和科学求知；喜欢运用逻辑思维来分析并解决问题，对意念思考充满兴趣，但较不喜欢热闹的聚会和闲聊；常有清楚明确的兴趣，并将该兴趣应用于职业生涯中。较适合艺术工作者、电脑分析师、工程师、科学家、作家等职业。

⑨外向感觉思考觉察型（ESTP）。擅长切中要害，解决问题，喜欢和朋友一起行动，或做机械性工作和运动；适应力强、容忍力佳，注重实用性且获得结果；不喜欢长篇大论，最擅长处理可以掌握、参与或投入的真实事情。较适合账务核查员、工匠、警察、销售职员、服务性工作者等职业。

⑩外向感觉情感觉察型（ESFP）。喜欢交朋友、善于接纳、对人友善，让每一件有兴趣的事更为有趣，使别人感到快乐；喜欢行动、让事情发生，知道正在发生什么事并且积极地参与；记忆事实比精通理论容易，对需要常识判断且实务技能的情况可妥善处理。较适合儿童保育人员、采矿工程师、秘书、督导等职业。

⑪外向直觉情感觉察型（ENFP）。温暖热情、精神高昂、聪明、富有想象力，几乎能做任何感兴趣的事；很快能想出困难的解决之道，帮助有困难的人；常依赖即兴创作的能力而非事前充分准备，总能找到让人信服的理由。较适合演员、神职人员、咨询师、记者、音乐家、公关人员等职业。

⑫外向直觉思考觉察型（ENTP）。迅速、聪敏，擅长许多事，警觉性高，口才好；可能因乐趣而和人争论不休，善于解决新的、挑战性的难题，但可能会忽略因循不变的工作；兴趣时常转变，很容易找到逻辑性的理由。较适合演员、记者、摄影师、销售人员等职业。

⑬外向感觉思考判断型（ESTJ）。务实、实际，倾向商业或机械；对抽象理论不感兴趣，学习须有直接或立即性的应用目的，喜欢组织和操作活动，是很好的行政人员；能很快作出决定，注意日常细节。较适合督导者、行政人员、财务经理、推销人员等职业。

⑭外向感觉情感判断型（ESFJ）。有爱心、善于谈话、善于合作且主动参与团体活动；喜欢和谐并能创造和谐，总是对人和善；在鼓励和赞美下会做最大的努力；主要的兴趣在于直接且显著地影响人们的生活。较适合美容师、健康工作者、办公人员、秘书、教师等职业。

⑮外向直觉情感判断型（ENFJ）。负责任，真诚地关心其他人的想法和希望，依据他人的感觉来处理事情；能轻松地提出计划或者领导团体讨论，社会性强、受人欢迎、富有同情心；对他人的赞美和批评能及时作出反应；喜欢催化他人，协助他人发挥潜能。较适合演员、神职人员、咨询师、音乐家、教师等职业。

⑯外向直觉思考判断型（ENTJ）。坦率，是活动的领导者；善于建立并发展全面的方法体系，以解决组织的问题；擅长需推理和知识性的谈话，如公开演说；知识广博，而且

喜爱任何能增长知识的活动。较适合行政人员、律师、经理、销售人员、工程人员等职业。

2. 常见的性格分类

为了便于操作，将性格类型简单分为快乐活泼型、冷静执行型、领袖独立型、和谐淡定型四种。

（1）快乐活泼型。快乐活泼型的人活跃开朗，兴趣广泛，创意丰富。然而，他们身上“三分钟热度”、虎头蛇尾、及时行乐，往往难以被真正理解和欣赏。性格关键词：有热情、有成就感、不受约束、活泼、乐观、思维敏捷。快乐活泼型人群适合的工作有节目主持人、自由职业、创意策划等。

（2）冷静执行型。冷静执行型的人不甘落后，永争第一；渴望成功，注重效率；步步为营，现实主义。但是，他们好面子、竞争、工作狂，往往难以被人理解，由于常常只关注目标、忽略他人感受，显得过于自私、功利和虚伪，不达目的誓不罢休。性格关键词：适应能力强、有野心、注重形象、竞争、效率。冷静执行型人群适合的工作有演艺明星、演员、代理商等。

（3）领袖独立型。领袖独立型的人维护正义，好打抱不平；他们直接、勇敢、豪爽、义气、果敢、爱憎分明，他们具有坚强不屈的挑战精神，信奉“爱拼才会赢”的人生哲学。但是，他们身上的掌控欲、霸道、蛮横、好斗往往被人们误解，常常让周围人感到强烈的侵略性与针对性。性格关键词：果断、意志坚强，挑战对抗。领袖独立型人群适合的工作有销售主管、自主创业者等。

（4）和谐淡定型。和谐淡定型的人平和友善，宽容随和；慢条斯理，顺其自然；永不拒绝，难以说不，他们被称为“老好人”。然而，他们身上的妥协、拖拉、安于现状往往难以被真正理解，由于追求和谐，过分满足于现状，又难免与利益竞争的快节奏现代生活产生摩擦。性格关键词：平静祥和、自我满足、憨厚包容、安于现状。和谐淡定型人群适合的工作有教师、心理咨询师等。

性格的不同是必然的，每个人要平心静气、勇敢地接受自己的性格，性格没有完美之说，要敢于克服性格中的缺点，面对性格弱点，努力尝试去改变。理性理解自己的性格特征的同时要理解他人的性格，追求理解自己、相信自己以及理解他人、欣赏他人的发展方向。尽管性格在职业生涯中占据重要地位，但是性格与职业规划的关系不是一成不变的，它受职业环境、生活环境、社会环境等因素影响，应积极努力锻炼性格适应能力，确立积极的就业观。

（五）职业性格认知

1. 职业性格的含义

职业性格是指人们在长期特定的职业生活中所形成的与职业相联系的、稳定的心理特征。例如，有的人对待工作总是一丝不苟，踏实认真；在待人处世中总是表现出高度的原则性、果断、活泼、负责；在对待自己的态度上总是表现为谦虚、自信，严于律己等，所有这些特征的总和就是他们的职业性格。

2. 职业性格的类型

（1）变化型。能够在新的工作情境中感到愉快，喜欢工作内容经常有些变化，在有压力的情况下工作得很出色，追求并且能够适应多样化的工作环境，善于将注意力从一件事转移到另一件事情上去。

（2）重复型。喜欢连续不断地从事同一种工作，喜欢按照一个固定的模式或别人安排好的计划工作，爱好重复的、有规则的、有标准的职业。

（3）服从型。喜欢配合别人或按照别人的指示去办事，愿意让别人对自己的工作负责，不愿意自己担负责任，不愿意自己独立作出决策。

（4）独立型。喜欢计划自己的活动并指导别人的活动，会从独立的、负有责任的工作中获得快感，喜欢对将要发生的事情作出决定。

（5）协作型。会对与人协同工作感到愉快，善于引导别人按客观规律办事，希望自己能得到同事的喜欢。

（6）劝服型。乐于设法使别人同意自己的观点，并能够通过交谈或书面文字达到自己的目的。对别人的反应具有较强的判断能力，并善于影响他人的态度、观点和判断。

（7）机智型。在紧张、危险的情况下能很好地执行任务，在意外的情况下能够自我控制、镇定自若，工作出色。在出差错时不会惊慌，应变能力强。

（8）自我表现型。喜欢表现自己，通过自己的工作和情感来表达自己的思想。

（9）严谨型。注重细节的精确，愿意在工作过程的各个环节中，按照一套规则、步骤将工作过程做得尽善尽美。工作严格、努力、自觉、认真，保质保量，喜欢看到自己出色完成工作后的效果。

良好的职业规划，前提是对自身特性品格的客观认识，首先对自己的个性予以客观的分析，通过科学的手段来了解自己的性格类型，根据分析的准确结果，公正地评价。很多人只热衷于得知自己性格特点后，探究到底从事何种行业，这是一个误区。性格虽无绝对的优劣之分，但是塑造得到普遍认同的良好的性格特质对我们进行职业生涯规划有着举足轻重的作用。

案例分析

奥托·瓦拉赫是诺贝尔化学奖的得主，他的成才之路也是一个极好的诠释职业性格的例子。瓦拉赫读中学时，父母让他学文学。一个学期结束，不料老师给他的评语是："瓦拉赫很用功，但过于拘泥，这样的人即使有完美的品格，也决不可能在文学上发挥出来。"父母无奈，让儿子改学油画，可瓦拉赫既不善于构图，也不善于润色，对艺术的理解力差，成绩在班上倒数第一。面对如此笨拙的学生，老师们都认定他是朽木一块，成才无望。此时此际，只有化学老师慧眼独具，认为他做事一丝不苟，适合做化学实验，于是建议他改学化学。这一次，瓦拉赫的智慧火花迸溅不息，文学、艺术方面的"朽木"一下子成了化学方面的"良才"，成绩遥遥领先。

| 分析 |

从事与自己性格不匹配的工作，个人的才能就会受到阻碍，个人的潜能也往往得不到开发。成功者大都不是天才，他们只是一些有着普普通通品质的人，但他们在适合自己性格的工作中充分挖掘了自己这些普普通通的品质，从而达到了一个不一般的高度。

知识拓展

心态与成功

拿破仑·希尔在其《人人都能成功》一书中，激励人们通过纠正意识、性格和生活习惯上的缺点，来获得人生的财富。他总结出积极心态和消极心态的表现以及消极心态对成功的影响。

一、积极的心态

1. 人的心神所能构思而确信的，人便能完成它。
2. 如果相信自己能够做到，你就能够做到。
3. 我心里怎样思考，就会怎样去做。
4. 在我生活的每一方面，都一天天变得更好。
5. 现在就做，便能使异想天开的梦变成事实。
6. 不论我以前是什么人，或者现在是什么人，倘使我是靠积极心态驱动的，我就能变成我想成为的人。
7. 我觉得健康，我觉得快乐，我觉得自己现在的状态很好。

二、消极的心态

1. 愤世嫉俗，认为人性丑恶，时常与人为敌，因此缺乏人和。
2. 没有目标，缺乏动力，生活浑浑噩噩，有如大海漂舟。
3. 缺乏恒心，懒散不振，时时替自己制造借口，从而去逃避责任。
4. 心存侥幸，空想发财，不愿付出，只求不劳而获。
5. 固执己见，不能容人，没有信誉，社会关系不佳。
6. 自卑懦弱，自我压制，不敢信任自身的潜能，不肯相信自己的智慧。
7. 或挥霍无度，或吝啬贪婪，对金钱没有中肯的看法。
8. 自大虚荣，清高傲慢，喜欢操纵别人，嗜好权力游戏，不能与人分享。
9. 虚伪奸诈，不守信用，以欺骗他人为能事，以蒙蔽别人为雅好。

三、迟缓的心态

要知道，消极心态像恶魔一样阻碍着你的成功之旅。另外，还有两种心态足以“阻延”和“拖垮”你的行动。

1. 过分谨慎，时常拖延，不能自我确定，不敢当机立断。
2. 恐惧失败，害怕丢脸，不敢面对挑战，稍有挫折便退却。

很显然，这两种心态，使人意志消沉、态度消极，即使具有成功欲念，也无胆量、勇气进行下去。因而，也不会相信自己真正有发迹的一天。如果你的潜意识中充满这些消极因素，而你又没有决心去克服它们，那么你的生命就只能永远“不由自主”地“呈现”这种状态。

互动测评

霍兰德职业兴趣量表

根据第一印象，回答是与否。

一、问题

1. 我喜欢把一件事情做完后再做另一件事。
2. 在工作中，我喜欢独自筹划，不愿受别人干涉。
3. 在集体讨论中，我往往保持沉默。
4. 我喜欢做戏剧、音乐、歌舞、新闻采访等方面的工作。
5. 每次写信我都一挥而就，不再重复。
6. 我经常不停地思考某一问题，直到想出正确答案。
7. 对别人借我的和我借别人的东西，我都能记得很清楚。

8. 我喜欢抽象思维的工作，不喜欢动手的工作。
9. 我喜欢成为人们注意的焦点。
10. 我喜欢不时地夸耀一下自己取得的好成绩。
11. 我曾经渴望有机会参加探险。
12. 当我一个人独处时，会感到更愉快。
13. 我喜欢在做事情前，事先作出细致的安排。
14. 我讨厌修理自行车、电器一类的工作。
15. 我喜欢参加各种各样的聚会。
16. 我愿意从事工资虽少但比较稳定的职业。
17. 音乐能使我陶醉。
18. 我办事很少思前想后。
19. 我喜欢经常请示上级。
20. 我喜欢需要运用智力的游戏。
21. 我很难做那种需要持续集中注意力的工作。
22. 我喜欢亲自动手制作一些东西，从中得到乐趣。
23. 我的动手能力很差。
24. 和不熟悉的人交谈对我来说毫无困难。
25. 和别人谈判时，我总是很容易放弃自己的观点。
26. 我很容易结识同性朋友。
27. 对于社会问题，我通常持中庸的态度。
28. 当我开始做一件事情后，即使碰到再多的困难，我也要执着地干下去。
29. 我是一个沉静而不易动感情的人。
30. 当我工作时，我喜欢避免被打扰。
31. 我的理想是当一名科学家。
32. 与言情小说相比，我更喜欢推理小说。
33. 有些人太霸道，有时明明知道他们是对的，也要和他们对着干。
34. 我爱幻想。
35. 我总是主动地向别人提出自己的建议。
36. 我喜欢使用榔头一类的工具。
37. 我乐于帮助别人减轻痛苦。
38. 我更喜欢自己下了赌注的比赛或游戏。
39. 我喜欢按部就班地完成要做的工作。
40. 我希望能经常变换不同的工作来做。
41. 我总留有充裕的时间去赴约会。

42. 我喜欢阅读自然科学方面的书籍和杂志。
43. 如果掌握一门手艺并能以此为生，我会感到非常满意。
44. 我曾渴望当一名汽车司机。
45. 听别人谈“家中被盗”一类的事，很难引起我的同情。
46. 如果待遇相同，我宁愿当商品推销员而不愿当图书管理员。
47. 我讨厌跟各类机械打交道。
48. 我小时候经常把玩具拆开，看看里面究竟是什么样子。
49. 接受新任务后，我喜欢以自己的独特方法去完成它。
50. 我有文艺方面的天赋。
51. 我喜欢把一切安排得整整齐齐、井井有条。
52. 我喜欢当一名教师。
53. 和一群人在一起的时候，我总想不出恰当的话题。
54. 看情感影片时，我常禁不住眼圈红润。
55. 我讨厌学习数学。
56. 在实验室里独自做实验会令我寂寞难耐。
57. 对于急躁、爱发脾气的人，我仍能以礼相待。
58. 遇到难解答的问题时，我常常放弃。
59. 大家公认我是一个勤劳踏实、愿为大家服务的人。
60. 我喜欢在人事部门工作。

二、评分与结果

职业人格的类型：符合以下“是”或“否”答案的记 1 分，不符合的记 0 分。记分后，请将你得分最高的三个类型从高到低排列，得到一个三位组合答案。

1. 常规型。“是”（7，19，29，39，41，51，57），“否”（5，18，40），具有顺从、谨慎、保守、自控、服从、规律、坚毅、务实、稳重、有效率、缺乏想象力等特征。

2. 现实型。“是”（2，13，22，36，43），“否”（14，23，44，47，48），具有顺从、坦率、谦虚、自然、坚毅、务实、有礼、害羞、稳健、节俭的特征。

3. 研究型。“是”（6，8，20，30，31，42），“否”（21，55，56，58），具有缜密、谨慎、批判、好奇、独立、聪明、内向、有条理、谦逊、精确、理性、保守的特征。

4. 管理型。“是”（11，24，28，35，38，46，60），“否”（3，16，25），具有冒险、有野心、独断、冲动、乐观、自信、追求享受、精力充沛、善于社交、获取注意、知名度等特征。

5. 社会型。“是”（26，37，52，59），“否”（1，12，15，27，45，53），具有合作、友善、慷慨、助人、仁慈、负责、圆滑、精于社交、善解人意、说服他人、理想主义等特征。

6. 艺术型。“是”（4，9，10，17，33，34，49，50，54），“否”（32），具有复杂、冲动、独立、直觉、无秩序、情绪化、理想化、不顺从、有创意、表情丰富、不重实际的特征。

模拟实训

澄清你的职业价值观

有如下 15 项职业价值观：

1. 声望：受到大家的尊重与礼遇。
2. 独立：能够自己作决定。
3. 助人：能够协助或教导别人。
4. 变化：工作的内容不单调，有变化、有挑战、需创新。
5. 领导：工作时能够领导、指挥、监督他人，分配工作。
6. 兴趣：符合自己的喜好。
7. 待遇：薪水高、利润多。
8. 休闲：自己拥有较长的休闲时间或者可以自由安排时间。
9. 福利：工作的地方能够提供良好的福利。
10. 前景：这个职业将来会有很好的发展。
11. 安定：收入稳定，不受环境等影响。
12. 升迁：有明确的升迁制度和机会。
13. 意义：有意义，对人、社会或世界的贡献较大。
14. 环境：工作环境舒适。
15. 人际：同事修养好，人际关系和谐。

第一步：

选择自己认为重要的职业价值观，按照递减顺序写出来。

____

第二步：

请同学两两组合，谈谈自己最想从职业或工作中获得什么？或者说对职业或工作最重视的因素有哪些？

____

第三步：

如果不得不放弃其中的一项，你会选择放弃哪一项？

____

再放弃一项。

____

再放弃一项。

____

再放弃一项。

____

最后剩下的一项。

____

第四步：

深入思考，说说为什么会留下这一项？

____

第四讲

环境分析——评估职业环境　厘清规划方向

职业生涯规划依赖于一定的外部条件，这个外部条件体现于职业生涯发展的环境，是与个人职业生涯有潜在关系的所有外部条件的综合，职业环境既是职业生涯规划的促进条件，也是职业生涯规划的约束力量。了解职业生涯发展的外部环境，可以为职业生涯规划的制订提供规划的理由和依据。

知识目标

1. 了解当前的社会环境。
2. 了解各地域的就业环境。
3. 了解当前的行业环境。
4. 了解企业环境和企业领导应具备的素质。

思政目标

1. 培养和增强关心时事的意识，激发爱国情怀。
2. 增强适应能力，培养自身的领导素质。

知识导图

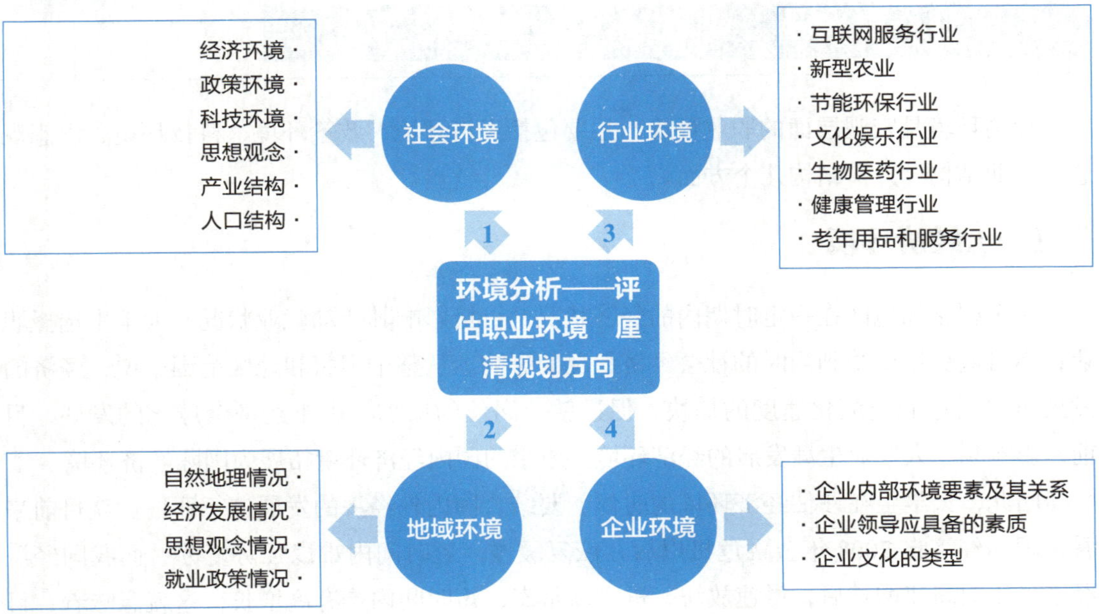

案例导入

A同学和B同学，2017年毕业于山东农业大学园艺专业，在校期间就跟随专家从事菊花种植研究。毕业后，本着对农业的喜爱和对农村的特殊感情，他们决定回乡创业。他们去往全国各地考察学习，学习农户的种植技术，请教菊花专家，拜访菊花茶生产企业……理论加实践，整合了适用于临沂莒南丘陵地区的种植技术。

作为大学生入乡创业，种植经验少、社会实践缺乏，相对会走一些弯路。但同时，他们的理论知识和对农业发展的敏锐度成为他们的优势。通过直播平台，A同学和B同学每天都能接到来自天南海北的网络订单，他们事无巨细地把生产、丰收菊花、花茶制作过程等细节拍成视频在网络上分享，朴实中透露着有趣。一年多的时间里，他们见识到了互联网的强大：以前只能局限于线下，如今通过直播，能让全国人民品尝到莒南优质的农产品。A同学表示，直播的销售量能占到总销售额的80%。

加上国家对农村发展电商的支持，他们在推广本地农产品时，可以获得当地政府的支持，能够在快递费用上得到更优惠的价格。展望未来，他们期待满满，希望今后能助力于乡村振兴事业的发展，带动当地农民一起发家致富。

| 思考 |

你对当前的社会环境和行业环境有多少了解？

一、社会环境

社会环境是宏观层面的职业环境，主要包括经济环境、政策环境、科技环境、思想观念、产业结构、人口结构几个方面。

（一）经济环境

一个国家和地区在一定时期内的经济状况，直接影响其劳动就业状况。大学生选择职业，不可避免地要受到当时的社会经济状况的影响。从整个国家和地区范围来说，经济的发展可以促进职业演化速度的加快，促进就业岗位的增加。由于经济全球化的发展，目前，影响到个人职业生涯发展的经济环境从原来的国内经济环境拓展为国际经济环境。

因此，大学生在评估经济环境的时候，要结合国内外经济的发展进行评估。就目前来看，国际经济自2008年金融危机以后，恢复缓慢，短时间内难以强势复苏。而我国经济经过多年的高速增长后，增速放缓，进入新常态，短时间内难有高增长，这就意味着，目前社会提供的岗位不会很充裕，就业形势依然严峻。这就是对就业形势基本的判断，应该引起大学生足够的重视。

（二）政策环境

政策环境是指政府为了促进就业，采取的一系列增加就业的措施。大学生是我国社会主义现代化建设的重要人才资源，因此，党和国家高度重视大学生的就业问题。就业政策环境在某种程度上具有短期性，同样也具有针对性，利用好就业政策，往往可以抓住机遇，实现就业，促进职业发展。

目前来看，国家的政策环境大致有以下几个方面的倾向：①鼓励大学生自主创新，“以创业带动就业”，这也是我国社会“大众创业、万众创新”浪潮的一部分，对于自主创业的毕业生来说，国家有相应的优惠政策和一定额度的资助；②鼓励大学生到边远地区就业、到基层就业。对于到边远地区和基层就业的大学生，国家也有相应的配套政策和福利措施；③鼓励大学生结合互联网就业，这也是“互联网+”理念的推广。目前来看，我国的互联网产业发展充分，而且还具有广阔的发展空间，所以，大学生结合互联网就业大有可为；④鼓励大学生在第三产业就业。目前来看，我国的第一、第二产业面临结构升级，人才存量较大，竞争较为激烈，岗位并不充裕，而第三产业还有广大的发展空间。因此，大学生应该把目光更多地放在第三产业上。

（三）科技环境

“科技是第一生产力”。科技发不发达和科技发展的程度，往往决定一个国家和地区的经济发展速度和在全球市场分工中的位置。因此，在进行职业生涯规划的时候，应该把科技环境放在一个重要的位置上，特别是结合自身创业。

目前来看，我国的科技环境呈现以下几个特点：①我国各个科技门类比较齐全，但总体水平不高，甚至可以说是处于较为落后的状态；②我国科技事业的创新不足，很多科技成果依赖于转让和引进，自主研发能力不强，这也是我国科技事业饱受诟病的地方；③我国缺乏科技转化为生产力的长效机制，使得科技事业与产业脱轨，未能形成合力；④我国科技引导消费尚未形成主流，大众消费者对科技产品的认知还处于宣传引导层面，而不是理解和体验层面。

（四）思想观念

思想观念对职业生涯发展的影响不可小觑，很大程度上决定着职业生涯发展的方向，树立正确的思想观念，对于顺利就业、职业发展，意义非凡。

目前来看，大学生就业的思想观念有以下几个倾向，值得深思：①过于强调索取，大学生对工作单位的要求是环境好、待遇好、休息好，却很少考虑自己为单位作出的贡献，只强调索取，不强调付出；②过于挑三拣四，大学生对于岗位的要求是工作强度不大、工作体面，有拈轻怕重之嫌，使人们对大学生工作的热情度有所质疑；③过于看重自我，大学生在工作中往往很强调自我，而不是把工作放在优先的位置，造成懒惰、散漫、眼高手低的状况。

（五）产业结构

产业结构对职业生涯发展的影响较为关键，了解国家的产业结构，可以帮助大学生进一步明确规划的方向。

目前来看，我国的产业结构有如下特点：①第一、第二产业产能相对过剩，第三产业有较大发展空间，第一、第二产业普遍存在生产技术和生产模式落后的问题，亟待升级；②高能耗产业多，绿色产业少，这使得目前我国的城市环境污染加剧，雾霾增多，而绿色产业方兴未艾，大有可为；③劳动力密集型产业过多，亟须改革。目前，我国劳动力密集型产业依然数量庞大，需要通过产业升级的形式将劳动力密集型的产业转变为技术密集型的产业。

（六）人口结构

人口结构也是职业生涯规划需要考虑的一个环境因素。显然，人口结构从一定意义上决定了职业发展的领域和方向。

目前，我国的人口结构呈现出以下几个特点：①社会老龄化严重，老龄人口数量激增，这使得社会养老负担加重，社会青壮年劳动力比例下降，也为大学生就业提供了一定的机会；②性别竞争激烈，男女大学生在几乎同等的条件下竞岗应聘，使得竞争日趋激烈，但不可否认的是，社会上存在着歧视女大学生就业的情况；③人口集中在大城市，“扎堆”现象严重，这导致大城市就业压力过大，而乡村人力资源不足，这种情况亟待改善。

二、地域环境

地域环境包括地域的自然地理情况、经济发展情况、思想观念情况、就业政策情况，具有一定的综合性。与社会环境不同，地域环境的考虑要更深入一些，而不仅仅是作为参考，有时还作为决策的依据。

（一）自然地理情况

自然地理情况是职业生涯规划的重要参考要素。我国幅员辽阔，各地自然条件相差很大，在不以优劣为评价标准的情况下，各地的特点是值得注意的。比如华南地区气候炎热多雨，东北地区天气寒冷，西北地区干旱多风沙等；再比如青藏高原海拔高、空气稀薄；

华东地区多平原、气候湿润等。

事实上，考虑自然地理因素主要出于两个目的：一是你的职业生涯是否与这些地理条件有绝对的联系，比如你从事水产养殖，自然就要尽可能排除缺水的西北地区；二是根据个人的身体情况，有的人不耐寒，有的人不耐热，所以选择职业生涯发展的时候，也要充分考虑身体情况与气候的适应。

（二）经济发展情况

我国各地区经济发展很不均衡，城乡发展也不均衡，这就造成在职业生涯规划的时候，考虑区域经济发展情况成为重要因素。总的来说，我国的大城市经济发达，中小城市及广大乡镇农村经济发展较为滞后。此外，我国东南沿海及珠江三角洲经济发达，西部地区经济较为落后。

对于根据经济发展选择区域这个问题，要辩证地看待。如果选择北京、上海、广州、深圳等一线城市，毫无疑问会面临巨大的竞争压力；如果选择中小城市就业，就业空间就会好得多。另外，人的价值不仅仅在大城市才能实现，在乡村一样可以实现。在城市作为工厂的领导是事业有成，在乡村拥有一处美丽的农庄也是事业有成。

（三）思想观念情况

各地区的文化不同，造成了思想观念的不同，同时也造成了就业观的不同。比如我国江浙地区，因为地处长江三角洲地区，外贸发达，商业气息浓厚，人们对在私营企业发展觉得习以为常。在东北地区，由于长时间受计划经济的影响，很多人认为只有考取公务员、进入事业单位，或是进入国有企业，进入体制内才是择业的正途，这也在很大程度上抑制了就业的宽度。

随着经济文化交流的深入，各区域的思想观念必定出现多元化趋势。所以，在不久的将来，各地区对职业的认可也会趋于宽容。因此，大学生在职业生涯规划的时候，可以尽量淡化区域就业思想观念的影响，消除区域偏见的负面效应。

（四）就业政策情况

就业政策情况是大学生在进行职业生涯规划时需要注意的问题。通常来说，一些较为落后的区域往往会颁布一些有利于就业和职业发展的优惠政策，这也是大学生在就业时可以着重斟酌的地方。

“是金子总会发光的”。地域环境只是一个相对的概念，在全国人民为实现中华民族伟大“中国梦”的今天，无论哪个区域都是大学生大显身手的地方，大学生在考虑地域环境的时候，要结合自己的能力和理想，把自己的青春融入祖国需要和能绽放自己的地方。

三、行业环境

行业环境是指自己所选择的行业的发展趋势，其中有两个方面需要重点考虑。第一是行业的竞争情况，如果行业竞争过于激烈，那么利润空间就会被极大挤压，一部分企业和从业者就会被市场淘汰，那么对就业来说，这个行业并不能算是优质行业。第二是行业的未来发展，包括行业是否已经濒临淘汰，比如电视机维修行业；或者行业是否面临升级，比如汽车从燃油汽车向新能源汽车升级。

行业虽无高低之分，却因为社会的需求有冷热之分，但并不绝对，可能随时间推移而转换。下面几个行业，将是未来一段时间较为热门的行业。

（一）互联网服务行业

近年来，互联网行业正在以摧枯拉朽之势改变着越来越多的传统行业，而它们巨大的吸金能力和对人才的巨大需求与渴望，使得近几年互联网企业的涨薪速度曲线几近陡直向上。互联网本身是个瞬息万变的大行业，不同子行业的热门程度往往与所在行业的集中程度、发展速度和从业公司数量有关。虽然当下一些互联网大厂因垄断、无序扩张、数据安全等问题面临政府相关部门的强监管，但随着传统行业的数字化转型以及万物互联的时代浪潮，互联网服务行业仍是时下炙手可热的行业之一。目前，较为热门的业务有直播电商、短视频、大数据、云计算、人工智能、工业互联网等。

（二）新型农业

随着人们对食品安全的日益关注，绿色农业成为未来国民经济发展的关键之一。从目前来看，新型农业在未来会出现四种业态：一是绿色农业，如农村饲养野兔、野猪、野鸡、草鸡、蓝孔雀等，还有种植野菜，种有机粮食，都可以保障食品安全；二是观光农业，农村利用果园、农场作为观光基地，吸引市民采摘，发展经济；三是租赁农业，由市民出钱租赁一小块田地，由当地农民打理，粮食自产自足，保障食品安全；四是新型农庄，建设新型农庄，发展多元农业和农产品深加工，如生产果脯、酿酒、榨油等。

（三）节能环保行业

节能环保产业是指为节约能源资源、发展循环经济、保护环境提供技术基础和装备保障的产业，主要包括节能产业、资源循环利用产业和环保装备产业，涉及节能环保技术与装备、节能产品和服务等。

2018—2019 年，我国环保政策密集出台，环保力度进一步加大，环保政策措施由行政手段向法律的、行政的和经济的手段延伸，第三方治理污染的积极性和主动性被充分调动起来。环保税、排污许可证等市场化手段陆续推出，政策红利逐步显现。

为应对气候变化，我国提出“二氧化碳排放力争于2030年前达到峰值，努力争取2060年前实现碳中和”等庄严的目标承诺。在2021年的政府工作报告中，“做好碳达峰、碳中和工作”被列为2021年重点任务之一；“十四五”规划也将加快推动绿色低碳发展列入其中。节能环保行业在“双碳”政策的加持下，未来必将大有可为。

（四）文化娱乐行业

一部成本几百上千万元的影片，可能获数亿甚至数十亿元票房。票房数字的背后，说明现在人们对文化需求的渴望。一个达沃斯论坛，给瑞士一个小镇带来全球性的影响力，并给当地的旅游、商贸、文化、酒店业带来巨大的推动。中国很多地方也有客观条件大力发展会展文化经济，但常缺乏宏大思路。现代信息化时代的传播媒介，会加快这种新文化的扩展速度，催生全国性甚至世界性的影响力。所谓的新文化的创造产品，不是去抢世界现成的“蛋糕”，而是创造自己特有的“蛋糕”。

（五）生物医药行业

生物医药是国家的战略性新兴产业，其制药技术将成为未来创新主动力，也是企业核心竞争力。一场新冠疫情，更是让国内生物医药研发力度骤然提升，发展势头正盛。目前，在全球生物医药领域，美国在技术水平和投资上的领先形势短期内还无法改变，大量专利非一朝一夕所能追赶。比如生物技术药领域内最为重要的单克隆抗体药，中国迄今不要说研发出原创新药，就是仿制都很困难。虽然差距明显，但随着国家、企业的重视以及大量人才不断涌入，中国正加快融入国际生物医药研发链和产业链，努力打造具有国际影响力的生物医药产业生产与研发中心。

（六）健康管理行业

近年来，我国经济发展稳步增长，但在物质生活日渐丰富的今天，不合理的饮食习惯及不良的生活方式对人们的健康造成了巨大的负面影响。相关数据表明，中国亚健康人群比例已经超过75%，与营养相关的慢性病，如脂肪肝、糖尿病、高血压病、心脑血管病、肿瘤等已占死亡原因的80%，人们的健康需求已由传统、单一的医疗治疗型，向疾病预防型、保健型和健康促进型转变。社会各阶层的健康需求持续不断地提升，健康管理师这一职业也由此应运而生。具体而言，私人健康管理师主要从事的工作包括采集和管理个人健康信息、评估个人健康和疾病危险性、进行个人健康咨询与指导、制订个人健康促进计划、对个人进行健康维护，是融合营养师、保健师、中医师、心理师等多职业特点于一身的综合性职业。根据日本卫生部公布的相关数据，在日本，每300人就拥有一名健康管理师或营养师，健康管理师的数量相当于临床医师的2.4倍。而目前我国专业健康管理方面的从业人员相对稀缺，如果按照日本健康管理师所占全国人口比例的一半计算，我国未来所需的健康管理师人才缺口非常巨大。

（七）老年用品和服务行业

根据世卫组织对年龄划分的新标准，4~59 岁为中年人，60 岁及以上为老年人。中老年用户是指 45 岁及以上的用户。

受庞大人口基数以及长期计划生育的影响，中国老龄化速度惊人。2017 年我国 65 岁及以上 1.6 亿人，占总人口 11.4%。随着第一波婴儿潮步入老年，预计 2030 年占比将达到 25%。

养老行业空间巨大，居、养、乐、医是核心需求。根据艾瑞咨询预计，2019 年养老行业规模达 4.4 万亿，2023 年规模将达 13 万亿，年复合增长率达 30%，养老产业正成为一片商业蓝海。

随着移动互联网的发展、智能手机的普及和消费观念的改变，越来越多的中老年人参与到网络世界中来，中老年群体逐渐发展成为网购的新生力量。强劲的消费能力和庞大的消费市场，引来各大商家的高度重视，其中蕴藏着巨大的机会。

除了以上介绍的几个热门行业外，大学生还应关注于 2021 年 3 月 12 日公布的《中华人民共和国国民经济和社会发展第十四个五年规划和 2035 年远景目标纲要》，这是指导我国今后 5 年及 15 年国民经济和社会发展的纲领性文件，对于大学生进行职业生涯规划具有极强的确定性意义和重要的参考价值。

四、企业环境

企业环境主要是指企业的内部环境，就是大学生即将开始的工作环境。事实上，大学生工作的单位还包括党政机关、事业单位和社团组织，但由于大学生就职于企业的数量最多，情况也最为典型，所以在此只介绍企业环境的评估。

（一）企业内部环境要素及其关系

企业内部环境是保证企业正常运行的内部条件与内部氛围，包括四个要素：企业家精神、企业物质基础、企业组织结构、企业文化。

1. 企业内部环境要素

（1）企业家精神。所谓企业家精神，就是企业家身上所具有的那种为利润目标而表现出来的敢想敢干、追求卓越的精神。具体表现为：冒险精神、创新精神和追求卓越的精神。冒险精神是企业家的初始含义。一般来说，一致把冒险精神作为衡量企业家的基本准则，创新精神是企业家精神的精髓。只有当企业家把自己所从事的工作当作自己毕生的事业去追求时，才会产生长久的激励，才会使企业家的冒险精神与创新精神绵延不绝，这便是企业家追求卓越的精神。三者相互关联，相互补充，缺一不可。

（2）企业物质基础。企业物质基础是企业开展正常生产经营活动必不可少的条件，包括经营物质条件与生产物质条件。经营物质条件是企业开展正常经营活动所必需的工作环境，如办公场所、办公设备等。生产物质条件是企业开展正常生产活动不可或缺的基础设施，如生产场地、厂房设施、生产设备等。企业物质基础是企业最基本的内部环境要素。它是有形的，是企业内部的物质硬环境。

（3）企业组织结构。企业组织结构是组织内部各个有机构成要素相互作用的形式，它涉及管理幅度的确定、管理层次的划分、管理机构的设置、管理权责的认定和分配、管理职能的划分、内部各层次各单位之间的联系沟通方式等。没有组织结构就没有企业，组织结构是支撑企业生存与发展必不可少的基本条件。它是有形的，是企业内部组织硬环境。

（4）企业文化。企业文化对于企业的生存与发展，对于企业长期竞争力的形成，都是非常关键的。一是企业文化对企业长期经营绩效影响深远；二是它决定着企业未来的兴衰成败；三是不管是否有利于企业，企业文化一旦形成就难以改变；四是企业可以利用企业文化为企业生产经营服务。由此可见，企业文化影响企业正常运行与经营绩效，它为企业良好地运行营造氛围，是企业不可或缺的内部环境要素。企业文化是无形的，但它是客观存在的，是企业内部软环境。

2. 企业内部环境要素之间的关系

企业物质基础与企业组织结构是企业家精神发挥作用的活动空间，是企业文化的载体。企业家在企业家精神的驱动下，创立保证企业正常运行的物质基础，建立有利于创新的企业组织结构和有利于创新的企业文化，营造有利于实现企业利润目标的企业内部环境。这种有利于实现企业利润目标的企业内部环境的建立过程，就是企业物质基础不断积累优化的过程；就是企业组织结构与环境动态协调的过程；就是企业家精神内化为企业精神的过程；就是创新的企业文化建立的过程。

（二）企业领导应具备的素质

企业领导的素质关乎企业的发展，也是企业环境的重要表征。一般来说，优秀的企业领导应具备以下素质。

1. 精神素质

精神素质是人的主导素质，企业领导首先要有激情，要有创新、冒险、包容、开拓、求实、卓越等精神。企业领导精神是企业精神的支柱，锁定了企业文化建设的个性和方向，任何卓越的企业文化都是以优秀的企业家精神为依托，二者密不可分。

（1）敢于冒险。一个取得极大成功的企业领导往往是一个善于开拓、敢于冒险的人，不敢冒险的人不会成为真正的企业领导。在充满风险的环境中，企业领导要取得成功，需要一定的冒险精神。所以，冒险精神是企业领导必备的素质之一。

（2）追求卓越。勇创一流，追求卓越，激情常在，是企业领导的可贵精神素质。作为企业领导，为本人、为企业制定切实可行的目标，相信经过奋斗可以进入更高境界。现代社会，强手如林，竞争激烈，一个优秀企业领导要有志于创造一流，即创造一流企业，包括一流人才、一流服务、一流效益、一流地位，才能立于不败之地。

（3）永不满足。在这种永不停歇、不懈的创新和追求中，企业领导不断成熟。现代社会科学技术革命，使知识更新、技术革新、产品更新的频率加快、周期缩短，一个企业或企业领导只有不断追求新技术、新产品、新目标，不断创新，才能跟上时代的步伐，在激烈的竞争中处于有利的地位，才能扩展自己。

2. 能力素质

能力素质是企业领导素质体系中的核心要素，表现为企业领导把知识和经验有机结合起来运用于经营管理的过程。

（1）领导能力。领导能力是企业领导第一位的能力素质，一个缺乏领导能力的人是不能把企业经营好的。企业领导的能力行为主要表现为：合理配置企业多种生产要素和经营要素，有较强的组织协调能力，使企业朝着预先设定的目标迈进，业务运转富有效率；对企业经营中的重大问题作出决定，统辖指挥，提高企业的经营效果；发现、选拔和任用有才能的员工，充分发挥其聪明才智和创造能力；通过自己的人格魅力和影响力来激励下属，形成和谐的人际关系；对企业经营过程中出现的重要问题及时、准确地作出决断，特别要以敏锐的目光及时发现潜在的机会，并加以充分利用，取得常人无法取得的成功。

（2）创新能力。企业领导的创新能力是个人气质、动机、情绪、才能、知识、观念的综合体。具有较强创新能力的企业领导一般都具有以下特征：强烈的事业心，敏锐的洞察力，丰富的想象力，一往无前的勇气，锲而不舍的精神和坚定的信念，思维的独立性和开放性。在商品经济社会，企业面临着市场的挑战，承受来自市场的竞争压力。企业的运行如逆水行舟，不进则退。守旧、停顿就意味着被淘汰。为了在竞争中站稳脚跟，并不断地扩展自己，企业领导必须是创新者，要不断地引进新技术，开发新产品，开创新市场，开辟并控制新的原料来源，改进组织，创造新的更有效率的经营管理方法。

（3）决策能力。决策特别是战略决策是决定企业生产经营活动成败的关键，是实施管理职能的保证。一项正确的决策，往往会使企业取得预想不到的成功。企业领导的决策能力是一种综合能力，包括：①掌握信息的能力和预测能力。在信息社会，优秀的企业领导的决策必须以掌握大量的信息为前提，以科学预测为基础；②决断能力。现代社会，时间就是金钱，优秀的企业领导必须在若干可行性方案中选择最优方案，及时拍板，果断决策，否则便会贻误时机；③应变能力。针对企业经营过程中遇到的新情况、新问题，优秀的企业领导必须做到随机应变，化被动为主动，化危为机。

3. 知识素质

企业在内部创造和建立一个有利于知识资源能动发挥作用的环境，使得知识在不断的交流和共享中得以更新，从而实现知识资源的积累、扩张和最大限度的开发和利用，这将大大增强企业的创新能力。因此，企业领导应该是知识结构丰富的专家，至少要学习和掌握三个方面的知识。

（1）专业知识。掌握和接受与企业生产有关的现代科学技术知识，熟悉企业的生产过程和工艺，了解当代技术开发的动态。

（2）经营管理知识。具体包括现代经营思想、管理艺术、经营管理技术和方法、现代经营管理理论及发展趋势。

（3）外围知识。与上述两方面相关的知识，如社会学、心理学、美学等。

4. 品格素质

企业领导是否具有优秀的品格素质，对企业的发展有重要影响。优秀的品格，对企业领导来说，是一种巨大的人格力量。有了这种素质，企业领导可以在交往中塑造自己的形象，赢得别人的服从、信赖、支持、同情、崇敬，这无疑会对企业的经营管理产生积极的影响。

（1）宽容。企业领导处于企业各种权力和利益的中心位置，其意见和做法及经营不可能被企业员工全部认可。企业领导应抱着宽容的态度，从意见、牢骚中挖掘潜能，发现人才，使这些员工感到亲切、温暖、友好、被重视，使其有归属感，将会收到预想不到的效果。

（2）果断。在紧急或困难的条件下，及时作出决定，并快速实施。只有及时果断地决策，才能抓住时机，尽可能少承担风险，以求得企业的生存和发展。

（3）自信。自信是成功的阶梯，自信就是在正确评价自我的基础上，主动调节自我的心理机制，充分肯定自己的优势，树立必胜的自信心。自信的领导总是满怀希望，朝气蓬勃，具有大无畏精神。

（4）坚定。这是企业领导的一种意志素质。坚定能使企业领导在复杂艰难的条件下，执着、顽强地朝着预定的目标前进。

（5）自制。这是善于抑制自己，克服冲动，去完成决策的品格特征。自制力是人的意志控制能力，也是企业领导必备的素质。

5. 意识素质

企业领导要做到对影响企业的诸多因素有一个正确的认识和判断，必须具有健全的意识素质。

（1）战略意识。表现为用战略眼光审视企业的外部环境，对企业的全局作出长期谋划。在企业的经营活动中，企业领导的战略意识强弱和战略敏感性、自觉性的高低，直接决定企业的成败。某些企业开始时经营不错，但不长久，这往往与企业领导战略意识差、目光短浅有很大关系。而战略意识强的企业领导总是运用独特的战略思想构想企业的战略目标，为自己和下属的行动指明方向。

（2）市场意识。企业的兴衰成败与市场紧紧联系在一起，脱离市场、不能适应市场，企业就无从发展。因此，企业领导必须牢固树立市场意识，包括三个方面：一是以市场为出发点去考虑企业经营问题和影响经营的其他问题；二是按市场状况及其变化趋势安排经营，充分考虑市场约束，要适应市场；三是企业领导要想方设法，驾驭市场、拓展市场。

（3）竞争意识。在竞争中得以锻炼并成长起来，强烈的竞争意识是一个走向成功的企业领导所必备的素质。知己知彼，百战不殆。一个有竞争意识的企业领导总是善于科学地评价自己，了解和掌握竞争对手的规模、实力、经营、谋划等情况，善于采取相应的对策，增强竞争力，并在竞争中获胜。

（4）时间意识。对企业领导来说，最宝贵的资源就是时间。企业领导自然少不了各种各样的应酬、会议、交往，但如果缺乏时间意识和管理时间的能力，就会忙得焦头烂额，真正用于企业经营管理的时间少得可怜，结果可想而知。要培养时间意识，从根本上认识时间的重要性，经过深思熟虑并制订计划，把有限的时间用于事关企业经营的活动上，养成良好的惜时习惯。

（5）机遇意识。一个企业的兴衰成败不仅取决于内部的经营管理水平，而且取决于能否发现外界提供的发展机遇并有效地加以利用。现代社会科学技术革命蓬勃发展，改革、创新已成为世界潮流，需要企业领导善于随机应变，审时度势，争取主动，捕捉机会，不放过任何一个成功的机遇，推动企业前进。

（6）人才意识。人才是现代企业活力的源泉，一个成功的企业，总是离不开那些具有创造性思维能力、进行创造性劳动、能开创新局面的真正人才。现代企业之间的竞争，说到底是人才的竞争。企业领导要视人才为企业最大的财富，看作是兴企之本。

（7）情报意识。要适应外部环境，作出科学决策，必须熟知和善用各种各样的情报，强烈而敏锐的情报意识是企业领导意识素质的重要方面。信息社会，情报具有重要战略意义。对于企业来说，情报领先是经营领先的根本和前提，也是竞争制胜的关键。增强企业的情报意识，不仅需要企业领导具有情报头脑，而且要建立情报机构，及时地收集情报、处理情报，为企业领导决策提供可靠的依据。

（8）公关意识。随着社会化程度的提高，交往日益成为普遍的重要社会活动。企业要生存、发展，必须同外界进行广泛的社会交往活动，与外界建立健康而友好的公共关系。这里的外界包括用户、供应商、商品推销网点、联营单位、主管部门、新闻媒体等。处理好与这些方面的公共关系，可以给企业创造一个良好的外部环境。被社会所承认、信赖、接纳，可以提高企业的知名度，树立良好的社会形象和市场形象。具有强烈的公关意识是时代向企业领导提出的素质要求。

（9）金融意识。社会主义企业在重视社会效益的同时，追求自身经济效益最大化是无可厚非的，而善于集财、聚财、用财，则是提高经济效益的主要途径之一。现代企业领导必须善于筹措资金，并将之投向能获取最佳经济效益的地方；善于使用流转资金，使之增值最大。为此，要树立金钱的时间价值观念，以利润为标准审视经营成果的观念，比较效益观念，敢于负债经营的观念，这些都是现代企业领导必备的意识。正确应用这些观念，可为企业带来巨大的经济效益和广阔的发展的空间。

（三）企业文化的类型

企业文化也是衡量企业环境的关键标准，识别企业文化的类型是了解企业文化的基础。

1. 查尔斯·汉迪的分类

英国管理大师查尔斯·汉迪在 1976 年提出的关于企业文化的分类，至今仍具有重要参考价值。他将企业文化类型从理论上分为四类，即权力导向型、角色导向型、任务导向型和人员导向型。

（1）权力导向型。也称作集权式文化、铁腕型家长文化，权力中心通常是由一位具有领袖魅力的创始人或其继任者，以权威化的方式运作。企业的领导方式相当强势，极富决断力，反应速度很快，而中间管理层采取主动的空间较小。这种企业文化，在决策正确的情况下，有助于公司快速成长，一旦决策错误，将为公司带来灾难。在企业运行中明显忽视员工的价值和一般福利，这类企业经常被看成是专横和滥用权力的，因此，它可能因中层员工的低士气和高流失率而蒙受损失。这种类型通常存在于家族式企业和初创企业。

（2）角色导向型。也称作各司其职的文化，在大型且注重既定程序的公司里较为常见，每个人的角色、工作程序，以及授权程度，均清楚界定。在这种文化之下，既定的工作说明与工作程序比个人特质更重要。这类组织运行相当稳定且规律化，但缺乏弹性，步调迟缓。这种企业还被称作官僚机构，此类文化最常见于一些历史悠久的银行与保险公司，以及集团企业（如日本的株式会社）、国有企业等。角色导向型文化十分重视合法性、忠诚和责任。这类企业的权力仍在上层，结构十分强调等级和地位，权力和特权是限定的，大家必须遵守。这类企业采用的组织结构往往是职能制结构。角色导向型文化具有稳定性、持续性的优点，企业的变革往往是循序渐进，而非突变。在稳定环境中，这类文化可能导致高效率，但这类企业不太适合动荡的环境。

（3）任务导向型。也称作目标导向型文化。在这种文化中，管理者关心的是不断地、成功地解决问题，对不同职能和活动的评估完全是依据它们对企业目标作出的贡献。这类企业采用的组织结构往往是矩阵式的，为了解决某一特定问题，企业可以从其他部门暂时抽调人力和其他资源，而一旦问题解决，人员将转向其他任务。所以无连续性是这类企业的一大特征。实现目标是任务导向型企业的主导思想，组织内不允许有任何事情阻碍目标的实现。企业强调的是速度和灵活性，专长是个人权力和职权的主要来源，并且决定一个人在给定情景中的相对权力。这类文化常见于新兴产业中的企业（特别是一些高科技企业）、公关公司、房地产经纪公司以及销售公司等。这类文化具有很强的适应性，个人能高度掌控自己分内的工作，在动荡或经常变化的环境中会很成功。但是，这类文化也会给企业带来很高的成本。

（4）人员导向型。这类文化完全不同于上述三种。人员导向型文化也称利他导向型文化，在这种文化中，较为重视个人的文化，主要由个人主导工作，强调个人价值与专业，员工对企业的忠诚度较低。员工通过示范和助人精神来互相影响，而非采用正式的职权。这一文化常见于俱乐部、协会、专业团体和小型咨询公司。这类文化中的人员不易管理，企业能给他们施加的影响很小，因而很多企业不能持有这种文化而存在，因为它们往往有超越员工集体目标的企业目标。

2. 罗伯特 · 皮尔瑟的分类

罗伯特 · 皮尔瑟从领导与员工关系角度对企业文化提出了四种类型的划分。

（1）控制型文化。这类企业注重实效，决策的过程强调客观、推理和规范。在这类公司里，那些与公司系统对立的人常常受挫，而那些懂“政治”技巧、个人演说能力强的人则无须投入太多精力就能看起来很有效率，他们受提拔的速度比那些注重实干但不善推销自己的人要快。这一切皆因传统的评估和提拔方式包含了较多的主观因素。

（2）合作型文化。决策程序是由员工推动、自然形成的，同时也是比较随意的。互动和介入是关键，生活显得忙碌。在这种“做得到”的文化里，和谐与合作相当重要。鼓励员工营造互信的文化氛围，为团队的表现竭尽全力。那些不怕挑战、擅长自我管理的人能受惠于随意的、充满信任的文化。

（3）能力型文化。这类企业关注潜力、想象力、别出心裁和推理。工作任务重，总有要达到和超越的目标，既有成本 / 效益的绩效考核标准，又奖励实用的发明创造。这种文化的缺陷也很明显，如由专家组成的团队和企业“明星”之间常充满竞争；个人、集体、企业的声望经常悬于一线。

（4）培育型文化。这类企业，有个人魅力的领导者充当“领头羊”的角色。他们促成、培养和发展员工，帮助大家发挥潜力，提高大家的激情，引导员工追求高远的目标。这类企业通常带有主观色彩和感情色彩，决策的内容和程序都掌握在员工手中。要想在这里有所建树，就必须在每天的工作中体现公司的核心价值。

3. 金 · S. 卡梅隆的分类

1985 年，密西根大学工商管理学院的金 · S. 卡梅隆将文化分为以下四类。

（1）官僚型文化。此类型文化通常建立在控制和权力的基础上，不喜变革，特征是企业层级分明，有清楚的责任及授权，工作标准化和固定化，行事态度谨慎、保守。

（2）创新型文化。企业面临的竞争环境较为复杂、多变、激烈，在这种环境下，具有企业家精神或充满企图心的人更容易成功，工作也更具创造性、挑战性和冒险性。

（3）支持型文化。企业环境通常相当开放、和谐，有家庭温暖的感觉，企业中具有高度的支持、公平、鼓励、信任与开放，具有很高的相互合作精神，是十分重视人际关系导向的工作环境。

（4）效率型文化。企业重视绩效和讲究效率，存在相互竞争的氛围，经常冒大风险和进行大变革，虽不稳定但充满机遇。

案例分析

肖晓在武汉某大型国有企业从事人事工作。回想当初高考填报志愿，她有一种庆幸的感觉。当初填报高考志愿时，她本来是想报新闻专业，因为她想当一名记者。她觉得记者这一职业非常好，不仅很体面，而且看起来很威风。当妈妈的同事得知她的这一想法后，觉得肖晓不仅对记者这一职业的认识不全面，还带有偏差，因此建议肖晓对记者这一职业进行一番实地调查。于是肖晓联系了武汉一家知名报社的记者，并跟随他工作了一个星期。

第一天，她带着兴奋，觉得记者蛮好玩的，很自由，可以经常到外面出差。

第二天，她带着几分沮丧以及失望回来了。因为，今天她跟着这名记者出去采访时，不仅被他人粗暴地拒绝了，而且还挨了骂。

第三天，通过与这名记者交谈，肖晓得知记者这一职业的压力非常大，不仅经常要到外地去采访，而且要经常加班加点赶稿子。

第四天，肖晓有点想打退堂鼓了。可是，在妈妈的一再坚持下，她不得不继续自己的实地调查之旅。经过七天的工作跟随后，肖晓对记者这一职业有了一个更加全面、客观的了解，她认为自己并不适合从事记者这一工作。最后，在对其他备选的职业进行深入了解后，她觉得人力资源管理工作更适合自己。于是，肖晓报考了某重点大学的人力资源管理专业。毕业后，她就进了现在这家企业从事人事工作。她觉得这份工作很适合自己，对工作的内容和环境也很满意。

| 分析 |

肖晓是幸运的，如果她当时抱着对记者这一职业模糊的认识而选择了新闻专业，那么在人生发展的道路上会多走很多弯路。当然，肖晓的幸运也是她努力的结果。对于当代大学生来说，大学绝不是“两耳不闻窗外事，一心只读圣贤书”的地方。相反，大学生应该勇于走出校门，多跟社会接触，通过与社会接触，了解外部世界，特别是自己感兴趣的职业或行业的情况，以及职场对大学生能力、素质等方面的要求。只有这样，才能真正做到自主学习，充分利用大学的丰富资源，提高自身的综合素质。

知识拓展

大学生就业地域取向变化

大学生在就业选择时，就业地域一般是选择的第一步，然后在地域中再选择行业、单位等。所以地域选择是否正确，直接影响大学生的就业质量。因此，对大学生就业地域取向的研究很有必要，研究结果对于缓解大学生就业难，引导大学生树立正确的就业观念作用很大。

前些年，我国的一线大城市，如“北上广”等地有大批大学毕业生涌入，使得这些城市人才过剩，竞争加剧。而欠发达地区，一些二、三线城市甚至乡镇存在着大量的空缺岗位，而这些岗位却没有大学生愿意去。但近些年，情况发生了一些变化，大批学生逃离香饽饽一般的“北上广”等一线大城市，到前些年一直受冷落的二、三线城市工作。这其中到底有何原因？

电视剧《北上广不相信眼泪》一度走红网络，剧中呈现的北上广一线白领城市生活的桥段引发网友热评。有人说，在北上广拼命工作，虽然表面上光鲜亮丽、收入也高，但每天面对着“房价高”“租房贵”，心理落差很大。在北上广，身边的同事来自全国各地，大家聚在一起，就是为了寻找更多的机会，或者是人生中新的可能性。而对这些留下来，笃定地坚守在大城市的年轻人来说，买房子是一种遥不可及的梦，是无法磨灭的伤痛。因此，买不起房子，或者一买房子就陷入“房奴”的无底洞，成为一批大学生不愿到一线城市就业的重要原因。

2014年7月，国务院发布《关于进一步推进户籍制度改革的意见》，要求大城市要严格控制人口规模，提出城区人口在500万以上的城市要改进现行的落户政策，逐步建立完善的积分落户制度。目前，上海、天津、广州、深圳等城市已实施差别化落户政策，另有超过10个省（自治区、直辖市）相继出台了与国务院相衔接的改革意见，提出将出台积分落户政策。尽管规定详细，但真正办理起来却并不那么容易。如北京通州区积分落户的基本条件有6个，其中一条“985工程或者中科院系统研究所硕士（脱产）毕业”，仅这一条就没有多少人能够达到，更何况都符合，要做到相当之难。因此，落户难也是影响大学生在北上广等大城市工作的一大因素。

近些年，一线城市在收入水平方面相比二、三线城市的优势逐渐减弱，在消费水平方面的劣势却越加凸显。一线城市高级人才多，竞争激烈，使得大学生的就业概率更低。同时，二、三线城市积极抓住机遇，优化人才发展环境，逐渐增强了吸纳劳动力的能力，大学毕业生在这些城市的就业概率更高。因此，更多的大学生放弃大城市，选择到二、三线城市发展。

迁移成本特别是心理成本对大学生选择就业地域产生了深刻影响，在大城市生活和工作的压力较大，而回老家工作的生活成本和维系家庭的感情成本支出都要小得多。因此，家乡所在地（二、三线城市居多）更能满足大学生某些方面的心理需求。

针对大学生就业难的问题，国家提出了鼓励大学生自主创业的政策。支持大学生创业，实施弹性学制，放宽学生修业年限，允许调整学业进程、保留学籍休学创新创业。建立创新创业学分积累与转换制度，并设立创新创业奖学金用于表彰优秀创新创业的学生。为大学生创业提供了包括放宽市场准入条件、享受资金扶持政策、实行税费减免优惠、提供培训指导服务等便利条件。这为大学生自主创业提供了得天独厚的有利条件，不用去大城市，不用为公司打工，自己创业就能当老板、有钱赚。一些之前在一线城市的大学生放弃高薪的工作回到自己家乡创业，很多都做出了不小的成绩。

以上都是影响大学生就业地域取向的外在因素。另外，影响大学生就业地域取向还有一些内在因素。

第一，性别对大学生是否选择大城市、中小城市和基层就业是有很大影响的。综合来看，男生比女生更愿意去大城市就业，而女生比男生更愿意去中小城市就业，去基层就业。普遍认为，在一线城市就业要比在二、三线城市就业有更多的发展前景和优势，因此，或许与“男主外”的文化传统和社会习俗有关，男生就业期待相对较高，承受风险能力更强，愿意接受激烈竞争，更倾向于选择在一线城市就业。反之，女性在就业上处于劣势，不少单位不愿意录用女性。因此，女生更倾向于在就业压力较小的二、三线城市就业，向往安稳的就业岗位。

第二，学历对大学生就业地域选择有很大影响。学历越高，越倾向于选择规模大的就业城市。不同行业、不同类型的用人单位在筛选大学生简历时的主要“门槛”是教育背景。教育背景包括学历层次和院校层次，一些需要较强研究能力或者较为核心的工作岗位，确实会优先考虑研究生或者重点院校的毕业生。这使得高学历的学生选择机会增多，更有机会到大城市工作，而相对学历低的学生更多的到二、三线城市就业。

第三，专业对大学生就业地域选择有很大影响。师范类大学生回到生源地（二、三线城市居多）就业意愿优于非师范类大学生，这是因为一般选择师范类专业的大学生，通常更期盼安稳的生活，认为在外生活艰辛，不如家乡自在安逸，因而更愿意返乡就业。

第四，生源地对大学生就业地域选择有很大影响，更多的大学生愿意回到生源所在地就业。普遍反映在外工作生活没有归属感，感觉不稳定。而回到生源所在地生活成本就小得多，不像在外打拼那么辛苦，在父母身边心里也更踏实。因此，回生源地工作的学生不在少数。

第五，不同年级的学生在就业地域取向选择上存在显著差异。大一的学生刚进入象牙塔，很多事情想得比较简单，对社会的了解不多，认为一线城市机会多，能找到好工作，因而想要去一线城市工作。随着阅历的丰富，学生通过深入社会进行实践等途径对社会现实有了更深入的了解，之前一些不切实际的想法逐渐转变，认识到留在大城市工作并非自己所想的那么简单，会出现很多意想不到的困难，所以更愿意选择去二、三线城市就业。

对于大学毕业生而言，在就业地域选择时往往受到外界的干扰，如亲戚、朋友、家人的观点和意见等。一般来说，父母的观念比较传统，往往会不顾孩子的感受，盲目地安排一些在他们看来相对比较稳定的工作，这样反而会使孩子养成一种惰性，不思进取。其实，父母应该从孩子的兴趣特长出发，有意识地培养孩子的责任感和使命感，给孩子的漫漫人生路指明方向，让孩子自己去选择就业地域及方向。

互动测评

社会适应能力测试

一、题目

下面的问题能帮助你进行社会适应能力的自我判断（把答案填在括号内）。

A. 是　　　　B. 无法肯定　　　　C. 不是

1. 我最怕转学或转班级，每到一个新环境，我总要经过很长一段时间才能适应。（　　）
2. 每到一个新的地方，我很容易同别人接近。（　　）
3. 在陌生人面前，我常无话可说，以致感到尴尬。（　　）
4. 我最喜欢学习新知识或新学科，它给我一种新鲜感，能调动我的积极性。（　　）
5. 每到一个新地方，我第一天总是睡不好，就算在家里，只要换一张床，有时也会失眠。（　　）
6. 不管生活条件有多大变化，我都能很快适应。（　　）
7. 越是人多的地方，我越感到紧张。（　　）
8. 在正式比赛或考试时，我的成绩多半不会比平时练习要差。（　　）
9. 我最怕在班上发言，全班同学都看着我，心都快跳出来了。（　　）
10. 即使有的同学对我有看法，我仍能同其交往。（　　）
11. 老师在场的时候，我做事情总有些不自在。（　　）
12. 和同学、家人相处，我很少固执己见，乐于采纳别人的看法。（　　）
13. 同别人争论时，我常常感到语塞，事后才想起该怎样反驳对方，可惜已经太迟了。（　　）
14. 我对生活条件要求不高，即使生活条件艰苦，我也能过得很愉快。（　　）
15. 有时自己明明把课文背得滚瓜烂熟，可在课堂上背的时候还是会出错。（　　）
16. 在决定胜负成败的关键时刻，我虽然很紧张，但总能很快使自己镇定下来。（　　）
17. 我不喜欢的东西，不管怎么学也学不会。（　　）

18. 在嘈杂、混乱的环境中，我仍然能集中精力学习，并且效率较高。(　　)

19. 我不喜欢陌生人来家里做客，每逢这种情况，我就有意回避。(　　)

20. 我很喜欢参加社交活动，我感到这是交朋友的好机会。(　　)

二、评分方法

1. 凡是单数号题（1，3，5，7……）——是：-2 分；无法肯定：0 分；不是：2 分。

2. 凡是双数号题（2，4，6，8……）——是：2 分；无法肯定：0 分；不是：-2 分。将各题的得分相加，即得总分。

三、结果解释

1. 35~40 分：社会适应能力很强，能很快适应新的学习、生活环境，与人交往轻松、大方，给人的印象极好，无论进入什么样的环境，都能应付自如，左右逢源。

2. 29~34 分：社会适应能力良好。

3. 17~28 分：社会适应能力一般，当进入一个新环境，经过一段时间的努力，基本上能适应。

4. 6~16 分：社会适应能力较差，依赖于较好的学习、生活环境，一旦遇到困难则易怨天尤人，甚至消沉。

5. 5 分以下：社会适应能力很差，在各种新环境中，即使经过相当长一段时间的努力，也不一定能够适应，与周围事物格格不入，常因此而十分苦恼。在与他人的交往中，总是显得拘谨、羞怯、手足无措。

如果你在这个测查中得分较高，说明你社会适应能力较强。但是，如果你得分较低，也不必忧心忡忡，因为一个人的社会适应能力是随着年龄的增长、知识经验的丰富而不断增强的。只要你充满信心，刻苦学习，虚心求教，加强锻炼，你一定会成为适应社会的成功者。

模拟实训

属于我的证书

下面重点介绍人力资源和社会保障部颁发的证书，以供大学生了解职业资格证书的种类。人力资源和社会保障部颁发的证书大概分为以下几大类：

1. 法律：安全防范工程师、司法信息安全师等；
2. 交通运输：航海服务师、公路工程建设工程师、铁道工程师等；
3. 文化教育：钢琴师、学前教育指导师、初等教育指导师、思想政治教育师等；
4. 公安：保密师、安全保卫师、侦查师等；
5. 电子计算机：网络编辑师、程控交换工程师、计算机通信工程师等；

6. 资源与测绘：采矿工程师、钻井工程师、地质工程师等；
7. 旅游：酒店管理师、景区管理师、旅游咨询师等；
8. 公共事业：拍卖师、商检工程师、公共关系师等；
9. 艺术设计传媒：室内设计师、环境艺术设计师、工艺品设计师等；
10. 医药卫生：康复理疗师、中医推拿师、孤残儿童护理师等；
11. 财经：证券从业资格证、仓储管理师、市场分析师等；
12. 外语考试：商务日语、商务英语、商务意大利语等；
13. 水利：水资源管理师、水信息工程师、水利工程师等；
14. 环保气象安全：应用气象工程师、室内检测工程师、环境评价工程师等；
15. 土建：建筑工程师、城镇规划工程师、景观设计师等；
16. 轻纺食品：食品机械工程师、家用纺织品设计师、纺织面料设计师等；
17. 化工：药品质量检测师、生物工程师、化工设备工程师等；
18. 能力测评：外企工作师、综合能力测评师等；

从你的专业和你的目标行业入手，考虑下列问题。

我需要什么证书？

____

如何考取这个证书？

____

我的备考计划：____

____。

第五讲

规划实施——科学规划生涯　促进职业发展

经过对大学生职业生涯规划的基本常识、基本理论、自我探索和环境评估充分了解，便可以开始着手进行职业生涯规划的实践了，这也是职业生涯规划的落脚点，具有促进职业发展的积极作用。因此，应该重视职业生涯规划的制订环节，打通从理论到实践的最后一公里。

知识目标

1. 了解大学生职业生涯规划的影响因素。
2. 掌握大学生职业生涯规划的步骤。
3. 了解大学生职业生涯规划的方法——SWOT 分析法、思考圈法以及橱窗分析法。
4. 熟悉大学生职业生涯规划书的撰写。
5. 学会调整大学生职业生涯规划中的心态。

思政目标

1. 学会正确合理地进行职业规划，制订合理的目标和计划，找准职业定位。
2. 树立职业规划的信心，积极实施职业生涯，紧跟新时代中国特色社会主义发展的步伐。

知识导图

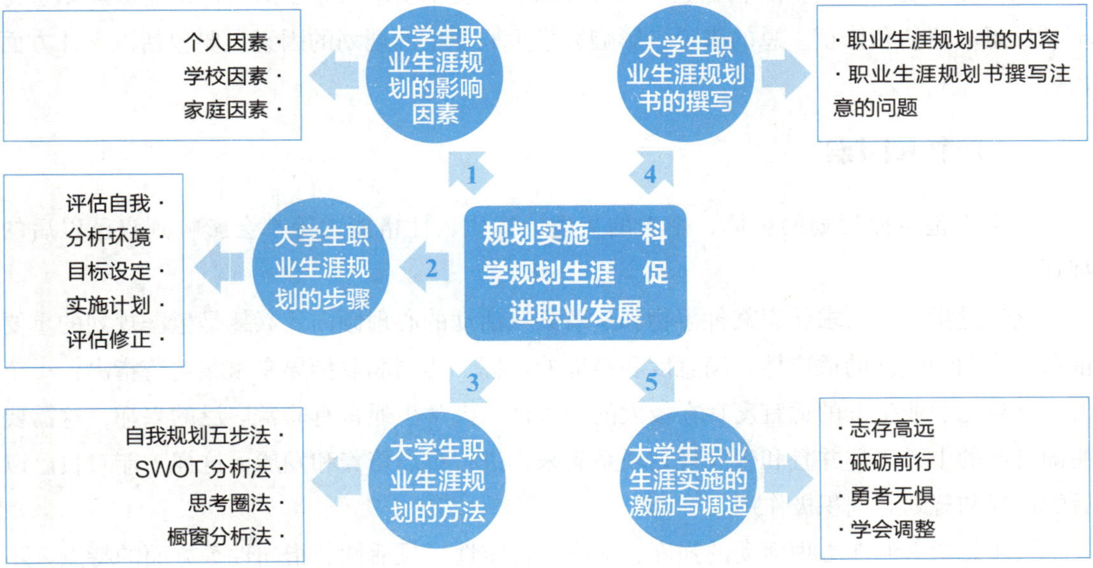

案例导入

在一次商界聚会中，有位企业经营者声称要将自己手下三名不成才的员工工除。他们是整天吹毛求疵的王五，老是杞人忧天、害怕工厂出事的赵六，喜欢神侃海聊的李七。当时有人听后莞尔一笑，说："你就把他们三个让给我吧！"那位企业经营者慨然应允。第二天，三人到新公司报到。这位新领导吩咐："你们三人的任务是，王五负责质量管理，赵六负责公司安全保卫，李七到外面去搞商品宣传。"三人一听欣然受命，兴冲冲走马上任。由于三人创造性地工作，不久，公司盈利便直线上升。让属猴的爬树，果然游刃有余；让属虎的镇山，当真山林茂盛。位置安排适当，兴趣找得对口，一个人的劣势就会转化为优势。

这世上没有一无是处的人，也没有尽善尽美的人。人的体能、技能、智能的发展是不均衡的，都有各自的强项和弱项、优势和劣势、长处和短处。在生命进程中，人一旦找准了自己的强项、优势和长处，并千方百计使之得到充分发挥，便有望获得惊人的成就。

| 思考 |

你对自己的优势和劣势了解多少？

一、大学生职业生涯规划的影响因素

分析职业生涯规划是一个长期的、动态的发展过程，不可能一蹴而就。自身的发展变化以及社会环境、现代生活、职业领域等方面的改变都要求大学生对自己的生涯规划进行不断反思、评估和修正。总的来说，影响大学生职业生涯规划的因素主要包括以下几方面内容。

（一）个人因素

大学生是生涯规划的主体，个人的兴趣、气质、性格能力等都会影响到自己以后的规划。

兴趣是指人们力求认识某种事物和从事某项活动的心理倾向。兴趣是生涯规划的重要依据，影响到生涯的适应性、满意度和潜能的发挥。美国职业指导专家霍兰德指出，一个人的兴趣与职业生涯的适宜度存在极大的相关性。大学生通常有非常广泛的兴趣，这需要明确自己的中心兴趣并且和生涯规划联系起来，进行重点培养和发展，这样才能对自己以后的选择和规划起到积极作用。

气质是指人们在心理活动的强度、速度、稳定性、灵活性、指向性等方面的特点。不同气质的人具有不同的心理特点，如多血质的人反应迅速、灵活性高、善交际，是社会性工作的最佳人选；黏液质的人沉稳、踏实、保守，会很好地完成那些要求细致和耐心的工作。这些气质特点会直接影响个体的学业、人际关系以及职业规划中的选择和具体表现。性格品质也可以影响个人的选择和成就。良好的性格特征是保证个体成功的重要因素，如坚忍是促使大学生克服各种困难的重要品质。每个人的性格中都有其优点和缺点，准确的自我定位就是将个人的性格与个人的生涯规划进行结合。

能力是指从事各种专业活动的潜在能力。生涯规划中的自我定位最根本的要归结于个人能力，个人发展空间的大小也最终取决于个人能力。明确自身能力的优势和劣势，进行适合自身能力的生涯规划，可以达到人尽其才、才尽其用的目的。

（二）学校因素

学校环境、政策、教育等因素从学生的智能、素质、思想政治等方面对大学生的成长起到关键性的作用。学校环境中的师资力量和校园环境均会影响个体的生涯规划。雄厚的师资力量，丰富的图书资源，良好的学习氛围，以及更高的期待，这些都会影响个体在生涯规划中的表现和发展。学校教育对大学生生涯规划有一定的引导作用，也是大学生生涯规划的重要基础。

（三）家庭因素

家庭是孩子的第一所学校。每个孩子的家庭都是造就其素质以至影响一生的重要因素。在家庭中，父母的教养方式、父母的职业、家庭经济、是否单亲、生源地等都是影响大学生生涯规划的因素。

不同的教育方式对大学生生涯规划有不同的作用。美国心理学家麦科比等将父母的家庭教育方式大致分为四种类型：民主型、专制型、溺爱型和忽视型。民主型父母能给予大学生生涯规划积极的支持，在择业的复杂社会环境中也能更理智地对自己的职业生涯进行规划；专制型父母往往将自己的意志强加给孩子，孩子想坚持自己的想法却不得不服从父母安排，往往会作出和自己意愿相背离的生涯规划；溺爱型父母会以一种接受、和蔼甚至有些顺从的方式对待孩子，孩子在制订生涯规划时，总是依赖父母的安排或者一味坚持自己的想法，只考虑自己的感受；忽视型父母总是对孩子采取放任的态度，以自己为中心，而不是按照有利于子女发展的信念来抚养孩子，在这样家庭中成长起来的孩子，往往生涯规划很难获得支持。

家庭状况对生涯规划也有一定的影响。富裕的家庭能给大学生的生涯规划提供充裕的物质基础，使得他们在生涯规划时有更多、更自由的选择空间和机会。而经济一般的大学生，在生涯规划过程中受到的约束要更多一些。同时，父母的职业对大学生生涯规划也有一定的引导作用。一般来说，父母职业的社会地位越高，越能给予孩子更多的指导和建议，并对子女有更高的期待，这些都会影响大学生在做生涯规划时的选择。另外，家庭结构是否健全，是否为独生子女等，这些家庭因素均会影响大学生的职业生涯规划。

二、大学生职业生涯规划的步骤

大学生职业生涯规划主要有评估自我、分析环境、目标设定、实施计划、评估修正五个步骤，从评估内外环境入手，到设定目标，到实施计划，然后通过评估进行修正，形成一个完整的过程。

（一）评估自我

评估自我就是对自己作出客观分析，从而全面认识和了解自己。自我认知通常包括对自身的兴趣、性格、专业、技能、智商、情商、经历、特长以及组织管理、协调、活动能力等进行定位。自我认知是职业生涯规划至关重要的步骤，因为只有认识自己，才能对自己的职业作出正确的选择，才能选定适合自己发展的生涯路线，才能对自己的生涯目标作出最佳抉择。

1. 明确自身优势

首先，要明确在大学期间，学习的专业知识，掌握了的专业技能，参加的社会实践活动，提高和升华了哪方面能力。或许很多已参加工作的人说，专业在未来的工作中并不能起多大作用。但是专业在一定程度上决定自身的大致职业方向和职业类型。所以，学好专业课程、培养专业技能是职业生涯规划的重要前提条件。

其次，对自我经历和人生体验进行评估，经历是最宝贵的财富，经历可以反映出一个人的素质、工作胜任能力和发展潜力等状况，因而备受招聘单位的关注，比如在校期间担任过学生干部，组织或主持过学校大型演出，曾经为某知名组织工作过等社会实践活动，参加过大学生创业“挑战杯”，这些都是人生经历的重要片段，通过这些片段的回放来确定自己与众不同的地方，明确优势。

最后，要总结自身最成功的事件，一般回忆自己认为很重要的关键事件，分析这些事件的成功原因，判断未来在同类事件中自我成功的概率，通过分析在这些事件中自身的表现，提炼出自身基本胜任特质，比如是自己专业知识、沟通技巧，还是高效管理或者临场智慧发挥了最大的作用，找出自己闪光的地方，明确自身核心优势，形成职业生涯规划的有力支撑，这也是未来职业锚的核心所在。

2. 正视自身不足

由于自身性格、智商、经历、生活环境的差异，个体或多或少存在一些缺陷，所以“断臂的维纳斯”雕像永远是无法复制的经典。作为大学生，必须正视自己的不足，比如有些同学在家里比较娇惯，表现为孤傲、不合群，以自我为中心；有些同学可能由于家境和经历比较自卑，不善言辞，一味顺从。同时也有表现在能力方面的不足，学习成绩差，动手能力不强等。通过了解自身的不足，分析哪些是通过强化锻炼可以改进的，哪些是需要循序渐进改善的，哪些是短时间无法回避的，查缺补漏，从而确立自己的职业性向所在，提升今后职业类型的匹配度。

3. 了解自身特质

在当今创新和开放的时代，每个大学生都渴望展示自身个性，从事自己感兴趣的职业，所以性格和兴趣在很大程度上影响着他们的价值取向和职业追求。职业心理学的研究表明，不同的职业有不同的性格要求。如果员工性格与职业性格不能呈现一定程度的匹配，工作业绩下降和跳槽的概率则必然增大。在校大学生可以根据自己的基本性格类型，有意识地发展和培养适合自己预期职业的性格，这样能提高成功的概率。同样，兴趣对人生事业的发展至关重要，主要体现为目标取向和价值观念的理想状态。把握自己的兴趣爱好是自身事业发展与延续的基本保证。因此，大学生在职业生涯规划的时候，一定要考虑自身的性格和兴趣，不要随波逐流，人云亦云，更不能违背自己的内心。结合自身的性格和兴趣，不仅有助于职业发展，更会在职业生活中感受到幸福，获得美好的人生。

案例分析

刘邦与韩信的自我认知

汉元年（公元前206年），韩信背楚投汉，随刘邦来到南郑县（今汉中市汉台区）。这位曾经“乞食漂母”“胯下受辱”的七尺男儿并非懦夫，而是大智若愚的将才。被刘邦委以“治粟都尉”小职的韩信常在丞相萧何面前谈及自己的抱负和专长，萧何发现韩信为“国士无双”的军事奇才，便苦苦向汉王举荐。刘邦终于采纳了萧何的建议，在汉中设坛拜将，把统帅三军的大权授予韩信。雄才大略的韩信用明修栈道、暗度陈仓之策夺取三秦，后又逐鹿中原，消灭项羽，为刘邦夺得天下，成为西汉王朝开国功臣。据《史记·淮阴侯列传》中有关刘邦与韩信曾经有这样一段记载，上问曰：“如我能将几何？”信曰：“陛下不过能将十万。”上曰：“于君如何？”曰：“臣多多而益善耳。”汉五年（公元前201年）5月，刘邦剪灭群雄，卒擅天下，在洛阳（今河南洛阳）南宫大摆酒宴犒劳开国功臣。庆功宴上，汉王大加赞扬韩信的功劳：“连百万之军，战必胜，攻必取，吾不如韩信。”刘邦充分认识到自己带兵不如韩信。同时，韩信也充分认识到自己不是一个御将之才，而是一个善于统兵之人。

| 分析 |

人是社会中的人，是集体中的人，因此我们不仅要善于认识别人的特点，还要更加客观地了解自己，这就需要我们对自己进行一番探索，正确、客观地了解自己是我们做出正确人生选择的基础。

（二）分析环境

分析环境要做到以下两点。

1. 职业认知

职业认知的内容主要是考察客观环境，了解职业分类、职业性质及用人单位情况。对大学生而言，在校期间，主要通过书本或者别人间接地了解职业。另外，通过社会实践和实习直接地进行职业感知并获取职业印象，包括各种职业的特点与任职要求，从而不断调整和完善职业生涯规划。大学生须充分利用大学四年来了解未来所要从事的职业，寻找适合自己发展的职业类型，培养和调整自己的职业性格，合理规划职业发展轨迹。

2. 形势认知

形势认知是指对目前国家的经济环境、地区的经济环境、行业的发展状况有一定的了解，对目标企业和目标岗位的特点及竞争情况有一定的认知。只有这样，才能准确预判形势，合理择业。比如，我国经济进入新常态，经济增速放缓，一定会影响就业岗位的增加，增大就业压力。再如，我国地区经济发展不平衡，东北地区以装备制造业为主，产业较为落后，而东南沿海和珠江三角洲则是以外贸出口为主，经济较为活跃。再如，对于行业而言，浙江、福建的服装业发达，北京和上海的文化与咨询行业发达等，这些都可以作为参考因素。

（三）目标设定

正如西方谚语所说：“如果你不知道你要到哪儿去，那通常你哪儿也去不了。”目标决定方向，没有目标的人，永远也别想成功。但是，没有具体的行动方案，目标也只能成为遥远的期望，为了实现自己渴望实现的目标，就要制订一套具体可行的行动方案，这样才能一步步走向成功。人生规划既是一个实现人生目标的时间表，也是一个系统的目标体系。

1. 目标设定的原则

目标设定是职业生涯规划的核心内容，在自我评估、环境分析的基础上选择自己的职业方向，确立职业生涯发展目标意义重大。制定职业生涯规划的目标需遵循“黄金准则”——SMART 原则。

（1）S（specific）：具体明确。职业目标不能含糊不清，要有清晰、准确的理解。比如“计算机较好”就是一个很模糊的目标，很难让人理解。“计算机三级证书”这个目标就清晰很多。

（2）M（measurable）：可量化的。当我们评估目标的实现程度时，只有可量化才会形成标准。比如“学好计算机”这一目标就缺乏标准。什么算是“学好”呢？如果换成“学会打字、会用 office 办公软件”等就很容易度量了。

（3）A（attainable）：目标可实现。也就是说，目标不能过低和偏高，低了无意义，高了又实现不了。例如，一名大学生将目标设定为“成为第二个比尔·盖茨”，这个目标就不是靠大学四年的努力能够实现的，容易成为“思想上的巨人，行动上的矮子”。

（4）R（relevant）：具有意义和相关性。一般是结合自己的成长历程、专业优势以及职业倾向来设定。

（5）T（time-bounded）：明确实现时间。对于大学生职业生涯规划而言，我们规划的重点是在大学这四年，主要确立初次择业的职业方向和阶段性目标。所以，我们界定目标实现的期限一般是在大学毕业的时候。

2. 目标设定的考虑因素

大多数人认为对自己有足够的了解，但许多错误的职业生涯抉择就是因为对自己认识不清。职业生涯规划的目的就是要通过对以往成长经验的反思，评估自己的价值，要考虑以下几点：自己喜欢的工作到底是什么？自己的专长是什么？对自己来说，现在所从事的工作的重要性是什么？家庭对自己的重要性是什么？有哪些机会可供选择？与工作有关的其他考虑是什么？

成功的职业生涯规划来自当事人在设定职业生涯前，对自身的优势、弱点、机会和威胁的全方位分析。大学生必须充分且正确地认识自身条件与相关环境，必须对二者有深层次的了解，并以此作为设定职业生涯规划及目标的基础。对自我和环境的了解越透彻，越能做好职业生涯规划。比如立志做医生的学生，可能不是很了解这项工作以及从事这份工作要付出的代价；同样，梦想成为歌星的学生，也可能不知道歌星要具备的条件及如何努力。

在充分、正确地认识自己之后，就应该着手考虑人生和职业规划中的具体细节了。这就需要有一个详细的个人职业发展计划，这个计划可以是一个 5 年的计划，也可以是一个 10 年或 20 年的计划，应该能够回答如下问题：

（1）在未来 5 年、10 年或 20 年内将实现怎样的职业或个人的具体目标？

（2）在未来 5 年、10 年或 20 年内能过上一种什么样的生活？

回答这些问题时，要提供一份有关自己的短期目标的清单。在形成这些目标的过程中，需要充分发挥创造力，将所有的情绪、价值和信仰等因素全部调动起来。目标可以成为追求成功的驱动力，因为立下目标有助于排除不必要的犹豫，坚定方向，可全力以赴去实现目标。

3. 主要人生目标的设定

所谓主要人生目标，应该是一个终生追求的、固定的目标。对一些人来说，发现自身追求的终极目标是一个自我发现的愉快过程，找到自己的终极目标之前往往需要重复以下或其他类似的问题，比如“我是谁?”“我到底为什么活着?”“我想在我的一生中成就何种事业?”“临终之时回顾往事，一生中最让我感到满足的是什么?”“在我的日常生活中，哪一类成功最使我产生成就感?”等。这些问题有助于正本清源，助你筛选出人生的主要目标。

人的一生绝大部分精力都会用在工作上，幸福的人通常是这样一类人，即他们的职业和工作方式与其生活目标相一致。如果所从事的职业与自己的兴趣、能力相投，就会乐此不疲，不断努力，在职业实践中实现自己的价值。

当人们找出人生目标后，就应该随时准备实现这个目标。在这方面，职业的选择就是应重点考虑的问题。哲学家萨特曾说过：人生就是选择。一个人生命的历程也是一连串选择的组合。在这一连串的选择之中，对职业的选择无疑是其中最重要的选择之一，毕竟人一生的大部分时间都是在从事某种职业中度过的，职业选择对于个人而言至关重要，具有核心性、基础性的作用。

职业是帮助个人实现终极目标的工具。规划自己的职业就是制订个人发展的方案。最理想的职业规划，应该是从大学开始进行的，在这个时候，只要心中明确将来的人生目标，就会知道所要选择或接受一份什么样的职业。毫无疑问，大多数人会选择那种有助于人们实现人生目标的职业。

4. 常见目标设定

大学生涯比较常见的目标设定就是就业、升学或出国留学、自主创业。除此之外，绝大多数大学生毕业后选择就业。所以就业仍是在校大学生最常见的目标。

目前，大学生一般是基于以下两个原因决定参加升学考试：①升学的惯性。多年的学习生活，使升学成为一种惯性，能够升学是每个学生的梦想，如果不读，会成为遗憾；②就业的压力。大学生就业压力逐年增加，升学一方面可以缓解就业压力，另一方面可以进一步提高自身的就业竞争力，谋求一个较好的发展前程。

20 世纪 90 年代末，全球性的学生创业热潮开始，成千上万的高校学生投身其中。一时间，创业成为大学生成才的新途径。教育部在《大学生职业发展与就业指导课程教学要求》中也明确规定大学生要开设创业教育课程。近年来，随着“大众创业、万众创新”的兴起，学生创业掀起了一股浪潮。

（四）实施计划

目标设定后，就该研究如何实施计划了。

1. 就业目标的实施

为了顺利实现就业，提高自己的择业竞争力，许多大学生在校学习期间努力学习，不断提高自己的综合素质和能力。

（1）参加国家职业资格考试，获得职业资格证书。在就业活动中，职业资格认证是大学毕业证之外的第二块“敲门砖”。如参加教师资格认证考试、报关员资格考试、会计职称考试、雅思英语考试和公务员考试等，给自己找到更好的出路。需要注意的是，大学生不要盲目地去参加各种职业认证的考试，而要有计划地结合自己的专业和职业目标发展考取相关的职业资格证书。

（2）辅修网络大学及第二专业，增加就业竞争力。很多大一新生具有很强的忧患意识，希望在本专业之外掌握更多技能、更多知识，以提升自身的就业能力。大一新生选择就读网络大学，利用课余时间攻读完相关课程，到毕业时还可以拿到两个国家承认的毕业证书。就读网络大学既不耽误在校的功课，还可以学到自己欠缺的知识。同时，网络大学可以培养学生较强的学习能力和自制能力，应该选择应用范围广的英语、管理等专业。如果学校开设辅修课，可以考虑辅修另一专业，拓宽就业面。

（3）利用课余时间打工，积累工作经验。很多用人单位招聘时常常会有“有两年（三年）以上从事某工作的经验”的要求。这道门槛对于应届毕业生来说，是无法逾越的。所以在校大学生应尽早做准备，利用课余时间打工积累工作经验，这也是提高自己竞争能力的一种手段。但积累工作经验不能缺课去做兼职，学生还应该以学习为主，合理安排兼职和学业课程时间；要分清主次，在不耽误学业的前提下进行实践，提升自己。

（4）参加职前培训，掌握求职技巧。大学生在平时应加强求职技巧方面的知识积累。目前，学校就业指导机构和一些职前培训机构都可提供如面试技巧、职业锚知识等培训。

高等教育大众化阶段，大学生就业也必然是“大众化”就业。因而，大学生必须多方面提高自己的竞争能力，根据自身的条件和优势，找到适合自己的充电方式，再利用这个优势在市场竞争中找到适合自己的位置。

2. 升学或出国深造

在就业形势严峻的情况下，继续升学，充实知识、文化和技能很有必要，因为科学技术的发展，需要高层次的人才。但是每一个人学习、身体、经济等方面的条件是不同的，所以升学不要从众，更不要一哄而上，而是要从自身情况出发，综合自己的优势，认清自己的劣势，充分评估自己吃苦耐劳、勤奋等各方面的能力。升学是一个不容忽视的选择，但前提是大学生要端正升学的心态。如果只是希望借升学作为缓冲，那还不如尽快进入职场，在工作的磨炼中成长。在专业方向的选择方面，升学考试无疑是给大学生重新选择专业的机会。

3. 自主创业

国家和各级地方政府为鼓励大学生自主创业，出台了一系列的优惠政策，各高校也相继开设了创业指导课程，帮助大学生打好创业的知识基础；全国性或地区性的大学生创业大赛频频举行，如上海设立青年创业实习基地，辽宁省建立省级大学生创业实训基地，这些都为大学生提供了诸多的实践机会。应该说，这样的外部环境对大学生创业十分有利，可以善加利用。

大学生是一个特殊的创业群体，创业理念不够成熟，又缺乏必要的创业知识。同时，市场资本有限的大学生，如果没有独特的技术项目支撑，自然没有竞争优势。此外，创业过程中涉及经济、管理、技术、营销、法律等方面的知识，而从创业大学生的情况来看，这方面明显欠缺。

创业需要创业团队的支撑。这种情况下，如果大学生创业团队不能形成有效的组合，不能解决来自内部的问题和矛盾，要取得创业成功是比较困难的。

虽然，在大学生创业过程中存在着诸多不利因素，但对大学生来说，自主创业仍然是一个不错的职业发展途径，也是大学毕业后一个重要的选择，关键是要正视问题，找出自主创业的有利和不利因素，通过分析，找出问题所在，对症下药。大学生创业首先要选择适合自己又符合市场需要的创业项目。一般来说，首先，应选择技术项目，特别是技术含量高、自主知识产权明确的项目，并在技术创新的基础上做好产品市场化工作；其次，创业不能纸上谈兵，而应加强企业管理及市场运营知识和经验的学习和实践，有明确的财务、人事制度；最后，应组成合作能力较强的创业团队，吸引风险投资商的信任和投资。对于有创业意向的大学生，组建创业团队，聚集创业优势。同时，要有一个好的心态，敢于面对挫折和失败的考验，去争取创业成功。

（五）评估修正

大学生职业生涯规划是一个动态的过程，要不断地进行反馈调整，评估修正。

1. 大学生职业生涯规划的评估

制订大学生职业生涯规划方案后，一定要进行先期的评估，评估时可以从具体性、可行性和发展性等几个方面来考虑。

大学生职业生涯规划方案是动态的，随着个人素质的提高、个人和社会环境的变化，需要不断修正、更改，使职业生涯规划的内容和措施更接近实际情况，操作性更强。

大学生涯规划方案必须是具体的，表现在自我探索、目标设定、行动方案等诸多方面。自己究竟有什么特点？长处在哪里，短板又是什么？兴趣与爱好、能力与技能、性格与气质、成长经历与价值观究竟如何？近期、中期、远期的职业目标是什么？准备如何行动和保证行动计划的实施？……所有这些内容均须具体化。

可行性包括现实的主观条件、现实的客观条件、可创造的条件三个方面。一个好的生涯发展规划必须是现实可行的。

2. 大学生职业生涯规划的修正

社会在发展，职业的种类、内涵、前景都处于不断变化之中。大学生也在不断发展，其知识、技能、社会适应能力都在不断增长，理想、价值观以及追求的职业目标发生变化。因此，要以发展的眼光来看待职业规划，将职业发展与职业生涯发展联系起来，在不断探索、不断进取和不断调整中实现自己的人生价值与社会价值。

职业规划对每个人来说，都是至关重要的。“如果说职业是无法逃避的选择，那么，职业规划则是一种建立于现实、理想和梦想之上的管理艺术。”大学期间是年轻人价值观形成与知识储备的重要时期，也是做好未来要从事的职业规划的最好时机。如果能够在大学就规划好自己的职业生涯，那么就会比别人早前进一步，距离成功也就近了一步。大学生应该从一踏入大学校门就对自己的大学生活有一个总体规划，为自己的发展设立长远目标。在充分做好大学生活规划的同时，根据自身特点做好职业规划。同时，在职业规划的指导下规划好大学生活，确立大学生活每个阶段的具体目标。

三、大学生职业生涯规划的方法

职业生涯规划的具体方法很多，大学生可以根据自己的情况选择使用。

（一）自我规划五步法

自我规划五步法包括下列的内容：从问自己是谁开始，然后一路问下去，共有五个问题，步步递进。

（1）我是谁?

（2）我想干什么?

（3）我会干什么?

（4）环境支持或允许我干什么?

（5）我的职业与生活规划是什么?

回答这五个问题，找到最大公约数，职业生涯规划基本成型。

对于第一个问题“我是谁?”回答的要点是：面对自己，真实地写出每一个想到的答案，按重要性进行排序。

对于第二个问题“我想干什么?”从人生初次萌生第一个想干什么的念头开始，然后随着年龄的增长，回忆自己真心向往过的想干的事，并一一地记录下来，进行认真的排序。

对于第三个问题“我能干什么？”则把已经测试的能力和自认为还可以开发出来的潜能都一一罗列出来，进行认真的排序。

对于第四个问题“环境支持或允许我干什么？”的回答则要稍作分析。环境，有本单位、本市、本省、本国和其他国家之分，从小到大，只要认为自己有可能借助的环境，都应在考虑范畴之内。在这些环境中，认真想想自己可能获得什么支持和允许，一一写下来，再按重要性进行排序。

对于第五个问题“我的职业与生活规划是什么？”在分析前面的四个问题的基础上，把自己最应该去做的事情罗列出来。这样，自己的职业生涯便应以此为方向，并在此方向上以三年为单位，提出近期、中期与远期目标；再在近期目标中提出今年的目标，还可以将今年的目标分解为每季度目标、每月目标。按照这些目标采取行动并注意不断修正，职业生涯规划就实现了。

自我规划五步法比较全面、细致，能帮助规划者把各种想法、各种条件记录下来，进行比较分析，整理出最适宜的职业生涯方向。按照此方向制定相应的行动措施，同时，能坚定规划者的信心，使其相信该规划是最适合自己的。自我规划五步法适用于想法多、思维活跃的人。

（二）SWOT 分析法

SWOT 分析法是指在职业生涯规划中通过对自己的 Strength（优势）、Weakness（弱势）、Opportunity（机会）和 Threat（威胁）进行分析，评估自己的技能、能力、价值观、兴趣爱好和职业机会等影响职业发展的主客观条件，明确自己的个人优点和弱点，明确自己所感兴趣的不同职业道路的机会和威胁。

一般来说，在进行 SWOT 分析时，应遵循以下四个步骤评估自己的优势和劣势。

1. 优势分析

在职业生涯规划中，如果能根据自身长处选择职业并“顺势而为”地将自己的优势发挥得淋漓尽致，就会事半功倍，如鱼得水。职业生涯规划的前提是：知道自身优势是什么，并将自己的生活、工作和事业发展都建立在这个优势之上。

（1）学了什么。比如在大学的学习生活中，自己从学校开设的课程中学到了什么有价值的东西？社会实践活动提高和升华了个人哪方面的知识和能力？

（2）做过什么。比如在学校期间担任过什么学生职务？参加过什么社会实践活动？工作经验的积累程度如何？这些可以从侧面反映出一个人的素质。在进行自我分析时，要善于利用过去的经验、成果推断未来的工作方向和机会。

（3）最成功的是什么。比如自己做过的事情中最成功的是什么？是如何成功的？通过分析，可以发现自己的长处，譬如坚强的意志、创新的精神等，以此作为个人进行深层次挖掘的动力之源和魅力闪光点，形成职业生涯设计的有力支撑。

2. 劣势分析

要指出自身的劣势和自己最不擅长做的事情，这一点非常关键。找到自己的短板，可以努力去改正自己常犯的错误，提高自己的技能，放弃那些对不擅长的技能要求很高的职业。

（1）性格的弱点。每个人都有弱点，这是与生俱来且无法避免的。卡耐基曾说："人性的弱点并不可怕，关键要有正确的认识，认真对待，尽量寻求弥补、克服的办法，使自我趋于完善。"

（2）经验或经历中所欠缺的方面。欠缺并不可怕，怕的是自己还没有认识到或认识到了而一味地回避。正确的态度应该是认真对待，善于发现，努力克服和提高。

（3）最失败的是什么。你做过的事情中最失败的是什么？如何失败的？通过分析来避免在以后的职业中再次失败，吸取教训。

自我认识一定要全面、客观、深刻，绝不能回避缺点和短板。正所谓"当局者迷，旁观者清"，尽量多参考父母、同学、朋友、师长、专业咨询机构等的意见，力争对自我有一个全面的认识。

3. 机会分析

环境为每个人提供了活动的空间、发展的条件和成功的机遇。近年来，社会快速变化、科技高速发展、市场竞争加剧都会对个人的发展造成很大的影响。在这种情况下，个人如果能很好地利用外部环境，则有助于个人取得成功。

（1）对社会大环境的认识与分析。当前，社会政治、经济、科技、文化发展趋势中有利于所选择的职业发展吗？具体哪方面发展趋势有利？

（2）对自己所选单位的外部环境分析。该单位在本行业中的地位与发展趋势如何？面对的市场怎样？有无职位空缺？需要具备哪些条件？

4. 威胁分析

除了机会，在这个社会中，大学生也会面对各种各样的挑战和威胁。这是我们无法控制的外部因素，但可以弱化其影响。这些因素包括：就业还处于买方市场形势，所学专业过时或不符合社会的需要；来自同学的竞争；面对有更优的技能和更丰富的知识及更多实践经验的社会竞争者；公司不雇用本专业的毕业生等。这些都是可能遇到的挑战。对于这些挑战，大学生不能采取一味回避的态度，或者自怨自艾，要提高自己适应社会的能力，通过努力，把挑战转化为一种内在的动力。这样，大学生才能避免不利的影响，在困境中脱颖而出，寻求发展和成功。

通过 SWOT 分析，一幅清晰的职业生涯机会前景图就呈现在自己面前。要注意的是，运用 SWOT 分析法进行职业生涯机会评估时，要尽可能考虑全面，权衡各种发展机会，然后选出最优的发展机会。

（三）思考圈法

思考圈法是我国香港高校职业生涯规划常用的一种理论方法。该理论将六个要素围成一圈，以循环思考来表述生涯规划，即一个循环结束，再开始下一个循环（见图 5-1）。

（1）“身在何处”即了解目前情况、存在的差距，这是开始时需要的信息。

（2）“何以至此”即分析原因。这些原因可能是客观方面的，如就业形势等；也可能是主观方面的，如就业观念等。

（3）“欲往何方”即找出最优选择并作出临时选择，选择可能性最大的情况。思考并明确学校的就业目标是什么。

（4）“有何资源”即精心搜索和综合选择。精心搜索是指查看各种资源以发现尽可能多的有利资源。综合选择是把与目标一致的有效资源整合。

（5）“何以前往”即设计一项计划来实施某一临时选择，包括学校就业阶段的就业的计划和内容。

（6）“可知到达”是通过对结果与目标的对比，检验、分析与目标的差距，并总结结论，为下一次的循环打好基础。

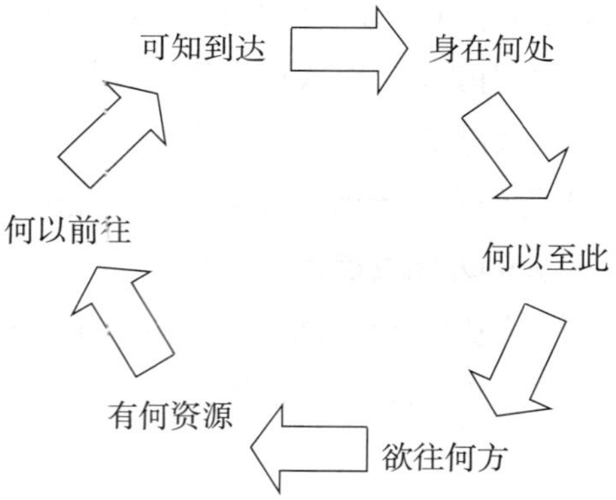

图 5-1 思考圈法

（四）橱窗分析法

心理学家把对个人的了解比喻成一个橱窗。为了便于理解，可以把橱窗放在一个直角坐标系中加以分析。坐标的横轴正向表示别人知道，负向表示别人不知道；纵轴正向表示自己知道，负向表示自己不知道（见图 5-2）。

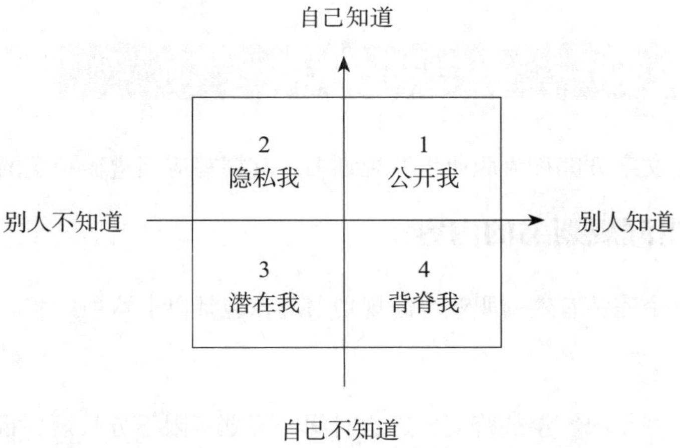

图 5-2　坐标橱窗图

坐标橱窗图把自我分成了四个部分，即四个橱窗。

橱窗 1 为“公开我”。这是自己知道、别人也知道的部分，属于个人展现在外、无所隐藏的部分。

橱窗 2 为“隐私我”。这是自己知道、别人不知道的部分，属于个人内在的隐私和秘密的部分。

橱窗 3 为“潜在我”。这是自己不知道、别人也不知道的部分，是有待进一步开发的部分。

橱窗 4 为“背脊我”。这是自己不知道、别人知道的部分，自己看不到，别人却看得很清楚。

应用橱窗分析法时，重点是了解橱窗 3“潜在我”和橱窗 4“背脊我”这两部分。

“潜在我”是影响一个人未来发展的重要因素，多项研究表明，人类平常只发挥了极小部分的大脑功能。如果一个人能够发挥一半的大脑功能，将轻易地学会 40 种语言，背诵整套百科全书。著名心理学家奥托指出，一个人所发挥出来的能力，只占他全部能力的 4%。控制论的奠基人 N·维纳指出：“可以有把握地说，每个人即使他是作出了辉煌成就的人，在他的一生中，利用他的大脑潜能还不到百亿分之一。”由此可见，认识与了解“潜在我”，是自我剖析的重要内容。

“背脊我”是准确地对自己进行评价的重要方面，如果你诚恳地、真心实意地对待他人的意见和看法，就不难了解“背脊我”。当然，这需要开阔的胸怀、正确的态度和“有则改之、无则加勉”的精神。

四、大学生职业生涯规划书的撰写

职业生涯规划文字方案称为职业生涯规划书，其撰写应当遵循一定的规范。

（一）职业生涯规划书的内容

一般来说，一个完整有效的职业生涯规划书应该包括以下八项内容。

1. 标题

包括姓名、规划年限、年龄跨度、起止时间。规划年限不分长短，视个人的具体情况而定。大学生职业生涯规划书，无论其规划年限有多长，都应该以规划书撰写到毕业这段时间为重点。

2. 目标

确立职业方向、阶段目标和总体目标。职业方向即从业方向，是对职业的选择；阶段目标是职业规划中每个时间段的目标；总体目标即当前可预见的最长远目标，也是在特定规划中的最终目标。在确定总体目标时，如果能适当地看得远些，定得高点，则有助于最大限度地激发自己的潜能。大学生职业生涯规划书应该能结合职业方向及总体目标，确定清晰的初次就业目标。

3. 自我探索

包括对自己目前状况的主客观分析和对自己将来的基本展望，同时也包括对自己职业生涯有一定影响的角色建议，可以在规划书中适当呈现测评报告、主观分析结果或角色建议。

4. 社会环境分析

社会环境分析是对所处的社会政治环境、经济环境、法制环境、科技环境、文化环境、职业环境等宏观因素的分析。社会环境对职业生涯乃至人生发展都有重大影响。通过对社会大环境包括国际、国内与所在地区三个层次的分析，来了解和认清国际、国内和自己所在地区的政治、经济、科技、文化、法制建设、政策要求及发展方向，以便更好地寻求各种发展机会。

5. 用人单位分析结果

主要是对职业、行业与用人单位的分析。对拟从事的目标行业的环境分析包括：行业的发展状况，国际、国内重大事件对该行业的影响，目前行业的优势与问题、行业发展趋势等。对拟求职组织的环境分析则包括：组织的声誉和形象是否良好？组织实力怎样？在本行业中的地位、现状和发展前景怎样？面对的市场状况如何？产品和服务在市场上的发展前景怎样？能够提供哪些工作岗位？是否适合自己？有无良好的培训机会？组织领导人怎样？组织管理制度怎样，是否先进开明？组织文化是否与自己吻合？福利待遇是否完善？等等。

6. 目标选择

分析制定、实现目标的主要影响因素，通过目标分解和目标组合的方法作出果断明确的目标选择。目标分解是根据观念、知识、能力、心理素质等方面的差距，将职业生涯中的远大目标分解为有一定时间规定的阶段性分目标；目标组合是将若干阶段性目标按照内在的相互关系组合起来，达成更为有利的可操作目标。

7. 实施方案

首先找出自身观念、知识、能力、心理素质等方面与实现目标要求之间的差距，然后制订具体方案，逐步缩小差距以实现各阶段目标。

8. 评估标准

设定衡量此规划是否成功的标准。如果在实施过程中无法达到制定的目标或要求，应当如何修正和调整。

职业规划书是用来比照实施和评估的，不是为参加比赛或者交作业，不能写出来就算完成任务，束之高阁。

（二）职业生涯规划书撰写注意的问题

1. 自我探索的问题

（1）你的性格适合做什么？

认清楚自己的性格，是非常重要的一步。在进行性格分析时，常常见到的是分析缺乏依据，大篇幅地写自己的优势与不足。那么，你性格的这些优势与不足是你自己的认识与感觉，还是通过科学的测评得到的结果？只有通过正确的手段分析出来的“我”，才会更加符合自己的实际情况。否则，会给人一种闭门造车、不切实际的认识。而对于影响自己职业生涯的性格弱点，你准备怎样去克服？要有一个明确的计划，不要让弱点成为你成长路上的绊脚石。

（2）你的兴趣是什么？

在进行职业生涯规划设计时，应适当考虑自己的兴趣与爱好。如果一个人对某种工作产生兴趣，他在工作中就会具有高度的自觉性和积极性，就能有所成就。反之，一个人对工作没有兴趣，就不可能将自己的精力投入工作之中，也就不可能在工作中取得很大的成功。但要注意的是，兴趣爱好也并不总起着正向的驱动作用，有时它也是一种耗散力，比如说与未来职业发展无关的兴趣爱好。这就要求我们在职业生涯规划时，对自己的兴趣爱好有一个客观的分析。

（3）你的优势和特长是什么？

有哪些拿得出手的能力？对于自己欠缺的能力，应该怎样去做？按照自己的能力特长进行职业生涯规划是我们要特别注意的问题，因为任何一种职业都需要一定的能力，不同职业有不同的能力要求。能力特长对职业的选择起着筛选作用，是求职择业以及事业成功的重要保证。所以我们应对自己的能力特长有一个正确的自我认知和评价，根据自己的真才实学和能力特长进行职业生涯规划。

2. 环境分析的问题

在环境分析时，应该准确地分析自己的学习环境、家庭环境、职业环境情况。通过这些分析，让人一目了然地知道你的职业目标实现起来应该是可行的。此外，若是对环境的分析真实资料少、道听途说多，会直接影响分析效果。

3. 目标表述的问题

一份好的职业生涯规划书很重要的一点就是有明确的目标，不管是在前言中直接提出，还是在分析中顺水推舟地提出，都要有一个明确的目标，很多生涯规划书存在这种情况，几千字的规划书，自始至终找不到职业目标。

4. 规划缺乏层次感

经过自我分析与环境分析后，说明你通过怎样的努力来实现你的职业目标。有些同学只是写了近两三年的学习目标，这是远远不够的。要写到就业阶段，以及目标实现阶段，在每一阶段自己要做哪方面的努力和实现的目标，这样才能不断提醒和修正自己，朝着实现自己的最终职业目标迈进。

5. 要注意各方协调

选择职业作为一种社会活动必定要受到一定的社会制约，任何人选择职业都是相对的、有条件的。如果择业脱离社会需要，那将很难被社会接纳。在择业时，要考虑社会与个人利益的统一，社会需要与个人愿望有机结合。既要考虑个人的因素，也要自觉服从社会需要。

五、大学生职业生涯实施的激励与调适

在职业生涯实施的过程中，选择乐观的态度还是悲观的态度很重要。思想上的这种抉

择可能带来激励，也可能阻滞前进。清晰地规划职业生涯目标是人生走向成功的第一步，但职业生涯实施却不仅限于规划目标。要真正实现自我价值和自己的职业生涯目标，必须奋起行动。莎士比亚说得好："行动胜过雄辩。"一旦掌握了自我激励与调适的方法，自我塑造与发展的过程也就随即开始了。

（一）志存高远

1. 树立远景目标

迈向职业生涯目标的第一步，是要有一个为之奋斗的目标，它应是人生的目标。远景目标必须即刻着手建立，不要往后拖延。随时可以按自己的想法做些改变，但不能一刻没有目标。

2. 适时调高目标

许多人惊奇地发现，之所以达不到自己孜孜以求的目标，是因为主要目标太小，而且太模糊不清，使自己失去动力。如果主要目标不能激发想象力，目标的实现就会遥遥无期。因此，真正能激励你奋发向上的是确立一个既宏伟又具体的远大目标，用大目标去带动自己奋进。

3. 塑造自我

塑造自我的关键是甘做小事，但必须即刻就做。塑造自我不能一蹴而就，而是一个循序渐进的过程。只要是对职业生涯发展有意义的事，这里做一点，那里做一点，都将使一天过得很有价值。

（二）砥砺前行

1. 离开舒适区

不断寻求挑战激励自己，提醒自己，不要躺在舒适区。舒适区只是避风港，不是安乐窝。它只是你心中准备迎接下次挑战之前刻意放松自己和恢复元气的地方，而不是一生的依靠。

2. 加强紧迫感

作家阿耐斯曾写道："沉溺生活的人没有死的恐惧。"然而，大多数人对此视而不见，假装自己还有大把的时光可以挥霍。哪一天心血来潮，才会筹划大事业，将目标和梦想寄托在丹尼斯称之为"虚幻岛"的汪洋大海之中，这种"间歇性踌躇满志，持续性混吃等死"的状态注定不会取得什么成就。

3. 加强排练

先“排练”一场比未来要面对的还要复杂的战斗，如果手上有棘手的事而自己表现得犹豫不决，不妨挑件更难的事先做。挑战困难之前，先要挑战自己。这样的经历，可以为自己积累通往成功的经验。成功的真谛是：对自己越苛刻，生活对你越宽容；对自己越宽容，生活对你越苛刻。

（三）勇者无惧

1. 迎接恐惧

战胜恐惧后迎来的是某种安全。哪怕克服的是小小的恐惧，也会增强你对创造自己生活能力的信心。如果一味想避开恐惧，它们就会对你穷追不舍。此时，最可怕的莫过于像鸵鸟一样把头扎进土里，假装它们不存在。

2. 直面困难

每一个解决方案都是针对一个问题的，二者缺一不可。困难对于脑力劳动者来说，不过是一场场艰辛的比赛。真正的运动员总是盼望比赛。如果把困难看作对自己的诅咒，就很难在生活中找到动力。

3. 走向危机

危机能激发我们竭尽全力，如果一个人没有危机感，往往会愚蠢地创造一种相对舒适的生活，努力设计各种越来越轻松的生活方式，使自己生活得风平浪静。当然，不必坐等危机或悲剧的到来，从内心挑战自我也是汲取生命力量的源泉。

4. 敢于犯错误

有时候不做一件事，是因为没有把握做好。感觉自己“状态不佳”或精力不足时，往往会把必须做的事放在一边，或静等灵感的降临。如果有些事知道需要做却又提不起精神，不妨大胆去做，不要怕犯错。给自己一点自嘲式的幽默，怀着打趣的心情来对待自己做不好的事情，一旦开始做了，可能会发现并不像自己想象中那般艰难，甚至会乐在其中。

5. 不要害怕拒绝

不要消极地接受别人的拒绝，要积极面对。当你的要求落空时，把这种拒绝当作一个问题来问自己“我能不能做得更好？”不要听见“不”字就打退堂鼓，应该让这种拒绝激励自己更大的创造力。

6. 敢于竞争

竞争给了我们宝贵的经验，无论你多么出色，总会“人外有人”，所以你要学会谦虚。努力胜过别人，能使自己更深刻地认识自己。不管在哪里，都要参与竞争，要明白最终超越别人远没有超越自己更重要。

（四）学会调整

1. 把握好情绪

人开心的时候，体内会发生奇妙的变化，能获得新的动力和力量。但是，不要总想在自身之外寻开心。开心的事不在别处，而是在自己身上。因此，找出自身的情绪高涨期，用来不断调整自己。

2. 做好调整计划

实现目标的道路绝不是坦途，它总是呈现出一条波浪线，有起伏涨落。但是，可以安排自己的休整点，事先看看时间表，留出放松、调整、恢复元气的时间。即使现在感觉不错，也要做好调整计划，这才是明智之举。在自己的事业处于波峰时，要给自己安排休整点。安排出一大段时间让自己“隐退”一下，哪怕是离开自己挚爱的工作也要如此。只有这样，在重新投入工作时才能更富激情。

3. 尽量放松

接受挑战后，要尽量放松。在脑电波开始平和中枢神经系统时，能感受到自己的内在动力在不断增加。很快会知道自己有何收获，自己能做的事，不必祈求上天赐予勇气，放松可以增强迎接挑战的勇气。

4. 加强内省

大多数人通过别人对自己的印象和看法来认知自我，乐于见到别人对自己的正面反馈。但是，仅凭别人的一面之词，把对个人形象的认知建立在别人的反馈之上，就会面临严重束缚自己的危险。因此，只需把那些溢美之词当作自己生活中的点缀，人生的棋局该由自己来摆，不要仅从别人身上认知自我，应该经常自省并塑造自我。

5. 立足现在

锻炼自己即刻行动的能力，充分利用对现时的认知能力。不要沉浸在过去，也不要狂热于未来，要着眼于当下。当然，要有梦想、筹划和制定目标的时间。不过，这一切就绪后，就要开始脚踏实地、展开当下的行动。要把整个生命凝聚在此时此刻。

知识拓展

适合大学生创业的六大领域

什么样的行业适合大学生创业呢？这里有一条重要原则，就是学有所用。学自然科学专业的学生，如果在学校学习期间曾取得比较重大的科技创新成果，甚至学过风险投资的话，就可在这个领域大展拳脚；学习管理或人文科学的学生，如果在学习期间进行理念创新，则可利用其作为创业初期的资本；学习艺术、设计、广告等专业的学生，宜以自由职业者的身份进行创业；专业较为普通的大学生，建议找一些投入少而产出相对较高的行业来起步，如针对高校学生的中介服务、小规模的消费品经营、利用网络资源进行的信息服务等。下面重点分析较为适合大学生创业的六大领域。

一、IT 领域。综合网站、电子商务、网络游戏等都蕴藏着丰富的机会。IT 领域的创业项目前期投入少，收益相对较高，而且较能获得风险投资商的青睐。该领域适合拥有自主知识产权的大学生。

二、高科技领域。身处高新科技前沿阵地的大学生，在这一领域创业有着近水楼台先得月的优势，“易得方舟”“视美乐”等大学生创业企业的成功，就得益于创业者的技术优势。但并非所有的大学生都适合在高科技领域创业，一般来说，技术功底深厚、学科成绩优秀的大学生才有成功的把握。有意在这一领域创业的大学生，可积极参加各类创业大赛，获得脱颖而出的机会，同时吸引风险投资。推荐商机：软件开发、网页制作、网络服务、手机游戏开发等。

三、设计领域（智力投资）。目前，最具发展潜力的热点领域包括室内设计、IC 设计、纺织品设计、平面设计、工业造型设计等。与设计相关的创业项目属于智力密集型模式，有技术、有项目即可，对资金的要求相对较小，创业风险也较低。该领域适合学习艺术、设计、广告等专业的大学生。

四、培训领域。考研培训、IT 培训、外语培训是最引人注目的“淘金地”。该领域的创业项目有着“短平快”的特点，只要有一定的教师资源，而且培训产品适销对路，就能拉起“大旗”。来自高校的大学生无疑有着这方面的资源优势。

五、连锁加盟领域。统计数据显示，在相同的经营领域，个人创业的成功率低于 20%，而加盟创业的成功率高达 80%。对创业资源十分有限的大学生来说，借助连锁加盟的品牌、技术、营销、设备优势，可以用较少的投资、较低的门槛实现自主创业。但连锁加盟并非“零风险”，在市场鱼龙混杂的现状下，大学生涉世不深，在选择加盟项目时更应注意规避风险。一般来说，大学生创业者资金实力较弱，适合选择启动资金不多、人手配备要求不高的加盟项目，从小本经营开始为宜。此外，最好选择运营时间在 5 年以上、拥有 10 家以上加盟店的成熟品牌。推荐商机：快餐业、家政服务、校园小型超市、数码速印站等。

六、开店。大学生开店，一方面可充分利用高校的学生顾客资源；另一方面，由于熟悉同龄人的消费习惯，因此入门较为容易。由于开拓的是“学生路线”，因此更要靠物美价廉来吸引顾客。此外，由于大学生资金有限，不可能选择热闹地段的店面，因此推广工作尤为重要，需要经常在校园里张贴广告或和社团联办活动。推荐商机：高校内部或周边地区的餐厅、咖啡屋、美发屋、文具店、书店等。

互动测评

绘制你的家族职业树

你知道家族中的成员都从事什么工作吗？你对他们的工作有什么看法呢？让我们通过家族树的探索，来帮助你了解家人对你的职业期待以及你的自我期许究竟与家族职业有哪些关联。

首先，请你将家庭中的亲属及他们的职业填写在图 5-3 所示的家族树上。

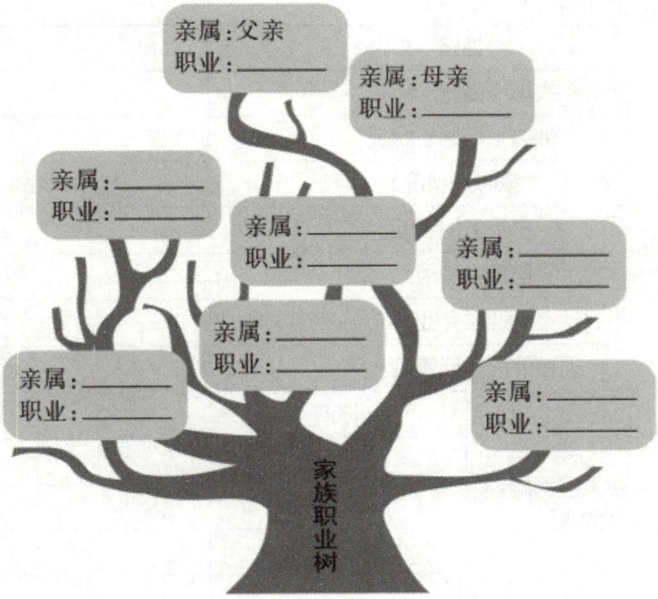

图 5–3　家族职业树

完成后，填写下列空白。

1. 家族中最多人从事的职业是什么？我想要从事这种职业吗？为什么？

____

2. 父母的职业是什么？他们对职业如何评价？我想要从事这种职业吗？为什么？

____

3. 父母对我的职业期望是什么？

____

4. 家族中最受大家认可的是谁的职业？我怎么看？

____

5. 家族中对我择业影响最深的人是谁？为什么？

____

6. 我有没有感到家族给我的择业压力？为什么？

____

回答上述问题后，梳理思路，说说怎么样才能协调自身择业与家族期望的关系。

____

模拟实训

自我评估

填写下列表格，评估自我。

<table>
<tr><td rowspan="8">自我分析</td><td colspan="2">性格</td><td colspan="2"></td></tr>
<tr><td colspan="2">兴趣　爱好　特长</td><td colspan="2"></td></tr>
<tr><td colspan="2">情绪　情感　状况</td><td colspan="2"></td></tr>
<tr><td colspan="2">意志力状况</td><td colspan="2"></td></tr>
<tr><td colspan="2">已具备的经验</td><td colspan="2"></td></tr>
<tr><td colspan="2">已具备的能力</td><td colspan="2"></td></tr>
<tr><td colspan="2">现学专业</td><td colspan="2"></td></tr>
<tr><td colspan="2">现有外语、计算机水平</td><td colspan="2"></td></tr>
<tr><td rowspan="9">社会中的自我评估</td><td rowspan="5">对你人生发展影响最大的人</td><td>称谓</td><td>姓名</td><td>职业、职务</td></tr>
<tr><td>父亲</td><td></td><td></td></tr>
<tr><td>母亲</td><td></td><td></td></tr>
<tr><td></td><td></td><td></td></tr>
<tr><td></td><td></td><td></td></tr>
<tr><td rowspan="4">他人对你的看法与期望</td><td>父母</td><td></td><td></td></tr>
<tr><td>亲戚</td><td></td><td></td></tr>
<tr><td>朋友</td><td></td><td></td></tr>
<tr><td>老师</td><td></td><td></td></tr>
</table>

第六讲

能力发展——基于生涯规划　提升就业能力

就业的竞争，归根结底是能力的竞争。大学生在制定职业生涯规划之后，还需要有足够的能力，才能把规划的目标变为现实；否则，职业生涯规划就成了镜花水月，失去了实践的意义。如果说职业生涯规划是一幅建筑蓝图，能力就是完成建筑的砖瓦，是建成高楼大厦的必要材料。

知识目标

1. 了解大学生就业能力的内涵。
2. 了解大学生的专业能力的内涵。
3. 了解大学生的领导能力的重要性以及如何提高领导能力。
4. 了解人际沟通的功能、要素和方式。
5. 了解大学生的团队合作能力和解决问题能力对职业的重要性。

思政目标

1. 提高各方面的能力，积极学习知识，培养综合能力。
2. 了解自身能力的优势和劣势，查缺补漏，弥补差距。

知识导图

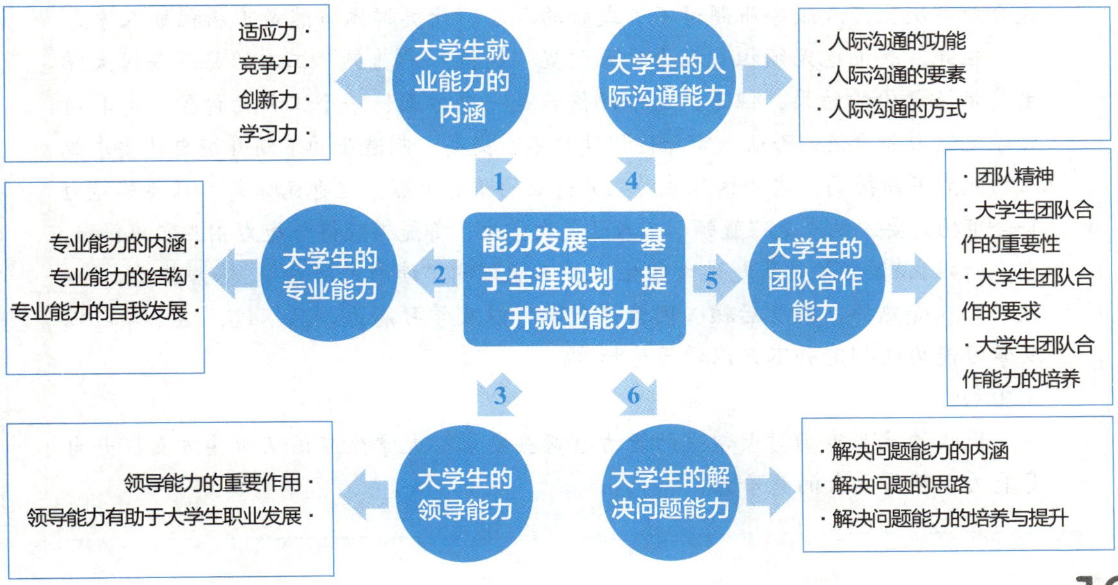

案例导入

有媒体报道，近日，一位专门招聘“蓝领”的人力资源公司负责人给江苏一家电子厂招聘了一名月薪8000元的普工，工人刚到现场，就被隔壁的电子厂以月薪1万元抢走了。对此现象，该负责人表示，现在所有工厂都缺人。

普工如此抢手，其所折射的劳动力市场及其经济现象值得细究。结合近些年大学生平均工资普遍较低的现实情况，“蓝领”月薪过万就更加引人注目。其实，“蓝领”工资超过大学生的现象并没有颠覆经济常识。观察近些年的职业薪资水平，能够发现各个行业和职业的薪资涨跌与其行业和职业所提供的产品和服务的市场评价越来越贴近。

事实也是如此。从此次媒体报道的案例就可以看出，正是工人岗位的稀缺性使得“蓝领”月薪过万。报道称，随着消费回暖和“双11”的刺激，不少制造工厂的订单量明显上升，以“蓝领”为主的制造业用工迅速走高，多地开始争抢“蓝领”工人，不少“蓝领”工人月薪过万，在一些就业领域甚至超过了本科生等群体的平均月薪。

当然，“蓝领”之所以在劳动力市场上受追捧，是因为现在许多普工早已不是十几年前的概念。说到底，“蓝领”工人自身所掌握的职业技能是其月薪上涨的根本原因。随着科技的发展，用工企业也开始大量使用先进设备来提高生产力，这意味着流水线上的工人除了需要具备熟练的操作技术外，还要能够适应新设备。这就要求“蓝领”具备一定的学习能力，而这种以操作经验为基础的学习能力并不以学历作为衡量标准。

在“蓝领”群体中，有很多具有各自特点的专业人才。这部分专业人才并没有拥有高学历，但他们通过对相关专业技术的不断实践，获得了如高级技工、技师、高级技师等相关职业技能认证。这样的工人，其角色和能力与工程师一样，是企业解决生产或服务难题时不可或缺的人才。此类群体当然是市场稀缺人才。

在此，我们也无须担心人力资源配置“倒挂”。“蓝领”工人的月薪高过大学生是市场评价的结果，但是，这个评价只是一个方面、一个工种的评价，并非对大学生能力和价值的否认。市场化程度的不断提高，制造业的不断升级自然要求工人的能力不断提高，这必然会带动相关行业的薪资上涨。这也意味着，只要其能力符合市场需要，无论是“蓝领”工人还是大学生，都能够获得与能力相匹配的薪酬。

所以，“蓝领”月薪超过大学生，并不能证明“读书无用论”。恰恰相反，“蓝领”工人受热捧，其背后核心因素还是学习以及学习能力。只不过，这个学习以及学习能力的判定并不只以学历为标准。

思考

现代的就业市场对大学生的能力有哪些要求？大学生应该从哪些方面提升自身能力以获得更大的竞争力？

一、大学生就业能力的内涵

就业能力的概念最早是由英国学者贝弗里奇于 1909 年提出的，他认为，就业能力就是个体获得和保持工作的能力，是多种能力的复合体。就业能力具体包括以下几个方面。

（一）适应力

适应力是指大学生在找工作时或工作过程中适应就业环境的弹性能力。大学生的就业过程，是一个从校园环境到社会环境的适应过程，也是从书本知识学习到知识实际应用的转化过程。在不断变化的社会大环境中，大学生就业需要具有适应性，即他们需要快速地被同化于社会环境，也要快速适应社会工作氛围和就业环境，在工作中表现出良好的人际关系和沟通能力，为就职单位增加价值。这要求大学生不但要有丰富的理论知识，而且要有极强的适应能力。因此，人才培养目的不是基于某一具体职业而进行的专门化的训练，而是使学生能够适应不断变化的世界。

（二）竞争力

竞争力是指大学生在就业过程中表现出来的就业竞争能力。未来的就业竞争不仅要求大学生要具备良好且完整的专业知识结构，而且还需具有通过学习过程中的教育实践与实地培训提高其工作能力的综合素质。这就需要管理者在教育管理和教学过程中要有意识地培养学生具有现时代特征的竞争意识和能力，为学生在未来的工作中不断完善和超越自我打下坚实的基础。从此种意义上讲，大学生就业要打破传统的从一而终的就业观念，在学习和实践过程中，要树立适应就业变化的竞争意识，形成适应社会发展的就业竞争力。

（三）创新力

创新力不仅仅指培养学生的创新能力，在一定程度上还包括创业能力。现在正处于信息时代，我们面临的各种竞争归根结底体现在创新速度的竞争，因此，无论是从社会发展要求还是从个人发展角度出发，明确要求学生具有创新力是高校人才培养的必然选择。同时，现时代知识经济的特点为大学生提供了充分的就业资源优势，信息时代先进性和就业环境的不确定性也推动着年轻人创业的必然性。国务院办公厅在《关于深化高等学校创新创业教育改革的实施意见》中明确指出：“以创新引领创业、创业带动就业，推动高校毕业生更高质量创业就业。”由此可见，创新力是创业能力的基础与前提，也是解决大学生就业问题的治本之源。因此，培养创新力是高校深化人才培养模式改革的必由之路。

（四）学习力

学习力也叫专业能力。它包括两方面的内涵：一是掌握专业知识并运用于实践的能力；二是持续自觉学习的能力即终身学习的能力。随着现代科技发展的速度不断加快，求职者仅仅掌握一两门专业知识是不能适应社会生存的，学生只有掌握了广泛扎实的多学科基础理论知识，才容易进行专业知识转换和理论更新。从大学生就业与区域经济发展的关系而言，大学不应该只培养青年人从事一种终身不变的职业，而应该培养自己在各种专业和职业中流动的能力，同时不断刺激自我学习和培训自己的意愿。

二、大学生的专业能力

大学生的专业能力是大学生就业能力中最具亮点的部分，也是就业的基础部分。

（一）专业能力的内涵

大学生专业能力指大学生运用所掌握的专业理论和相关专业知识，分析问题和解决问题的能力。专业能力是大学生能力的一个重要组成部分，它主要包括自学能力、分析和解决问题的能力、实际操作能力、表达能力。大学生其他方面的能力，如实践能力、学习能力、适应能力、创新能力等对大学生的专业能力起支撑和促进作用；反过来，大学生专业能力的提升对其他方面能力的培育也起促进作用。

专业知识、专业能力、专业素质三者相互联系，相辅相成。专业知识是专业素质和专业能力形成和提高的基础和前提，没有专业知识作为基础，专业素质和专业能力的形成和提高便不具有必然性和目标性；专业能力是专业素质的外在表现，专业素质付诸实践就表现为专业能力。专业素质和专业能力的关系不是包含和被包含的关系，而是内容和形式的关系，专业素质决定专业能力，专业能力是专业素质的外在表现。因此，离开专业素质，专业能力就成了无源之水、无本之木；离开专业能力，专业素质就无法表现、观察和把握；专业素质的作用和意义必须通过专业能力来体现和确证；专业素质是专业能力正确运用和表现的基础和前提。大学生的专业能力一定要做到知识、能力和素质的高度和谐与完美的统一。

大学生毕业后不论选择考研继续深造，还是选择就业，良好的专业能力是他们走向成功的关键。大学生如果选择继续深造，不但要通过基础课和专业课考试，而且还要通过专业综合素质的考评面试，专家组从知识基础、专业知识、专业拓展等方面考查大学生的综合专业素质和应变能力。考上后，还要运用所学专业知识和专业能力搞科学研究。大学生如果择业，用人单位首先要查看毕业生的学习成绩单、推荐表、获奖证明和技术技能证书，从成绩单看主干课程的设置和成绩，从推荐表和获奖证明看其政治表现和所学专业取得的成果。成绩单和获奖证明在一个学校一个专业一般能反映学识水平。专业能力是大学生在用人单位生存和发展的基础，是大学生走向事业成功的最重要因素之一。

（二）专业能力的结构

大学生专业能力是大学生专业素养的重要组成部分。大学生专业能力指大学生运用所掌握的专业理论和相关专业知识，分析问题和解决问题的能力。专业能力应当包括学习能力、知识应用、专业表达、动手能力、研究与创新能力等诸多方面。

（1）学习能力。学习能力是指自我学习新技术、及时更新知识与能力结构的能力。现代社会知识更新速度不断加快。对于大学生而言，提高学习能力，是促成自身专业可持续发展的根本所在。

（2）知识应用能力。知识应用能力即运用专业知识解决生产实践中所遇到的问题，使科学技术从知识形态转化为生产力的现实形态，从而形成新的生产力的能力。

（3）专业表达能力。表达能力是借助各种媒介，如语言、文字、图表、数理符号等交流信息、表达思想情感的本领，它包括语言表达能力、写作（包括外文写作）能力、图表表达能力和数字表达能力等。对于专业技术人员而言，专业表达能力尤其重要的是善于把自己的研究成果、设计方案、思想情感，用恰当的方式准确且清晰地表达出来，并能被他人理解。

（4）动手能力。这里的动手能力是指在自身的专业领域内，借助生产设备、仪器，运用相应生产工具完成特定工作任务的能力。当前，一些用人单位对大学生的实际动手能力颇有微词。因此，实践动手能力的培养应引起大学生的格外重视。

（5）研究与创新能力。这是指能运用科学研究的正确方法，对所获取的信息进行加工，同时获取新知识的思维能力、逻辑推理能力、准确判断能力和概括提炼能力。这也是大学生以后在专业发展的实践中有所突破、产生新技术与新产品的关键。

（三）专业能力的自我发展

大学生的自我发展在结合个人特点，有意识地扬长避短、全面提升自身专业能力方面存在着优势。同时，大学时期是人生中全面发展的高峰时期，也是一个人自我意识迅速发展并且在自身的生长中发挥特殊作用的时期，以上这一特征也为大学生的专业能力自我发展提供了可能。大学生专业能力自我发展的途径有：

1. 正确认识自我

SWOT 分析法主要是用来分析组织内部的优势与劣势以及外部环境的机会与威胁的方法，是经常使用的功能强大的分析工具。借用自我 SWOT 分析法可以分析自己性格、能力、爱好、长处、短处、所处环境的优势和劣势，以及一生中可能会有哪些机遇，职业生涯中可能有哪些威胁。

对于大学生而言，SWOT 分析法是自我专业能力分析的重要辅助工具。它可以帮助大学生检查自我的技能、能力、兴趣、爱好。如对自我进行详细的 SWOT 分析，可以明确地知道自我的个人优点和弱点在哪里，并且会仔细评估出自己所感兴趣的不同学习道路的机会和威胁所在。借助这一工具，大学生可以：①评估自己的长处和短处；②找出自己的职业机会和威胁；③列出今后自己的发展目标；④制订一份今后的行动计划。这样便可以正确认识自我并找到努力的方向。

2. 认同终身学习

“终身教育”作为一种教育理念现已为人们广泛接受。当代大学生面临着快节奏的知识更新与较强的择业与就业压力，为了自身的专业发展，提升自身在未来的就业竞争力，需要有顽强的学习与再学习、自学与终身学习的精神。在这里，学习能力的养成显得尤为重要。学习能力就是学会如何学习，掌握有关技巧，培养各种学习方法的能力。目前，社会的信息化特征已日趋明显，信息技术的拓展使得以记忆为主的学习的重要性逐渐降低，知识更新速度的加快使得一个人的学习能力变得日益重要。因此，大学生要将培养自己的学习能力作为专业能力拓展的重点努力方向。学习能力是学生获取知识和运用知识的必要条件，学习能力的高低制约着学生掌握知识技能的快慢、深浅、难易、巩固和运用程度，是学生可持续发展的重要能力。大学生要学会学习，树立终身学习理念，在实践中要能有意识地不断改进自己的学习方法、更新自己的知识结构、提升自己的专业能力，以适应社会发展变化的需要。

3. 重视社会实践

与专业特点相结合的实践活动能给大学生提供广阔的学习活动空间及专业能力培养和锻炼的机会，使大学生更直接地认识到自己的专业理论、能力与社会需求之间的差距和不足，从而激发学习热情，巩固专业知识，主动地、有针对性地获取知识，在今后的学习中不断调整和完善自身的知识结构，实现自身素质的极大提高；社会实践给了大学生充分展示自我的空间，可以充分发挥其主观能动性和创造性，激发自己的创新意识，培养自己的创新能力，进而提高专业能力。大学生的实践活动内容十分丰富，实验课、生产实习、毕业实习与毕业设计（论文）、第二课堂、社会实践、社会调查、勤工助学、参与社团活动以及担任学生干部等都是实践活动的内容和形式。在实践活动中应注意掌握科学的方法，学会把知识应用到实践中，在实践中检验理论的正误，将理论转化为能力。大学生要努力培养主体意识，在实践活动中增长才干，培养能力，优化能力结构。社会实践是培养学生创新精神和实践能力的有效途径。

4. 提高科研能力

科研活动有利于满足大学生高层次的心理需求，能够在较大程度上激发学生的主观能动性和创造力；同时，科研活动中必然会遇到一系列的理论与实际问题，可帮助大学生突破原有的知识框架，自觉地围绕一个明确的方向构建合理的知识结构。目前，我国许多高校已设立学生科研专项基金，给热爱本专业并有一定科研意愿的学生提供资金和物质上的帮助；同时，大部分高校还建立了专门对大学生开放的实验室，鼓励大学生积极申报科研项目、开展开放性与设计性的实验项目。作为大学生，应主动地参与到这一类科研活动当中。提前接受科研训练、掌握科学的思维方式与科研方法对于提高大学生的专业素质将大有帮助。由此可见，科研是提升大学生专业能力的重要路径。

5. 提高专业适应性

我国高校目前的专业设置还存在一定的问题，其中专业方向过窄，以致毕业生踏上社会后就业适应性不强。因此，大学生在校学习期间，在完成专业必修课程的同时，应有意识地拓展自己的专业适应性。当然，在这里，大学生首先在保证自己专业学习的同时，能结合自己的兴趣、特长向专业的相近或相关领域进行适当的延伸。在建立合理的知识结构时，大学生要尽量做到广博而不零散，不要失去方向，做到博中求专。在实际学习中，可结合学校的辅修专业、选修课政策；可通过学校开设的各种类型的学术讲座；可通过各种跨学科的科研、社会实践活动等途径来拓展自己的专业学习涉猎面，根据自身的具体情况，扬长避短，建立自身独具特色的知识、能力结构，提高自己的专业适应性，为自己赢得更多选择。

三、大学生的领导能力

英国将军蒙哥马利曾经说过：“领导力就是能够召集人们迈向共同目标的能力与意志力，和能够激发人自信的品格特征。”领导能力就是一种集中的向心力，一种能够让人精神聚集的凝聚力。领导能力不是一种与生俱来的天赋，是后天历练的结果。领导能力是可以传授的，是可以通过教育培养的。

（一）领导能力的重要作用

1. 带领组织朝向正确的目标发展

优秀的领导者拥有果断的决策能力，能够带领组织成员向正确的目标前进，提高组织成员的向心意识，使组织成员认识到自己对组织的价值以及组织对自己的回馈，良好的组织能力能够带领组织朝向正确的方向发展，不仅能够宏观调控组织大局的走向，还能够使组织内部的群众更好地施展自己的技能，为组织内部作出贡献。领导者通过组织文化的传承、创新、营造来影响组织成员。

2. 协调成员的行动与激励个体的发展

优秀的领导者能够协调组织成员的行动，弥合分歧和解决冲突，使之朝向共同的目标，为组织营造出良好的氛围，这种氛围有利于每个人能够把个人的长处最大化，实现个人利益与组织利益的双赢而不是矛盾，并激励员工成长。

（二）领导能力有助于大学生职业发展

领导能力与先天的性格和后天的教育培养及工作实践有关。

第一，领导者的先天能力，从性格上包括具有成熟的个性、较高的情商和智商。较高的情商又包括具有宽广的胸怀，较强的自我约束能力，具有换位思考能力，较强的社会技能等。而智商则包括较强的逻辑性，对事物的分析推理能力、对事物的想象洞察及分析能力。

第二，后天能力的形成，对于领导能力来说，后天的教育培养和工作实践显得更为重要。很多人并不具备天生的领导能力，成功的领导者也不一定天生就具备这项能力。后天的教育培养和工作实践显得更为重要。很多时候，大环境能够改变一个人，在良好的环境熏陶下，后天的组织能力、良好的语言表达能力都是可以培养出来的。在工作生活中，能够教会人很多书本上不具备的经验。

第三，自我管理与沟通协调能力的加强。学生的时间管理、资源管理、情绪管理，是学生自我管理的重要内容，它会使学生身心健康地成长；同时，沟通协调是学生与他人交往的能力，与自身外部世界的沟通是一种重要的领导能力，有利于学生在团队中的生存与发展。学生对自我管理和协调沟通能力提升的同时，就会全面地发展，更好地适应社会，有利于协调自身与环境的协同，提高幸福指数，使自身更具领导能力。

大学生如何提高领导能力

四、大学生的人际沟通能力

沟通，是指人们运用语言或非语言符号交换意见、传达思想、表达感情和需要等信息交流的过程，包括物质交往和精神交往。沟通能使群体内部个体之间和群体之间在认知、情感和行为上彼此协调，相互统一。人际沟通也叫信息交流，指的是社会中人与人之间在共同活动中彼此交流思想、感情和知识等信息的过程。人们在交往中，总要把自己的所见所闻告诉其他人，把自己的想法和感受告诉别人，同时也了解到交往对象的观点和态度，进而决定是否修正自己的观点或设法改变其他人的观点，这就需要进行人际沟通。

（一）人际沟通的功能

人际沟通具有心理、社会和决策等功能，和我们生活的层面息息相关。

1. 心理功能

（1）满足社会需求。人是一种社会的动物，与他人相处就像需要食物、水、住所等同等重要。如果与其他人失去相处的机会与接触方式，大都会产生一些症状，如产生幻觉，丧失运动机能，且变得心理失调。平常闲聊琐事，即使是一些不重要的话，却能因此满足彼此互动的需求而感到愉快与满意。

（2）加强肯定自我。由于沟通，人们能够探索自我以及肯定自我。要如何得知自己有什么专长与特质，有时是借由沟通从别人口中得知。与他人沟通后所得的互动结果，往往是自我肯定的来源，人都想被肯定、受重视，从互动中就能找寻到部分的答案。

2. 社会功能

人际关系提供了社会功能，且社会功能可以发展与维持与他人间的关系。人们必须经由他人的沟通来了解他人。由沟通的历程，关系得以发展、改变或者维系下去。因此，在与某人进行第一次交谈后，可能会决定如何与此人保持距离，或者接近，或者疏远。

3. 决策功能

人们无时无刻不在作决策，不论接下来是否要去看电视，明天要穿哪一套衣服，或者是否该给对方一个微笑，都是在作决策。但有时可能是靠自己就能决定的，有时候却需要和别人商量后一起作决定。而沟通满足了决策过程中的两个功能，一个是沟通促进信息交换，二是沟通影响他人。

（二）人际沟通的要素

从信息交流角度看，沟通是发信者将信息编码后输入信息通道，受信者将信息译码后接收，并将反应反馈给发信者的过程。一般来说，人与人之间的沟通过程涉及七个基本要素：信息发送者、信息、通道、信息接收者、反馈、障碍、背景。

1. 信息发送者

信息发送者是指具有信息并试图进行沟通的人。他们启动沟通活动，选择沟通对象，并决定沟通的目的，因而是整个过程的决定者。人们成为信息发送者，有时是有意识的，有时是无意识的，但以有意识、有目的的沟通为主。在进行这种有意识的沟通时，人们的目的也有所不同，有时是希望通过自己的信息传递来影响对方的态度和行为，有时仅仅是一种倾诉，希望对方了解自己的心理状态和情绪感受。

2. 信息

信息是指沟通的内容本身，由发信者和接信者共同分享的知识、思想和情感组成。它是信息发送者试图给对方的意图、情感。但个人的感受是不能直接为信息接收者所理解，因此，发送者要根据特定的情境将它们转换为可以为别人所理解的符号。这个转换过程就是编码。在各种符号系统中，最重要且最为常用的是语词。它是沟通内容的本身，由发信者和接收者共同分享的知识、思想、情感组成。语词的沟通是以共同的语言经验为基础的。没有相应的语言经验，语词的声音符号仅是一些无意义的音节，而形象符号也仅是一堆无意义的图形。即便是使用同一种语言的人，由于不同经验和背景，也会对同一语词产生不同理解。所以，沟通需要一定的情境。

3. 通道

通道是信息传递的途径，沟通信息的方式，或者说是发信者和接信者发送和接收信息的手段。沟通的方式有面对面的沟通，如言语沟通和身体言语沟通等；以各种媒介为中介的书面沟通，如书信、网络、电话等。

4. 信息接收者

信息接收者是接收信息的人，他们收到信息后，经过自己的分析处理，了解信息的内容和意义，并作出反馈。大多数情况下，人际沟通不是一个单向沟通过程，而是双向沟通过程。因此，在大多数沟通情境中，人们既是发信息者，又是接收者，即在同一时间既发送又接收。

5. 反馈

反馈是指发信者和接信者对信息相互间的反应。它反映出对原信息意义的正确理解，沟通双方是一个互动的过程。反馈对沟通至关重要，沟通双方均可根据反馈检验沟通的效果，并据此调整、充实、改进沟通行为；如果反馈不被理解接受，则会产生沟通障碍，造成沟通不畅。

6. 障碍

在沟通过程中，会由于一些干扰而导致出现沟通障碍。致使沟通发生障碍的因素主要有两方面：一是客观障碍，如外界环境、文化差异、社会地位差别等；二是主观障碍，如认知障碍、性格障碍等。障碍往往导致沟通停滞。

7. 背景

人际沟通总是在一定的背景即情境下发生的，它包括：①物理背景，如沟通时的地点、时间、距离等；②社会背景，如沟通者的身份、关系、其他在场的人等；③心理背景，如沟通者当时的状态和感情；④文化背景，如沟通者的受教育程度、信仰、价值观等；⑤历史背景，如以往的人和事与此次沟通的关系。沟通背景会对沟通的结果产生影响，因此必须重视背景的作用。

（三）人际沟通的方式

1. 正式沟通和非正式沟通

根据沟通的组织渠道，分为正式沟通和非正式沟通。

正式沟通是指通过一定的组织结构和渠道所进行的有明确目的的人际沟通。它具有一定的规范，沟通双方较严肃、传递信息较为准确。

非正式沟通是指正式渠道以外的信息交流和意见、情感沟通。其特点为开放性、非正规化。非正式沟通较为随意自由，无拘无束，自然亲切，往往能更多地流露人们的真实思想、情感、动机与需要，且传播速度较快。

2. 直接沟通和间接沟通

根据借助中介进行沟通的情况，分为直接沟通和间接沟通。

直接沟通是指双方面对面地运用语言和非语言符号系统传递信息、交流意见、交流思想感情。直接沟通中，信息、情感交流比较充分，易获得真实信息，因为直接接触，两人既可以交谈，又可以察言观色，彼此间存在着充分的思想和情感交流的空间。

间接沟通是需要经过中介环节（中间人、中介物）才能实现的人际沟通。其影响力虽不如直接沟通，但作为一种辅助形式也十分有效。中间人可建立一种情感联系，通过中间人，沟通双方就可以建立某种联系。中介物（如鲜花、礼品等）可增进相互间的沟通。合理使用中介物可使人际沟通顺利，有助于人际交往。

3. 语言沟通和非语言沟通

人与人之间的沟通有三个渠道：一是所使用的语言和文字；二是语气或音调；三是所使用的肢体语言，如表情、手势、姿势、呼吸等。根据分析调查，人与人之间的沟通，文字只占 7% 的影响力，另外有 38% 的影响力是由语气或音调而来（听觉）。至于占了最重要影响力 55%（通过视觉）的部分，就是肢体语言。一个人的举止动作、呼吸和表情在沟通时所代表和传达的信息，往往超出口中所说的话。但一般人在沟通的过程中，时常会忽略掉占了 55% 的肢体语言。

（1）语言沟通。语言沟通是通过语言这种媒介而实现的信息交流，借助语言文字符号进行的人际沟通，包括口语沟通和书面沟通。

口语沟通是指借助口头语言实现的沟通，如可利用面对面的交谈、讨论、会议报告、讲课等方式传递信息。口语沟通是日常生活中最常见的沟通方式。在语言沟通中，口语沟通是最清楚、准确的，因为人们不但能听到语词的内容，还可以通过音调、语气、语速等来进行辅助理解。因此，在进行口语沟通时要注意察觉自己和他人语气、语调、用词等所包含的意思。同一句话用不同语气来表达可以表达不同情绪，在沟通中一定要注意场合、对象而巧用语气，否则易造成不必要的误解或伤害；语调则是指音速和音量的不同，语调的不同表明一个人情绪的不同，同样是一句“恭喜你”，不同的语调可以表达出祝福和嫉妒等不同的情绪。在沟通中一定要根据实际情况采用恰当的语调表达自己的想法，尽量不要伤害别人。

书面沟通是指借助书面文字来实现的信息交流，如利用信件、广告、报纸、书籍等书面方式。德国诗人歌德一生谈恋爱 70 多次，情书往返达数千篇，几乎每一篇都文采斐然。随着网络的发展，通过网络的书面沟通越来越频繁。

（2）非语言沟通。非语言沟通是通过语言以外的媒介，主要是各种表情（面部表情、言语表情和身段表情，指眼神、姿态、表情、动作、声调等）而实现的信息交流。非语言沟通是语言沟通重要的补充形式，能起到增强表达、促进理解的作用。据研究，高达 93% 的沟通是非语言，其中 55% 通过面部表情、形体姿态和手势传递，38% 通过音调。心理学研究结果发现，人的肢体语言传递的信息达 70% 以上。交谈中的坐姿、座次、手势、握手的方式、面部表情的不同都包含着丰富的信息，需要我们在沟通时具备相应的敏锐力才能保持良好的沟通，非语言沟通是人际沟通中不可或缺的沟通方式。

非语言沟通的类型如下：

第一，目光。身体语言中最真实、有效地反映人的内心的是目光。当人觉得理直气壮、问心无愧时，眼睛敢于直视对方；而当人做错事时，往往眼睛往下看。当喜欢一个人时，愿意与他的目光接触；当不喜欢或厌恶时，一般不愿意看他。之所以说目光反映人的内心世界。其主要原因在于人们很难控制自己的眼光，表情可以伪装，但目光则很难掩饰。所以在沟通中，不仅要听对方说什么，还可通过对方目光去把握对方的真实意图。同时注意，与他人沟通时必须是真诚的，目光会真实地暴露一个人的内心。

第二，表情。面部表情可表达内心的各种情感和态度。爱恨、悲喜、接纳与排斥、自信与恐怖等。交往中的一个微笑可使人感到放松，会产生良好感觉；相反，初次见面严肃、板着脸，会让人觉得很难接近，不愿再与之进行交往。一般来说，表情能反映一个人的内心，但与目光不同的是，表情可以人为控制，所谓喜怒不形于色，有不真实、伪装的一面。在颂扬民族英雄，喜欢称赞“临危不惧、面不改色心不跳”。其实面对危险时，“不惧”是不可能的，只不过没有表现出来而已。

第三，动作。身体动作主要指头部、手部运动，这两个部位是平时做得最多的。它常常表现出对某些事的态度，在与他人沟通中体现出特定的意义，如拍肩膀表示关切、信赖、亲密；搭肩膀、搂抱表示感情密切；耸肩表示无所谓、无可奉告；双手握在一起表示团结、亲密、友好。

第四，姿势。与动作的区别，它比较固定，在人际沟通中起着无声语言的作用，如某人的坐姿是弓着背，两臂僵硬地夹紧上身，双腿和双脚并在一起，反映紧张；某人懒散地、四肢摊开或半后靠地坐着，反映自信和随便。一般来说，对所重视的人身体姿势较拘谨、规范；对熟人较放松、不拘一格。

五、大学生的团队合作能力

团队，是一种为了实现某种目标而相互协作、由个体组成的工作群体。团队体现一种团结协作的特征，它具有提高工作效率的可靠、可行、必要的方式。在当今的人力资源管理中，任何一个组织，任何一家企业，都非常重视团队精神的教育培养。

（一）团队精神

1. 什么是团队精神

团队精神，就是团队成员为了团队的利益和目标相互协作、尽心尽力的意愿和作风，是将个体利益与整体利益相统一，从而实现组织高效运作的集体的思想意识。团队精神的集中体现是大局意识、协作精神和服务精神。团队精神强调的是组织内部成员间的合作态度，为了一个统一的目标，成员能自觉地认识到自己肩负的责任，并愿意为此目标共同奉献。

2. 团队精神的要素

（1）团队精神的基础——尊重个体。团队业绩从根本上说，首先来自团队成员个人的成果，其次来自集体成果。团队所依赖的是个体成员的共同贡献而得到实实在在的集体成果。这里恰恰不要求团队成员都牺牲自我去完成同一件事情，而要求团队成员都发挥自我去做好这一件事情。也就是说，团队效率的培养，团队精神的形成，其基础是尊重个人的兴趣和成就。设置不同的岗位，选拔不同的人才，给予不同的待遇、培养和肯定，让每一个成员都拥有特长，都能表现特长。这样的氛围越浓厚越好。

（2）团队精神的核心——协同合作。社会学实验表明，两个人以团队的方式相互协作、优势互补，其工作绩效明显优于两个人单干时绩效的总和。团队精神强调的不仅仅是一般意义上的合作与齐心协力，它要求发挥团队的优势，其核心在于大家在工作中加强沟通，利用个性和能力差异，在团结协作中实现优势互补，发挥积极协同效应，带来“1+1>2”的绩效。因此，共同完成目标任务的保证，就在于团队成员才能上的互补，在于发挥每个人的特长，并注重流程，使之产生协同效应。

（3）团队精神的最高境界——团结一致。全体成员的向心力、凝聚力是从松散的个人集合走向团队最重要的标志。在这里，有一个共同目标并鼓励所有成员为之奋斗固然是重要的，但是，向心力、凝聚力来自团队成员自觉的内心动力，源于共同的价值观，很难想象在没有展示自我机会的团队里能形成真正的向心力，同样也很难想象在没有明确的协作意愿和协作方式下能形成真正的凝聚力。

（4）团队精神的外在形式——奉献精神。团队总是有着明确的目标，实现这些目标不可能总是一帆风顺。因此，具有团队精神的人，总是以一种强烈的责任感，充满活力和热情，为了确保完成团队赋予的使命，和同事一起，努力奋斗、积极进取、创造性地工作。在团队成员对团队事务的态度上，团队精神表现为团队成员在自己的岗位上尽心尽力，为了整体的和谐而甘当配角，为团队的利益放弃自己的私利。

3. 团队精神的作用

（1）目标导向。团队精神能够使团队成员齐心协力，拧成一股绳，朝着一个目标努力，对团队里的个人来说，团队要达到的目标即是自己必须努力的方向，从而使团队的整体目标分解成各个小目标，在每个队员身上都得到落实。

（2）团结凝聚。任何组织群体都需要一种凝聚力，传统的管理方法是通过组织系统自上而下的行政指令，淡化了个人感情和社会心理等方面的需求，团队精神则通过对群体意识的培养，通过队员在长期的实践中形成的习惯、信仰、动机、兴趣等文化心理，来沟通人们的思想，引导人们产生共同的使命感、归属感和认同感，逐渐强化团队精神，产生一种强大的凝聚力。

（3）促进激励。团队精神要靠每一个队员自觉地向团队中最优秀的员工看齐，通过队员之间正常的竞争达到实现激励功能的目的。这种激励不是单纯停留在物质基础上，而是要能得到团队的认可，获得团队中其他队员的认可。

（4）实现控制。在团队里，不仅队员的个体行为需要控制，群体行为也需要协调。团队精神所产生的控制功能，是通过团队内部所形成的一种观念的力量、氛围的影响，去约束、规范、控制团队的个体行为。这种控制不是自上而下的硬性强制力量，而是由硬性控制转向软性内化控制；由控制个人行为转向引导个人的意识；由控制个人的短期行为转向对其价值观和长期目标的认同。

案例分析

在广阔的草原上，大雪过后，大地白茫茫一片，此时许多动物都已进入冬眠。由于狼群很少储存食物，所以它们必须出去寻找食物。然而，在这样的环境下寻找食物是非常困难的，往往奔波忙碌数天以后，仍然一无所获。而此时，狼群必须保存自己的体力，如果狼群不能尽量保存自己的体力，那么连续的劳累再加上饥饿和严寒的折磨，它们很可能会丢掉性命。聪明的狼群在此时会采取单列行进的办法，一头接着一头，这样它们就能保证只消耗最少的体力。跑在最前面的狼必须在厚厚的雪地上踩出第一行脚印，这样后面的狼就能节省许多体力。

再来看看狼群捕猎时的场景。狼群在围猎时有严格的战术和纪律。每头狼都有自己的任务，任何狼都不能擅离职守。有些狼做先锋，负责骚扰猎物；跑得快的狼负责围追或堵截猎物；强壮的狼去猎杀强壮的猎物；弱小的狼去猎杀弱小的猎物。一切行动都配合得井然有序。

羚羊是草原上跑得最快的动物之一，奔跑速度可达每小时70~100千米，狼的奔跑速度约为每小时60千米。然而，羚羊为什么常常成为狼群的盘中餐呢？除了羚羊本身比较弱小之外，最主要的原因是它们没有互相保护的团队精神。当遇到敌人袭击时，羚羊就会分散逃跑。分散开的羚羊即使跑得再快，也逃不过狼群的围追堵截。

| 分析 |

自然界是一个神奇的地方，在漫长的进化过程中，生物发展出各种维持其种系生存的法则和方法。无数事实告诉我们，人类不仅需要与自然界和谐共处，还需要向自然界学习。狼群身上所体现出来的团队合作精神，对于我们今天这个竞争日益激烈的社会来说，尤其值得学习。

（二）大学生团队合作的重要性

1. 社会发展的需要

现代社会，人们相互依存，分工更为具体，而个人所掌握的知识和信息非常有限，因而对人们相互间的协作要求也就更高。因此，一项重要工作任务的完成就需要依靠整个团队的团结协作。团队精神已被广泛认同，并成为现代社会评价人才、用人单位选用人才的一项基本素质要求。

2. 素质教育的需要

加强团队精神的教育培养是大学生素质教育的一项基本要求和重要内容。

（1）有利于塑造大学生良好的个性人格。团队精神要求团队成员在准确定位的基础上相互协作，良性竞争。因此，团队精神建设对成员个性化及认同自己社会角色的要求，符合学生良好个性的发展需要。

（2）有利于提高大学生的综合素质。通过培养大学生的团队精神，帮助大学生培养和提升其相互学习的品格、团结奉献的精神、人际交往的能力和谦虚好学的作风以及民主意识和心理素质。

（3）有利于培养大学生的创新能力。通过长期的活动培养大学生的团队精神，能够营造出一种增加工作满意度的氛围，促进大学生创造性地工作和学习。在这个知识和信息大爆炸的时代，发扬团队精神，既有利于个人获取更多的信息和知识，也有利于大学生通过合作来共同创新和发展。社会心理学相关实验证实，团队作战能提高个人和团队的创新能力和工作绩效。

3. 成长成才的需要

现今在校的大学生，绝大多数是21世纪后出生的，尤其是来自城市的大学生，大部分是独生子女，个性鲜明，但过于强调自我，有些“不合群”，难以与他人进行合作。因此，培养大学生的团队精神对于作为独生子女的部分大学生更有意义，他们在成长过程中被过度关爱和关注，具有更强的自信心和自我意识。换言之，由于独生子女基本处于家庭的中心地位，自我意识过强，更缺乏团结协作的主动性。再加上在中学期间这方面的教育和培养不够，从这个角度看，在大学期间培养他们的团队精神更具有特殊的现实意义，同时也是一项非常紧迫的任务。

4. 集体主义精神培养的需要

团队精神要求人们必须具有整体利益观念和随时随地维护团体利益的自觉性，必须有集体荣誉感，以集体利益为重。从这个角度来看，对大学生团队精神的培养教育，有利于提高大学生的集体主义精神。团队精神是集体主义精神的基础，集体主义精神是团队精神的升华。以教育培养大学生的团队精神为起点，可以将集体主义精神的教育培养生动化、现实化、具体化，从而能很好地取得实效。

（三）大学生团队合作的要求

首先，在团队与成员之间的关系上，团队精神表现为团队成员对团队的强烈归属感，团队成员把团队当成“家”，把自己的前途与团队的命运联系在一起，愿意为团队的利益与目标奋斗。团队成员极具团队荣誉感，在处理个人利益与团队利益的关系时，团队成员采取团队利益优先的原则，个人服从团队。团队与其成员结成牢固的命运共同体，共存共荣。

其次，在团队成员之间的关系上，团队精神表现为成员之间的相互协作。团队成员彼此间利益共享，相互宽容，彼此信任。在工作上互相协作，在生活上彼此关怀。团队成员和谐相处，凝聚力强，追求团队的整体绩效。

最后，在团队成员对团队事务的态度上，团队精神表现为团队成员对团队事务的全心投入。团队充分调动成员的积极性、主动性、创造性，让成员参与管理、决策。团队成员在处理团队事物时尽职尽责。

（四）大学生团队合作能力的培养

1. 重视表达与沟通

表达与沟通能力是非常重要的，不论你的工作能力多么出色，不会表达，不能让更多的人去理解和分享，工作成果和效率都会大打折扣。因此，好想法、好建议要尽快让别人了解，让上级采纳，为团队作贡献。要抓住一切机会锻炼表达能力，积极表达自己对各种事物的看法和意见，并掌握与他人交流和沟通的艺术。

2. 培养做事的主动性

每个人都有对成功的渴望，但成功不是等来的，而是靠努力做出来的。任何一家单位都不喜欢只知道听差的人，不能被动地等待别人告诉应该做什么，而应该主动去了解社会需要做什么，自己想要做什么，然后进行周密规划，并全力以赴地去完成。

3. 积极发扬敬业的品格

有敬业精神，才能把团队的事情当成自己的事情；有责任心，才能发挥自己的聪明才智。个人的命运是与所在的团队、集体连在一起的。要有意识地多参与集体活动，并且想方设法地认真完成个人承担的任务，养成不论学习还是做事都认真对待的好习惯。敬业是团队合作不可缺少的要素。

4. 强调宽容与合作的品质

事业是集体的事业，竞争是集体的竞争，一个人的价值只有在集体中才能得到体现。成功的潜在危机是忽视了与人合作或不会与人合作。有些人的动手能力强，想法也不错，但当他的想法与别人不一致时，就固执己见，不知道如何求同存异；有的团队成员谈到自己的同事时，对同事很挑剔，缺乏客观看待他人的品质；有的团队成员，在家里总是被照顾、被包容，特别是一些家庭条件优渥的人，总是有莫名的优越感，更不容易做到宽容待人和与人合作；有的团队成员有家庭问题，对周围的人缺乏信任，使人无法与其沟通、合作；有的团队成员，因在团队中是业务骨干、技术能手而高高在上，对其他成员不屑一顾，不懂得尊重和迁就别人。实际上，团队中的每个人都有自己的长处和不足，关键是成员之间以怎样的态度去看待，能够在平常之中发现对方的长处，而不是挑对方的毛病，培养自己求同存异的素质，对培养团队精神尤其重要。这需要我们在日常生活中，培养良好的与人相处的心态，并善加运用。这不仅是培养团队精神的需要，而且也是获得人生快乐的重要方面。

5. 夯实大局与全局意识

团队精神不反对个性张扬，但个性必须与团队的行动一致，要有整体意识和全局观念，考虑团队的需要。团队成员要互相帮助，互相照顾，互相配合，为集体的目标而共同努力。在工作中，有意识地培养全局观念极为重要。比如要建设一个优秀班组，就不能只考虑自己的需要而不关注别人的感受。要建设一个优秀部门，每个人就不能借口自己有这样或那样的事情而不参与集体组织的活动。否则，团队将会像一盘散沙，优秀的集体难以形成，自己也很难从中获益。

六、大学生的解决问题能力

微软创始人比尔·盖茨说过："绩效的获得来自解决问题的能力。"解决问题的能力与其一生的成就存在着密切关系。解决问题的能力越强，成就越大；反之，成就越少。解决问题的能力，决定了一个人工作绩效的高低。解决问题的能力，既是职业核心能力之一，也是职业素质自我提升的一个重要内容。

（一）解决问题能力的内涵

职业人的主要职责是解决职场中各种各样的工作问题，具备良好的解决问题的能力，才能成为真正的职业人。

1. 解决问题能力的含义

在了解解决问题的能力之前，首先要了解问题和解决问题的概念。

（1）问题。问题的意思为"要求解答的题目"或"需要研究解决的疑难和矛盾"等。现实与理想的差距，也被称为问题。问题的一个显著特征，就是存在着一个人们想达到但还不知道如何达到的目标。总的来说，当想做一件事情却又不知怎样去做时，便出现了问题。

（2）解决问题。解决问题是指处理问题并使之有结果。在职场上，解决问题不仅仅是高层领导和管理人员的事，即使基层员工也不得不解决日常工作中的各种问题，比如文件的处理、电话的接听、各种方案和书面材料的撰写等。

（3）解决问题的能力。职业中的解决问题能力是指在不需要别人指导的情况下，能够独立地解决工作中从来没有遇到过的问题，使工作顺利开展的能力。良好的解决问题的能力是能够系统地找出问题的成因，对症下药，以最有效率的方式解决问题，取得好的结果，取得应有的效益。

2. 解决问题能力的重要性

面对问题，有的人害怕，有的人逃避；而有的人喜欢发现问题，有的人喜欢解决问题。正确对待问题的心态是成功者必备的素质。成功者与失败者之间的主要差别之一，就在于他们解决问题的能力不同。面对同一项工作时，解决问题能力强的人所花费的时间和精力，要比解决问题能力弱的人少得多；在同一时间内，解决问题能力强的人完成的工作量，要比解决问题能力弱的人多得多。在遇到难题时，解决问题能力强的人能够想办法最终突破，而解决问题能力弱的人往往束手无策。解决问题能力是一种高素质、高层次的能力。没有良好的解决问题的能力，个人就很难在职场生存、立足，更谈不上发展。

3. 解决问题能力包含的能力要素

职业中解决问题的能力，通常包含以下八种能力要素。

（1）关注目标能力。一个能够解决问题的职业人，首先是能够迅速确定解决问题的目标并能够集中精力关注目标的人。有的人一天做很多事情，整天忙得焦头烂额，但效果却极差，原因就是目标分散。做事情的时候，首先要想到做这件事的目标究竟是什么，抓住目标才能顺利进行。

（2）计划管理能力。工作效率首先来自出色的计划管理能力。计划就像阶梯，既是立足点，也是前进的目标。

（3）观察预见能力。良好的观察预见力能够在竞争日益激烈的社会大环境下，寻找很好的生存发展机遇。同样，也可以预防一些即将或者未来可能发生的、对于事业有所阻碍的事情。

（4）系统思考能力。思考问题的能力有助于全面解决问题，是职业人重要的能力之一。强调在面对任何问题的时候，都要善于从整体上进行考虑，而不仅仅就事论事。只有这样，职业人才能形成大局观。

（5）深度沟通能力。“管理即沟通”。企业管理过程的大量问题也是沟通问题，甚至有的企业家称：“企业中 99% 的问题都是沟通造成的。”具备强大的沟通能力是解决问题的前提。

（6）适应矛盾的能力。工作中有大量相互矛盾的事情，很难做到完美无瑕，更少存在唯一的最佳答案。因此，职业人要善于适应矛盾，避免绝对化地看问题；要拥有开阔的思维，不固守成功经验；要追求解决问题方案的开放性，不钻牛角尖。

（7）全神贯注与遗忘的能力。职业人要善于选择最重要的事情投入全部精力解决，有些事情则需要快速遗忘。具体来说，就是不疏忽，不纠结。

（8）执行到位的能力。这是职业人的基本能力。如果不能说到做到，或是做到但不能做到位，职业人就缺少了立身之本，一切都会成为问题，甚至成为严重的灾难。

以上八种能力，是成功解决问题的前提和基础。大学生在平时的学习、实践过程中，应该努力地去培养这些能力。

（二）解决问题的思路

由于问题的多样化和不确定性，解决问题所采用的技术和方法没有特别的限定，都是以最终解决实际问题为目的的。但为了提高自己解决问题的能力，有些思路和原则还是需要好好把握。在传统习惯上，人们碰到问题时，最直接的反应就是思考对策，而忽略了对问题的分析以及对产生问题原因的探讨。很多事实表明，仅能解决已有的问题是远远不够的，正确的做法是首先学会发现问题，其次要善于分析问题，最后才能够有效地解决问题。

1. 发现问题

爱因斯坦说：“提出一个问题往往比解决一个问题更重要，因为解决问题也许仅是数学上的或实验中的技能而已，而提出新的问题、新的可能性，从新的角度去看旧问题，却需要创造性的想象力，而且标志着科学的真正进步。”发现问题是一种能力，是指从外界众多的信息源中，发现自己所需要的、有价值的问题信息的能力。发现问题与解决问题是相辅相成的，不能只发现问题而不去解决问题，也不能只解决问题而不去发现问题，既能发现问题又能解决问题才是我们真正所追求的。

2. 分析问题

分析问题是透过问题本身，研究问题的本质、发生原因及构成的过程。这是有效解决问题并防患于未然的前提和基础。分析问题也是一种能力，除了扎实的理论基础或业务能力外，分析问题还需要：①敏锐的观察力，对问题或环境的敏感度高，能迅速发觉不寻常之处；②联想或创意的流畅力，对同一个问题能提出很多观念或新点子；③整合与归纳的系统力，能够从多方位、多角度思考问题；④独创力，见解与众不同；⑤精进力，在新观念上不断使自己的构想更完整，精益求精。

3. 解决问题

在职业中，有效的工作思路是成功解决问题不可缺少的，它包括：①了解问题的重心。

要真正找出问题存在的根本原因；②决定目标。目标何在，从何入手；③把握事实。调查有关规则与习惯，做好调查记录。除了解事实以外，再听取当事人的意见；④比较后决定。综合事实，找出相互的关联，与规则、习惯对照来看，怎样处理才能行得通，可能产生的影响，选出最好的处理方法；⑤采取处理行动。自己去处理还是委托他人处理，分清责任，想清楚是否需要帮忙，并选择适当的时间与地点进行；⑥评估结果。选择合适的时间评估处理结果是否达到目的。

（三）解决问题能力的培养与提升

培养和提高自己解决问题的能力，可以参考以下方法。

1. 主动承担责任

不要害怕问题，不要有怕丢面子的心态。提高解决问题能力的秘诀，是尽量多地承担工作并真正投入其中，坚持不懈，迫使自己的能力得以提高。问题接触得越多，解决问题的能力就越强。

2. 做好每一件事

知道如何做好一件事，比对很多事情都懂一点皮毛要强得多。每一件事情的完成，哪怕是极小的事情，都有助于解决问题能力的提高。

3. 目标激发潜能

如果没有目标，一遇到困难和问题就容易退缩下来，此时可以把大目标分成若干个小目标，并启发自己为了这些目标而努力。每个人在潜意识里都会有自我实现的愿望，为自己树立一个工作目标是发挥自己潜能、提升自己工作能力的重要途径。

4. 培养正确思维

每个人都有自己固有的思维方式，这种思维方式在工作中的应用会直接影响解决问题的效果。建立合理的思维方式是提高解决问题能力所必需的。不要拘泥于以往的思维，要有创造性思维，这样才会比别人看得更清楚。

5. 学会经常思考

解决问题能力较强的人都特别善于思考。优秀的人经常面对问题去思考，在思考中得到成长，在思考中找到工作的方法，在思考中领悟工作的快乐，解决问题的能力也在思考中得到进一步提升。

知识拓展

人生八大阶段与人际关系发展历程

下面依次来看一下这八个阶段，以此作为了解人一生中所有人际关系的基础。

一、信任 VS 不信任

大约在婴儿出生到一岁的阶段。在生命的这第一年中，最重要的危机是形成对世界信任或不信任的基本态度。这种对世界信任或不信任的态度来自被照顾的品质，尤其是母亲的照顾，因此“母亲”或“母亲的代替者”便成为这个阶段中人际关系的焦点。如果婴儿受到母亲很好的照顾，就能顺利地形成对世界信任的态度，对这个世界充满希望与好奇。

信任与不信任的危机并非在生命的第一年就被彻底解决，它在生命的每一时期都有可能再次出现，只不过第一年是所谓的“关键期”。在这个时期，个体所遭遇的人、事、物都会对他产生不可磨灭的影响。

二、自动自发 VS 害羞怀疑

这个时期大约是幼儿两三岁时。这个时期，幼儿开始能独立地做许多动作，如走路、开关门等。这个阶段最重要的任务是发展个体的自主性，也就是个体对外在环境的控制感以及对某种动作技能的胜任感。而这个阶段的人际关系焦点是与之朝夕相处的父母。如果父母缺乏耐心，急着要求幼儿做成某些事，就容易使幼儿对自己的能力产生怀疑，容易害羞。在此阶段害羞怀疑的小孩，成年以后仍然容易怀疑自己的能力。

当然，如果幼儿发展出过分强烈的自主性，也容易造成日后刚愎自用的独断个性。因此，比较健康的模式是在自动自发与害羞怀疑之间取得一个适当的平衡点。能否做到这一点，主要看父母在这个关键期能否适度地训练幼儿，并给予正确的反馈。

三、积极 VS 罪恶感

这个阶段大约出现在 3~5 岁时，是学龄前的最后一个阶段。这一时期，幼儿开始学习一些游戏、活动，如打羽毛球、打篮球、骑自行车等。在这些游戏与活动中，幼儿可能会积极进取，也可能会有罪恶感，关键在于家庭成员与幼儿的互动。因此，家庭是这个阶段人际关系的焦点。如果家庭成员（尤其是父母）认真陪幼儿游戏、回答孩子提出的问题，那么幼儿会发展出积极进取的特性；反之，如果当幼儿付出许多努力，得到的结果却是被取笑或轻蔑时，则会导致幼儿产生罪恶感，容易自责，不敢轻易尝试新事物等。

四、勤勉 VS 自卑

这段时期是指从 6~11 岁（约青春期开始），即小学阶段。他们开始学校生活，也开始有些创造性的活动，如绘画、劳动、做家庭作业等。他们在这个阶段会努力表现自己，以赢得他人尤其是同学和老师的注意，所以老师和同学是这个阶段人际关系的焦点。如果在这个阶段他们有良好的人际关系，且其创造活动、学习表现获得赞赏，那么所激发出来的便是勤勉向上；反之，如果人际关系不佳，而其努力完成的作品也未获肯定，则会导致他们的自卑感。也就是说，他们在这个阶段已经开始家庭以外的社交生活，生活重心除了学习新事物之外，也开始注意他人对自己的反馈，并且也会和其他同学或者伙伴比较。因此，到底是发展出勤勉的个性，还是发展出自卑心理，或是发展出其他个性，主要看与同伴团体和其他成人之间的人际关系。

五、自我认同 VS 角色混淆

本阶段包括12~20岁的青少年时期。此时，个体的儿童期已告结束，因为性机能已开始成熟，身体快速成长，而心理的成长跟不上生理上的急速改变，于是就面临着成长的压力。这时个体开始关注自身的处境，并尝试支配环境。因此，这个阶段最重要的是发展自我认同，也就是对自己有清楚的定位。如果一个人过去已经发展出信任、自主、主动与勤勉，则在此阶段，他会整合所有过去、现在以及对未来的期望等资料，从而了解自己是怎样的人、未来将如何，形成自我认同。反之，如果一个人带着不信任、怀疑、害羞、自卑，到了这个阶段，多半会对自我感到迷惑和不确定，即所谓的角色混淆。

当然，这个阶段能否顺利地发展出良好的自我认同，除了过去的发展情况之外，此阶段的人际关系焦点——同伴团体及模仿对象也是重要的因素。个体在这个阶段由于认知范围的扩大，不再局限于家庭和学校，因此，所属的同伴团体会直接影响个体对自己的认识和定位。但由于在不同时间可能属于不同的团体，因此，青少年时期的自我认同也会随着改变。这种变化本身是好的，可以帮助青少年寻找真正的自我。但是如果不慎接触到不良组织而不自觉或自觉但无法自拔，就会带来极坏的影响。

六、亲密 VS 孤独

这个时期个体开始向人生的另一里程碑——成年期前期迈进，大约是20~30岁。大多数人在这一时期开始工作、结婚，形成本阶段的重要人际关系——亲密关系。所谓亲密，是指能关心他人，与他人分享经验的能力。哈特菲尔德研究发现，伴侣之间的亲密关系，对个人的情绪和身体健康大有帮助。拥有和自己分享苦乐的伴侣的人比没有伴侣的人更健康、快乐。没能拥有亲密关系的人，因为不愿意或不能与人分享自我，不愿意承担亲密的后果（如照顾、爱护伴侣、培育儿女等），最终成为孤独的人。

影响这个时期发展出亲密或孤独的人际关系的焦点是个人的亲密伙伴。这些亲密伙伴可能是朋友或配偶，但配偶更重要。艾里克森甚至认为这个时期的幸福快乐，建立在亲密的充分发展上，而亲密完全发展的主要表现是：性爱的完满获得，双方都互相信任，愿意分享工作、生育及娱乐的情趣。因此，在成年期的开端，若能顺利建立良好的亲密关系，将有助于往后人生旅程的展开。

七、创造 VS 停滞

这个阶段正值成年中期，是开创事业的中心阶段，大约是30~60岁的一大段时光。埃里克森认为这个时期的个体，不管男性或女性都精力充沛，活力十足。他们对社会贡献心力，对下一代付出关心，是最具创造能力的阶段。这种创造能力不但使个人的心智获得发展，心理得到满足，生活也因此而充实。

但是如果个体在之前的阶段发展出负面的结果，如工作、婚姻、家庭方面一直受挫，那么此时的创造力便会减弱，甚至整个生命会停滞不前。一个对生命有停滞感的人，常会感到迷失、疲倦无力、脱离现实，严重的甚至对所有事物采取放弃的态度，有厌世的思想。

既然工作、事业与婚姻、家庭是此阶段的重心，那么工作伙伴及家庭成员便成为此阶段人际关系的焦点。拥有工作上的良好人际关系，有助于事业的开创；而良好的家庭生活则可以成为扩展事业的最大精神支柱。

八、圆满 VS 绝望

这是人生最后一个阶段。当生命接近终点时，个体开始整理自己过去的点点滴滴，反省此生的意义与价值。如果以往的发展是正向的、有成就的，那么个体在这个阶段便会有满足和自豪的圆满感觉。

反之，个体如果认为此生充满挫折与遗憾，就会有绝望的感觉。到生命末端觉得绝望的人比较缺乏坦然面对死亡的能力，因此，随着年龄的增长，越来越焦虑，总想从头来过，但是时不我待，只能徒增伤感。

这个阶段，也许配偶已过世，儿女离家创业，因此，人际关系的重点在于趣味相投的朋友，并且所关心的是与“全人类”有关的事物，不仅仅是自己和家人。

互动测评

核心技能调查

填写下表，从1~5分给自己打分（1=完全不符合；2=不符合；3=难于确定；4=符合，5=完全符合）。

工作创造性			
设计	□	你的工作创造性的总分	□
想象	□		
产生新想法	□		
表演	□		
做手工制品	□		

书面表达能力			
写作	□	你的书面表达能力的总分	□
报告	□		
编辑	□		
翻译	□		
概括能力	□		

解决问题的能力			
分析信息	□	你的解决问题能力的总分	□
旁敲侧击	□		
找出解决办法	□		
用图表和图解说明	□		
分析错误	□		

组织能力			
安排事情	□	你的组织能力的总分	□
在期限前完成工作	□		
设计优先次序	□		
控制会议	□		
制订行动计划	□		

沟通能力			
解释事实	□	你的沟通能力的总分	□
表达信息	□		
表达想法	□		
提出建议	□		
提供劝告	□		

核心技能得分排序：在下表中填上每种技能的总分并排序。

核心技能	总分	排序
工作创造力	□	□
书面表达能力	□	□
解决问题的能力	□	□
组织能力	□	□
沟通能力	□	□
我所拥有的其他技能：		

说说自己的改进计划：____

____

____

____

____

____

模拟实训

五星的我

从领导能力、人际沟通能力、团队合作能力、解决问题能力及创新能力等五个方面出发，各举一例（能够体现自己的闪光点），分析当时能够成功展示的原因，说说对自己成长的启示。

第一星：领导能力。

亮点：____

原因：____

启示：____

第二星：人际沟通能力。

亮点：____

原因：____

启示：____

第三星：团队合作能力。

亮点：____

原因：____

启示：____

第四星：解决问题能力。

亮点：____

原因：____

启示：____

第五星：创新能力。

亮点：____

原因：____

启示：____

就业指导篇

“大学生就业，今年面临一些困难，疫情的影响。但是党和政府还是全力以赴，把它作为今年经济工作的重中之重，解决民生问题的重中之重，争取使我们的大学生都能找到工作。我们大学生的择业观也要摆正。找到自己的定位，投入到踏踏实实的工作中，实现自己的人生理想。”

——2020 年 7 月 23 日习近平在中国一汽集团研发总院实验室视察时的讲话

2021年12月28日下午，教育部通报了高校毕业生就业工作相关情况。教育部预计，2022届高校毕业生规模将达1076万人，同比增加167万，首次突破千万大关，无论整体规模还是增量，都创下历史新高。教育部高校学生司司长王辉指出，当前高校毕业生就业形势依然严峻复杂。当前，我国经济发展面临需求收缩、供给冲击、预期转弱三重压力，这些压力会对就业产生影响。疫情对就业的影响仍在持续，当前部分行业和企业生产经营还未恢复到疫情前水平。就业市场用人需求还存在不确定性，部分中小企业扩大吸纳就业的能力下降，疫情对校园招聘活动产生不利影响。此外，就业的结构性矛盾尚未得到根本缓解，存在“就业难”与“招人难”并存的现象，不同专业、行业和地区间用人需求差异较大。

为此，教育部启动了“2022届全国普通高校毕业生就业创业促进行动”。迄今为止，教育部大学生就业网会同12家社会招聘机构，已累计发布岗位信息近2156万条；会同有关部门，直接举办专场网络招聘活动10场，累计提供各类岗位80多万个；各地各高校举办校园招聘活动4万多场，累计提供岗位信息近2000万条。教育部汇总发布了281家用人单位的2804个项目指南，正在开展校企网络对接洽谈，还举办了“全国中小企业人才供需对接”活动，已有1000余所高校、2800多家中小企业参与对接。

第七讲

就业准备——做好就业准备　把握就业先机

虽然大学生就业活动的焦点集中在笔试、面试及签约上，但就业活动的关键却在准备活动上。就业活动的准备工作是否充分直接关系到求职择业的成败，因此，大学生应该高度重视就业的准备工作，未雨绸缪，把握就业先机，为自己赢得更多的机会和成功的筹码，确保高质量就业。

知识目标

1. 了解正确的就业观念和优秀的职业品质。
2. 掌握如何调适积极的就业心理。
3. 了解有效就业信息的内容、采集途径以及如何整理就业信息。
4. 了解如何准备优质的求职材料。

思政目标

1. 树立正确的就业观念，积极践行社会主义核心价值观。
2. 做好充分的就业准备，调适积极的就业心理，把握就业先机。

知识导图

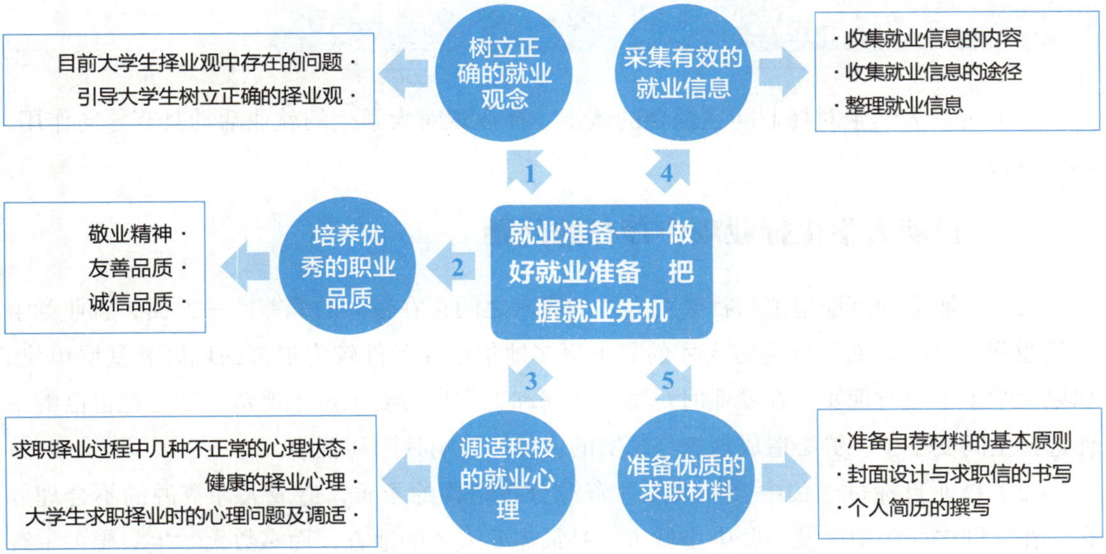

案例导入

【案例 1】

大二年级的刘刚面对未来很迷茫，对所学的公共事业管理专业没太多感觉。别人都说这个专业一方面是万金油，另一方面没什么竞争优势，所以他想利用业余时间再学习一些其他专业的知识或技能。但究竟社会上都有哪些工作岗位，这些工作岗位的用人要求是什么，刘刚一点也不知道，且他也谈不上多喜欢哪种工作。这让刘刚怎么准备呢?

【案例 2】

晓静在跨出大学校门之前对自己的未来已经有比较清晰的想法：做一个白领，优雅、干练，办公环境整洁、漂亮。她毕业后如愿以偿地进入一家企业做办公室职员，但是工作不久，她的幸福感就被繁复、琐碎的日常事务淹没了。晓静没想到做一个办公室白领如此没有成就感。

| 思考 |

在学校校读了十几年的书，突然要面对社会、面对工作，这份陌生感对大学生而言是正常的。对职业世界的不了解，大学生通常出现上述案例中的两种极端状态；这两种状态常常令大学生在进行职业规划或求职时产生困惑，在生涯规划或就业选择时难以决策，陷入被动。就像人们常说的那样：稀里糊涂地就把自己卖了。因此，在踏入社会之前进行各方面的充分准备，是十分有必要的。作为一名大学生，具体应该做哪些方面的准备呢?

一、树立正确的就业观念

择业观是大学生对择业问题综合的认识，择业观对大学生的就业活动具有导向作用，不可忽视。

（一）目前大学生择业观中存在的问题

（1）对职业的高期望值与社会对人才的需求之间存在较大的偏差。一方面，就业竞争日趋激烈；另一方面，社会对人才的需求更多地集中在条件较为艰苦的地区和基层单位。如果大学生不面对现实，在就业时对物质待遇和工作环境要求过于严苛，则会把自己的工作选择空间变小了，势必造成理想与现实的错位，影响其顺利就业。

（2）择业目标过于集中会加大人才资源分布结构的矛盾，造成人才资源的不合理分布。在我国中西部地区及一些中小城市，是最需要人才的地方，而多数大学生只想去一线城市或发达地区。长此以往，由于人才资源的差别而造成地区间差别越来越大，不利于我国总体经济的发展和综合国力的提高。

（3）功利主义倾向突出，社会价值观淡化。这会导致大学生偏离正确的价值取向，难以履行对国家、对社会的责任。一些大学生过于注重经济利益，注重自我发展和自我实现，轻视职业的社会价值。择业观是大学生的世界观、人生观、价值观在择业过程中的反映，这说明当代大学生的世界观、人生观、价值观还不够成熟，需要加强引导和教育。

（二）引导大学生树立正确的择业观

在目前我国经济发展新常态的形势下，毕业生的就业形势在一定时期内仍然非常严峻，就业压力依然很大，严峻的就业形势使大学生在就业前必须做好足够的思想准备。要解放思想、实事求是、与时俱进、转变观念，要正确地把握就业、择业与创业的关系，真正做到先就业、再择业、敢创业，树立良好的择业新观念。

1. 树立高尚的职业理想

高尚的职业理想应当把个人的志向和国家利益、社会需求有机地结合起来，勇敢地走出个人的狭小天地。如果仅仅从个人的角度考虑问题，就非常容易走进死胡同。

2. 勇于面对竞争的观念

随着高等教育的大众化、普及化，大学生应该把自己定位为社会的普通劳动者，勇于面对竞争。

（1）树立强烈的竞争意识。人才市场上的供求关系总会存在一些不平衡之处，同一职业往往有较多的择业者期望获得，如果没有主动竞争的思想准备和积极参与求职的行为，是难以成功就业的。

（2）培养雄厚的竞争实力。竞争实力是综合素质的体现，包括思想品德素质、专业素质、文化素质、身心素质等。竞争实力是在大学生活的过程中逐渐培养和塑造的结果。在公开、公正、公平的竞争原则下，竞争实力就是个人实现择业理想的重要筹码。

（3）坚持正确的竞争原则。大学生在就业竞争面前，要保持自己的人格尊严，诚实守信，凭自身的竞争实力并运用恰当的竞争技巧去赢得用人单位的选择。

（4）保持良好的竞争心态。有竞争就有风险，参与竞争难免要受到挫折。对于就业竞争中的大学生来说，要提高遭受挫折后的心理承受能力。大学生要把挫折看成是锻炼意志、提高能力的好机会。保持良好的竞争心态，主动摆脱受到挫折后的灰心情绪，才能认真分析失败的原因，调整自己的心态和择业目标，争取新的机会。绝不能因挫折而灰心丧气，一蹶不振。

3. 树立动态发展的观念

要打破一步到位、从一而终的就业观。市场经济配置人力资源的特征是人才流动，大学生也没必要在短时间内找一个固定的“铁饭碗”，要树立动态发展的职业流动观念，并学会在流动中发现机会、抓住机会、把握机会。自主创业是通过采取单干、合伙等方式创办公司或其他企业单位，从事技术开发、科技服务或其他经营活动来创造就业岗位，并依法获得劳动报酬的就业方式。自主创业给具有创造力和活力的大学生提供了就业和深造以外的就业路径。在“大众创业，万众创业”的社会潮流下，大学生创业大有可为。

随着信息化社会的到来，大学生必须不断学习新知识才能适应社会发展的需要，否则将会被职场无情地淘汰。大学教育固然重要，但毕竟只是终身教育中的一个阶段。大学毕业后的继续教育与不断学习，对于重新选择职业岗位和取得职业成就，具有更重要的意义。

4. 树立到基层、农村去的观念

在大城市主要单位提供的就业岗位日趋饱和的情况下，农村和基层的广阔天地为大学生施展才华、实现理想创造了条件。当代大学生应积极响应国家和社会的召唤，到基层去、到农村去、到生产第一线去、到祖国和人民最需要的地方去，接受锻炼、接受挑战。“宝剑锋从磨砺出，梅花香自苦寒来。”没有艰苦的锻炼，没有基层工作经验和能力的积累，是很难有大的作为和前途的。

5. 树立专业结合综合素质的观念

毕业生在择业时首先要考虑所学的专业，根据专业特点谋求职业，以做到专业特点与职业要求相匹配，发挥专业优势；同时也要考虑综合素质和能力，一味强调专业对口，会使毕业生在激烈的竞争中失去很多机会。

二、培养优秀的职业品质

对于用人单位来说，优秀的职业技能固然重要，但优秀的职业品质更为重要。

（一）敬业精神

1. 大学生敬业精神培养的意义

大学生敬业精神培育有利于大学生成为栋梁之材，能够帮助大学生深刻认识自己，发现自己的不足，意识到社会职场需要何种人才，才能全面发展自己，提高自己的综合素质。大学生敬业精神培育有利于社会主义建设，大学生是促进社会生产力发展的中坚力量，大学生敬业精神培育有利于发挥大学生的智慧于工作之中，热爱工作、勤勤恳恳才能够促进社会经济发展。

（1）培养敬业精神有利于弘扬中国传统文化。敬业是中国人民的传统美德，早在春秋时期，孔子就主张人在一生中始终要勤奋、刻苦，为事业尽心尽力。实践证明，每一项科

学发现、技术进步，以及理论的创新、文艺的创作和教育的发展，都离不开人们兢兢业业的敬业精神，大学生是朝气蓬勃充满活力的，是祖国未来的建设者和接班人，培养大学生的敬业精神，有利于弘扬和发展中国的传统文化。

（2）培养敬业精神是社会主义市场经济发展的内在要求。市场经济是经济高速发展，产品极大丰富、竞争日益激烈的经济，优胜劣汰是基本的市场法则。具有敬业精神的人，就能对工作兢兢业业，充满热情，生产出合格、优质的产品，企业就会繁荣兴旺。反之，缺乏敬业精神的人，就会生产出劣质品、次品，长此以往，企业就会衰败，最终被市场所淘汰。

（3）培养敬业精神有利于大学生树立正确的人生观、价值观，实现人生价值。良好的敬业精神是正确的人生观、价值观的表现，是实现人生价值的必要条件。大学生作为社会主义现代化事业的接班人，更应注重树立科学的人生观、价值观，为社会多作贡献。职业是个人和社会的连接点，是实现个人价值的渠道。只有具备良好的敬业精神，才能在自己的岗位上取得出色的成绩，才能为社会作出应有的贡献，才能真正实现自己的人生价值。

（4）敬业精神是大学生应具备的职业素质，也是成长和成功的基本要素。“今天不努力工作，明天努力找工作”已成为当下很流行的一句话，大学生只有具备敬业精神，才能在学校学好文化知识和专业技能，才能顺利完成学业。也可以说一个人是否敬业，或者在敬业方面的态度如何，会直接影响他的生活质量和事业成就。

案例分析

布罗和艾洛同时受雇于一家店铺，他们拿同样的薪水。一段时间后，艾洛又是升职又是加薪，而布罗仍在原地踏步。布罗不满意老板的“不公正待遇”，终于有一天他到老板那儿发牢骚了。老板说：“布罗，你到集市上去看看今天有什么正在卖？”一会儿工夫，布罗回来向老板汇报：“今早集市上只有一个农民拉了一车土豆在卖。”“有多少？”老板问。布罗又跑到集市上，回来告诉老板：“一共40袋土豆。”“价格呢？”老板继续问他。“您没有叫我打听价格呀！”布罗委屈地申明。

于是老板把艾洛叫来，吩咐他说：“艾洛，你现在到集市上去看看今天有什么正在卖。”艾洛也很快就从集市上回来了，他向老板汇报说：“今天集市上只有一个农民在卖土豆，一共40袋，价格是两毛五分钱一斤。我看了一下，这些土豆的质量不错，价格也便宜，于是顺便带回来一个让您看看。”艾洛边说边从提包里拿出一个土豆。“我想这么便宜的土豆一定可以赚钱，根据我们以往的销量，40袋土豆在一个星期左右就可以全部被卖掉。所以我把那个农民也带来了，他现在正在外面等您回话呢。”这时老板转向了布罗，说：“现在你知道为什么艾洛的薪水比你高了吧？”

| 分析 |

积极主动的工作态度是一种敬业精神，拥有良好的心态、积极主动、充满热情、灵活自信的人更容易得到领导的信任和支持，并能够带领团队完成既定任务和开拓事业。要成为一名优秀的员工，不能只是被动地等待别人说应该做什么，而应该主动去了解自己要做什么，并且认真地规划它们，然后全力以赴地去完成，因为没有人比我们更在乎我们自己的事业。

2. 敬业精神的时代价值

从国际上看，市场经济越发达，就越是崇尚敬业精神。市场经济的实践证明，现代市场经济在日益凸显效率、竞争、人员素质、科学水平等特点的同时，责任和与之相适应的忠于职守、对本职工作甘于投入的敬业精神也日益凸显出来。可以说，成功的企业、成功的个人背后都有着一流的敬业精神作为支撑。随着社会的发展，生存竞争将日益激烈，没有过硬业务素质者，必将被激烈竞争的社会所淘汰而“下岗”。敬业精神是时代的呼唤、社会竞争的需要、社会发展的需要，也是自身生存的需要。一个人的生存和发展，需要一定的环境空间和展示平台。一份职业，一个工作岗位，就是一个人赖以生存和发展的基础环境空间和展示平台。所以，一个人有了一份职业，一个工作岗位，就应该加倍地珍惜它，用好它。从业就必须敬业，敬业才能更好地从业。说到底，社会进步是靠科学技术和生产力发展来推动的。而科学发展的历程告诉我们，每一项科学发现，每一次技术进步，都需要人们付出巨大的代价，都闪耀着敬业精神的光辉。人类历史上记载着很多具有兢兢业业、鞠躬尽瘁的攻坚精神的科学家。不论是一个时代还是一个民族，敬业的人越多，敬业精神越强，这个时代进步就越快，这个民族就越兴旺发达。

3. 大学生敬业精神的培养要点

当今社会对从业人员的职业道德、职业态度、职业技能、职业纪律和职业作风的要求越来越高，大学生不再是“皇帝的女儿不愁嫁”。毕业时，面临激烈的就业竞争，越来越多的大学生找不到合适的工作。面对就业难的现状，今天的大学生只有选择“先就业，再择业”，而这又使用人单位对毕业生的敬业精神产生怀疑。目前，很多大学生择业时普遍存在“骑驴找马”的心理。这种心理既伤害了招聘企业对大学生的信心，也给大学生的职业生涯增加了曲折。同时暴露了在敬业精神方面，当代大学生奉献意识已淡化，十分强调奉献与索取成正比，并将两者置于同等位置，带有明显的功利主义倾向。他们有成就事业的愿望，但缺乏脚踏实地的实干精神。因此，大学生无论是选择就业，还是创业，首先学会的应该是敬业。大学生要成为企事业单位欢迎的人才，不但要有扎实的科学文化知识和科技动手能力，还必须具备良好的职业道德素质，特别是崇高的敬业精神。

敬业精神是大学生走向职场必备的首要品质。大学生应从以下几个方面加强敬业精神的培养。一是从学习上培养敬业意识。作为大学生，敬业精神的首要表现就是：热爱并专心致力于自己的学业，学习认真刻苦，学习目的明确，态度端正，具有强烈的上进心和求知欲，并努力取得最好成绩。二是增强组织纪律观念。一个纪律观念很差的学生，就会对工作单位的规章制度淡漠，最终会因此被单位淘汰出局。一些大学生因为习惯于学校的悠闲生活，对工作单位严格的管理制度不适应。所以，大学生在校期间应遵守校规校纪、强化自己的纪律意识。三是对工作心存敬畏和感激之心。敬业要做到恭敬，要对职业行为表现出不敢怠慢的敬意。要严格遵照职业行为所要求的各项纪律章程，一丝不苟地对待职业活动中的每一环节。敬业要做到笃信，即保持对本职工作的信念和社会价值的认同，相信自己所从事的是最有意义的工作，不管这个岗位出现的时间长短，不管该岗位隶属的部门级别。四是养成“工作中无小事”的工作习惯。据统计，我们日常从事的工作 90% 是一些重复性、事务性、琐碎性的简单工作。但没有任何一件事情小到可以被放弃；没有任何一个细节细到应该被忽略。大事是由众多的小事积累而成的，忽略了小事就难成大事。从小事开始，逐渐锻炼意志，增长智慧，日后才能做大事。五是以高度的责任感认真履行好自己的岗位职责，这是敬业的关键所在。敬业精神就是一种基于责任心对工作、对事业的全身心投入。责任感是热爱生活的表现，是做人必备的品质。对家庭负责的人，专一而又宽容；对社会负责的人，坚贞而又崇高；对工作负责的人，敬业而又无私。想做好一项工作，责任感是第一位的，离开责任感来谈“敬业”无异于空中造楼。所以，敬业就要以高度的责任感把本职工作做好，为社会提供优质的产品或服务，这也是实现敬业的一般渠道。

（二）友善品质

社会主义核心价值观倡导的友善，是对人类以往友善理念的继承和发展，是社会主义条件下处理人际关系的基本价值准则，是我们建设和谐家园、实现民族梦想的重要精神条件和价值支撑。

1. 友善价值观的丰富内涵

“友”在甲骨文中像两只手，象征着朋友之间的援手，因此其本意是帮助。“善”由一个羊和一个言组成；羊是吉祥的代表，言是讲话，因此其本意是吉祥的话语。两者结合起来，直接的意思就是像朋友一样善良，寓意是互相帮助和互相祝福。互相帮助意味着在其它人处于困境时要助人为乐，互相祝福意味着在其它人不需要自己帮助时心态良好。具体来说，友善需要公民做到待人平等、待人如已、待人宽厚与助人为乐等四个基本方面。

友善首先需要做到待人平等，这是友善的前提。朋友之善就意味着，这种互相帮助和互相支持的关系不是发生在不同等级的人之间，而是发生在平等的人之间。如果支持的对象比自己的等级高，那么这种关系就是逢迎和依附，而不是友善；如果支持的对象比自己的等级低，那么这种关系就是恩赐，也不是友善。现代公民社会的特点，是人和人在政治上的差别已经不存在了，所有人，无论地位高低、财富多寡，都是社会平等的成员，因此都是公民。公民之间的互相支持和帮助，由于其平等的前提，自然是友善之举，而非逢迎与恩赐了。若是对富贵之人曲意奉承、有心巴结，对贫贱之人冷眼相对、拒绝来往，便是势利小人缺乏公民平等意识的表现，和友善无关了。要做到友善，首先便要待人平等。

友善还需要做到待人如已，这是友善的重要方法。人从自我保存、自我发展的需要出发，不会对处于困境的自已无动于衷，也不会对自已恶意加害。如果人能够把对待自已的这种态度扩及他人，无疑能够做到扶危济困、善以待人。待人如已，从消极的方式来说，就是对自己的行为要有所限制，不要将自己不愿意承受的事情强加在别人身上，已所不欲，勿施于人。待人如已，从积极的方式来说，就是要对自己的行为要有所激发，将自己想做到的和想得到的促进和给予他人，成人之美，已欲立而立人，已欲达而达人。

友善需要待人宽厚，这是友善的重要要求。友善不仅需要在与他人趣味相投、关系良好时表现出来，更重要的是对自己不同甚至小有过失的人能够心平气和，容人之过。人的脾气性格难免不同，兴趣爱好常有差别，甚至利益还会时常冲突，有时感到他人冒犯也就相当正常了。如果这时针锋相对，就谈不上真正的友善；只有化干戈为玉帛，才能表现出友善的价值来。中国传统文化就非常强调宽厚的美德，提出应该“贤而能容罢，知而能容愚，博而能容浅，粹而能容杂”。现代公民社会中公共空间比较起传统社会来肯定是更大了，进入社会交往范围的人也更多，因此更加显得人与人之间性格各异、看法悬殊、智愚不等，宽厚待人对于构造和谐的社会公共空间来说也更加重要。当然，宽厚不等于盲目迁就，更不等于姑息养奸，对于社会败类仍然应该嫉恶如仇，而不应该将之纳入友善的范围。

友善还要能够做到助人为乐，这是友善的直接表现。友的最初意思便是互相帮助，这是善意最直接、也是最真实的表达。爱自己、爱家人都不难，难的是对不那么熟悉的人也能够伸出援手；发出善良的意愿、讲出祝福的话语也不难，难的是给予实实在在的帮助。友善并不是要人们在自己的能力范围之外去关心他人，而只是要求公民在力所能及的范围之内解决别人的问题，而且往往只是自己举手之劳，却能够给别人帮上大忙。他人之所以感受不到友善，绝对不是因为过分要求得不到满足，而是因为期望微薄之力却不见行动。正如孔子所说：“有能一日用其力于仁矣乎？我未见力不足者。”只要做到了助人为乐，就一定能够让其它公民感受到友善。

2. 培养大学生友善品质的途径

人的思想品德结构是一个以世界观为核心，由心理、思想和行为三个子系统所构成的，具有稳定倾向性的结构。大学生友善品质的自我培养是个人思想品德提高的过程，从友善认知转化到友善行为会经过友善心理、友善认知两个过程，最后做出友善行为。

（1）提高自身心理素质。

首先，形成正确的友善认知。认知是人们对于一定社会的思想道德关系以及关于这种关系的理论、原则、规范的理解和认识。大学生友善品质的内在培养首先要使自身形成正确的友善认知。中华民族的优良传统文化中有许多关于友善品质的经典值得我们借鉴，这些经典是完善大学生人格和道德品质、培养大学生友善品质的重要力量。博览民族文化经典，对于大学生提高自我修养具有很强的教育、自我约束意义。我们应当从这些优秀的传统文化思想中，汲取精华部分，完善自我的人际关系，与人为善，和谐相处。

其次，培养友善情感。大学生在增强自我修养、培养友善品质的过程中，应当在内心培养起对他人、对社会的友好感情，以友善为先。在人际交往中坚持平等原则，与人交往做到一视同仁，平等待人，将心比心，换位思考，同时，也要坚持诚信原则、宽容原则、互助原则。

再次，坚定培养友善价值观的意志力。坚强的意志会促使一定的道德行为反复出现并持之以恒，进而形成行为习惯。大学生自身的内在培养是一个长期的过程，贵在坚持。我们要用自己的意志力来坚持提高自我修养，培养自身的友善品质。

最后，坚定友善的信念。大学生要坚信这个社会是一个积极进步的社会，友善待人一定也能够得到他人友善的对待。坚信校园中的不友善事件仅仅是沧海一粟，不能以偏概全，不因一小部分人的不友善行为就丧失对培育自身友善品质的信心，坚信自己的友善之心能够唤起他人的友善之心。

（2）端正人生观、道德观和价值观。思想对人的行为起指导作用。大学生在友善品质的培养过程中，心理意识阶段形成的都是感性认识，必须将其上升为理性认识，将友善品质融入思想中，端正人生观、道德观和价值观。

首先，形成正确的人生观，树立远大的、崇高的道德理想。作为大学生，不仅要关注自己的职业理想、生活理想，还要重视道德理想。友善品质就是一种崇高的道德理想。大学生在追求人生理想时，应协调好物质理想和精神理想的关系，不可偏废其一。

其次，形成善以待人、宽容待人、和气待人、诚实待人、平等待人的友善道德观，并用友善道德观约束自己的行为。

最后，坚持正确的价值取向，形成正确的友善价值观。提倡与人为善、和谐相处，并不是禁止追求个人利益，而是大学生在进行价值选择时应当考虑其选择的后果，不以损害他人利益作为选择的条件。

（3）注重实践，将友善思想转化为具体的友善行为。培养大学生友善品质的最终目的是要让大学生将自己的友善思想转化为友善行为。大学生要做好以下三个方面。一是要维护同学间的和睦团结，自觉做到名利面前让一步、困难面前抢一步，尊重他人和集体利益。二是要协调人际关系，坚守做人做事的原则，以国家集体利益为重，以原则促团结，而不是奉行“好人主义”，当“好好先生”。三是要有是非观念，光明磊落，一身正气，踏踏实实做事，堂堂正正做人。只有这样，才能真正处理好个人与他人的关系。要讲正气，重大义，而不要搞江湖义气；要交诤友，而不要交酒肉朋友。心胸坦荡、直言规劝有错误的朋友，才能获得真正的友谊。

（三）诚信品质

“人无信不立”。人无诚信，无以立身。诚信是一个人必备的优良品格，也是在社会上立足的根本。

1. 当前大学生就业诚信缺失的表现

（1）就业诚信意识的缺失。个别大学生把就业目标不切实际地偏向“高、大、上”方向，即不仅要工资收入高，福利好，要在国有企事业、机关等大单位，而且要从事体面上档次的工作。美好的就业理想是每个大学生的正常就业心理，但为了获得就业机会，部分大学生往往不顾就业诚信的重要性，在就业过程中大做手脚虚夸自己的优点，任意为自己添加各种头衔，触碰了诚信的底线。在就业材料中夸大其词地介绍自己，夸大自己的履历和工作能力，有的甚至提供假的证明，而对于不足则刻意回避、避而不谈，还有个别学生在准备就业简历时，伪造资格证书、荣誉证书、获奖证书等。

（2）就业面试过程的诚信缺失。面试是用人单位考查大学生的关键环节。用人单位在面试过程中，通过各种方法了解大学生的真实情况，考查大学生的综合素质和能力，大学大学生也可以在面试中展示自己的能力，这是一个双向互动的过程。但许多大学生在面试时为了获得好印象，增加竞争筹码，对一些面试问题不切实际地编造，夸夸其谈，迎合用人单位及面试人员的喜好。

（3）就业后的诚信缺失。大学大学生在就业压力下，普遍存在急躁、焦虑情绪。据了解，许多大学生在就业过程中同时应聘几家单位。或因定位不清，择业期望值过高，个别大学生存在着“这山望着那山高”的攀比心态，致使其无法正视择业的严肃性，经常出现遇到单位就签约，遇到更好的就违约的现象。这类诚信问题已经被广大用人单位所诟病，大学生作为精英人才的印象也大打折扣。

2. 诚信是大学生事业成功的前提

（1）诚信是大学生应有的道德素质。诚实守信是一个人立身处世的基本原则。诚实，要求大学生表里如一，言行一致，光明磊落，襟怀坦白，敢于负责，不弄虚作假；守信，要求大学生要遵守诺言，讲究信用信誉。用社会主义道德规范来严格要求自己，加强道德修养，养成良好的道德品质，是大学生提高自身素质，完善自我，实现人生价值，成为社会主义现代化事业接班人，成长成才的重要途径。

（2）诚信是大学生立身之本。大学生在走向社会之前，必须要先成才，而在成才之前，又必须先成人。因为一个人再有才华，如果不具备做人的基本道德和品质，他的才华也不能正常发挥。微软中国研究院前任院长李开复曾写了一封公开信，他在信中对中国大学生说的第一点就是：事业要成功，需要恪守一些原则，其中第一个原则就是要诚信、正直。

（3）诚信是建立良好人际关系的要求。诚信是构架现代人际关系的基础。在日常生活中，总免不了要和人交往。人们总是希望打出租车不会绕路、吃饭不会挨宰、被借走的钱物能按时归还、在考场中大家机会均等，这些都需要在人际交往中遵守诚实守信的做人原则。

3. 大学生就业必须遵循诚信原则

诚信是人的良知，是人的一种心理活动的外在表现，是重要的社会品质。当前，随着我国高校毕业生就业体制改革的深入和就业市场的逐步确立，高校学子开始接受社会的评价和挑选，作为市场交易的基本尺度——诚信，理应作为大学生就业过程中遵循的基本原则而被重视和遵守。

（1）诚信是成功就业的基本前提。大学生向用人单位如实地介绍自己的成绩、特长、荣誉等基本情况的过程，是为了让用人单位充分地认识自己、了解自己、选择自己。在这个过程中，大学生应抱着诚信的态度，客观地向用人单位提供自己的学习成绩、性格特长、奖惩记录等材料。如果在这个过程中，弄虚作假，过分夸大自己的优点与能力，用人单位录用你以后，由于对你的期望值很高，会马上发现你与当初的自荐材料提供的信息相距甚远，极有可能解聘。实际上，编造假简历完全没有必要，你不具备某个用人单位要求的某方面的能力，就表示这个用人单位不是最适合你的用人单位，虽然可能通过造假进入，但以后在里面工作你永远无法感觉到如鱼得水。如果以欺骗手段蒙混过关，也是暂时的，一旦被查出虚假信息，那么你所有的努力都会付之东流，还被贴上不诚信的标签。

（2）诚信是就业必须遵循的基本规范。有的大学生特别是来自名气较小的学校或冷门专业的大学生，由于害怕没有合适的岗位，求职心切，缺少慎重考虑，一遇到接收单位就“一见钟情”，迫不及待地“私订终身”，草草签约。后来，发现可供选择的单位很多，回头一想，又觉得自己签约的单位不理想，于是马上要求毁约；也有的大学生看到各方面不如自己的同学反而签了一个好的单位，心理上感到不平衡，受虚荣心的驱使，不顾一切地同用人单位毁约。

诚信作为就业过程中的基本规范，有以下两个方面的含义。

①诚信是毕业生就业过程中必须遵守的道德规范。诚信是大学生必备的基本素质要求，也应该是贯穿于大学生就业始终的基本道德规范。诚信作为一项道德规范，就是约束毕业生应当如实地反映自身情况，认真履行就业协议。如果违反该项道德规范，就会受到社会舆论的惩罚。

②诚信是毕业生就业过程中必须遵守的法律规范。诚信就业，就是要认真履行就业协议。签订《普通高等学校毕业生就业协议书》是一种法律行为，毕业生、用人单位和学校三方的权利和义务受到国家法律的确认和保护，是正确处理就业纠纷的基本依据。同时，毕业生的诚信是学校的无形资本。毕业生在求职过程中弄虚作假、欺瞒哄骗的行为一旦被用人单位发现，就会使学校声誉大打折扣。如果一所大学的毕业生在求职过程中与用人单位频频毁约，也使得招聘单位对该校的毕业生心存戒备，以后再也不敢轻易录用该校毕业

生，从而影响下几届毕业生的就业。

三、调适积极的就业心理

在求职择业的过程中，求职者将会遇到许许多多从未经历过的场面、陌生的人、未经历过的问题，众多的“未知”会使求职者感到不安、惶恐和焦虑。如果没有心理准备或心理准备不足，求职者会对这些突如其来的情况感到窘迫，不能充分、从容地表现自己择业的愿望及从业的实力，会非常遗憾地失去渴望已久的机会。求职择业的心理准备就是求职者在就业前对求职过程中可能出现的各种情况所做的估计和评价，以及为了解决这些问题而建立的某些思想观念和强化某些心理品质的过程。

（一）求职择业过程中几种不正常的心理状态

1. 期望值过高

期望值过高是大学生常见的心理状态。我国现行的就业制度是市场导向、政府调控、学校推荐、学生与用人单位双向选择。这不等于完全的自由选择，有些同学认为就业就应该是自由选择，想去哪里就去哪里。他们对就业活动中激烈竞争、优胜劣汰认识不足，完全沉浸在自己想象的世界中，这种情况的结果是，学生在幻想的世界中判别就业活动，然而把幻想的内容迁入现实生活，造成期望值过高。有的学生在择业时，面对学校提供的就业信息无一中意，迟迟不作选择，造成信息利用率低；还有的学生频繁违约；甚至还有很多学生认为热门行业才是好职业，殊不知热门意味着最激烈的竞争，今天最热门的职业也许是明天淘汰率最高的职业。期望值太高是使很多学生在就业过程中总是不能找到称心如意的工作的主要原因。期望值太高，从另一个角度看就是对自己的估计值太高。毕业生要客观地评价自己，客观地看待形势，客观地进行选择。

2. 攀比心理

攀比心理是大学生常见的择业心理。大学生往往以谁去了知名度高、效益好的单位，谁去了大城市或高层次部门作为自身价值的评价标准。不从实际出发，不考虑择业时的各种综合因素，一味追求热门的就业单位，结果延误了时机，影响了就业。大学生择业要知己知彼，知己就是要实事求是地评价自己，对自己有正确的认识（性格、兴趣、特长），要明确自己想做什么、能做什么；知彼就是要了解择业的社会环境和工作单位，正确地认识面临的就业形势，了解社会需要什么样的大学生，了解现代社会对大学生素质的要求，不断提高自己的各种技能，进而提高自己的就业能力，而不是整天看别人如何如何。

3. 盲从心理

盲从心理在大学生求职过程里表现明显。其实企业大小并不意味着绝对的好坏。大企业有大企业的难处，小单位有小单位的优点。大学生求职要与自身的情况相结合来分析，选择最适合自己的工作，不要随波逐流。而在现实中总有些学生人云亦云，大多数人选择哪里自己就选择哪里，结果“泯然众人”。如果忽视了自己的特长，放弃了自身的优点，失去了适合自身特点的工作机会，在走上工作岗位以后，大多数由于工作要求跟自己所学不符，不能很快地适应环境，对自己的职业生涯发展造成不利影响。相应的，还有一种现象就是多数大学生喜欢到北京、上海等大城市或者是东部沿海等经济发达的地区去择业，而不愿意到西部地区、边远地区去，事实上，并不是每一个人、每一个专业都适合在沿海和大城市发展，西部地区、边远地区也是大学生施展才能的地方。

4. 不正当竞争心理

不正当竞争心理在多数大学生中不同程度地存在。有的大学生认为求职的竞争不是自身素质的竞争，而是关系的竞争——看谁的关系硬。许多大学生不将立足点放在自身努力上，而是找关系、托门子，甚至不惜一切代价去重礼相送，有违公平、公正、公开的竞争原则。也有的大学生遇到挫折就认为是不正当竞争所致，不从自身找原因，只是一味地找理由逃避现实。实际上，人们愿望中的“绝对公平”在现实中是不存在的。抱怨现实无益，那只是一种消极对待的方法。我们应该相信，一时的“不公平”不代表一切，只要我们为机遇做好充分的准备，就不害怕没有机会。

5. 求稳心理

求稳心理多是受计划经济时代“铁饭碗”的影响。有不少学生认为，只有到国企、机关工作才能稳定。事实上，随着我国人事制度的改革，人才流动的良性机制正在形成。越来越多的人通过人才交流，找到了发挥自己才能的岗位。大学生就业后的第一份工作，更多的是经验的积累和技术的实践，也只有在不断的积累中，大学生才能真正成为一名职业者，才能重新认识自己，重新为自己定位，确立更适合自己的职业目标。实际上，不少非国有单位主动适应社会主义市场经济的要求，在竞争中表现出良好的势头，同样是就业的好去处。

（二）健康的择业心理

健康的择业心理是指求职择业者对求职择业过程中可能出现的各种情况所作的估计和评价必须是客观的、充分的，为解决问题新建立的思想观念必须是积极的、进取的。同时，求职者还应有良好的、健康的和稳定的心理品质，应做好以下几种心理准备。

1. 竞争的心理准备

今天，竞争机制已深入社会生活的各个方面。大学生就业市场同样存在着激烈的竞争。通过竞争，寻求理想的职业；通过竞争，实现个人的职业理想。大学生要树立强烈的竞争意识。全国每年都有数百万的大学生要在短短几个月的时间内集中实现就业，这对每一个大学生来说，都存在着一定的压力。没有主动竞争的思想准备和积极参与竞争的行为，显然难以顺利实现就业。同一职业，尤其是较好的职业岗位，往往有较多的择业者期望获得。择业者要想实现自己的期望目标，唯有通过竞争。因此，大学生不要害怕竞争，要接受竞争，勇于竞争，在竞争中实现自我价值，成功就业。

2. 动态就业的心理准备

传统就业观是计划经济体制下的“铁饭碗”观念，这种情况在社会主义市场经济体制下已经不复存在。随着国家人事制度的改革，未来的就业不会“一锤定终生”，一劳永逸。就业已成为一个动态过程。就业了，也可能失业，可能下岗，要再就业，一个人很难在一个单位工作一辈子。随着科学技术的发展，产业结构调整的速度加快，知识更新、产业升级趋势加速，传统产业逐渐被新兴产业代替，就业岗位在不断地改变。其实，作为一个职业人来说，只有通过合理流动，才能找到最适合自己的工作，才能发现最能施展自己才华的岗位。培养动态就业的心理，要求大学生打破“铁饭碗”的旧思想观念，树立竞争意识，提高参与竞争的能力和实力，要有危机感、紧迫感。这样，才能在激烈竞争中立于不败之地。

3. 多渠道就业的心理准备

目前，我国正面临着就业难的严峻现实。大学生必须从多渠道、多门路入手，实现就业。有的大学生把自己的就业范围定得太死，非大城市、大公司不去。其实，无论是进国家机关、国有企事业单位，还是到外资、私营、个体企业，都有发挥自己聪明才智的机会，是金子到哪里都能发光。那种非要到什么岗位不可，非某某单位不进，非专业对口不干的想法是不可取的，是自我禁锢的行为。况且，在社会主义市场经济条件下，就业并非一次完成，许多人要经过多次就业才能找到适合自己的职业岗位。所以，大学生对于初次就业不必看得太重，从而背上心理包袱。

4. 自主创业的心理准备

以创业形势就业是目前大学生就业的趋势之一。随着对外开放和产业结构的调整，社会已为有志青年提供了自主创业的机遇。真正有真才实学的人最适合自主创业，干自己的事业。大学生要立创业之志，走创业之路，建创业之功。树立自主创业观，通过自主创业解决自己的就业问题。自主创业更能够发挥自己的兴趣特长和优势，从事自己感兴趣的事情，容易产生职业归属感和成就感。大学生在自主创业过程中，会遇到比单位就业更多的挑战和压力，这样有利于积累经验、快速成长，还能够为社会提供新的就业岗位，解决劳动力就业问题。所以，大学生创业是利国利民的好事。国家和地方政府为鼓励青年学生自主创业，缓解就业压力，已经出台各类扶持政策，并建立相关的行政支持制度。因此，大学生应作好心理准备，酝酿创业。

（三）大学生求职择业时的心理问题及调适

面临求职择业时，大学生的心理往往是复杂而多变的，喜悦和忧虑交织，渴望和恐惧相伴，既有积极心态，又有消极心态，两种不同的心态使学生出现了种种心理矛盾与心理障碍，这种情况值得关注。

1. 常见的心理问题

大学生求职择业时的心理主要有以下几种。

（1）焦虑、自卑、怯懦。焦虑是一种紧张、害怕、担忧、焦急混合的情绪体验，人们在面临威胁或预料到某种不良后果的情况下，便会产生这种体验。自卑是一种不良的情绪反应，也是一种缺乏自信心的表现，是一种消极的心理状态。怯懦是胆小怕事的表现。大学生第一次面临择业竞争的场面，由于缺乏经验，心理紧张可以理解，但如果过于紧张忧虑或异常胆怯、谨小慎微，就会影响正常水平的发挥，导致用人单位对自己的错误评判，从而影响自己的正常择业。

（2）压抑苦闷。毕业时期的大学生不但要应付即将到来的诸多毕业事宜，还要承受即将失去美好大学生活所带来的痛楚和感伤，或接受与同窗好友和相爱恋人分手的痛苦，这些都使他们容易产生苦闷及压抑的情绪。

（3）自负。一些大学生或因所学专业紧俏，或因就读学校为名牌学府，或因自己专业学习成绩、综合素质都高人一筹，就存在一种极端自负心理。在择业中，他们往往期望值很高，“这山望着那山高”，这个单位不顺眼，那个单位也不如意。如果未能如愿，他们的情绪就会一落千丈，从而产生孤独、失落、烦躁、抑郁的心理现象。自负的关键是缺乏自知之明，过高估计自己。

（4）冷漠。冷漠是消极的情绪体验。一些大学生因在择业中受到挫折而感到无能为力、失去信心，进而出现不思进取、情绪低落、情感冷漠、沮丧失落、意志麻木等反应；自认为看破红尘，任凭自然发展。冷漠是遇到挫折后的一种消极的心理反应，是逃避现实、缺乏斗志的表现。这种心理与就业的竞争机制是不相适应的，必须克服这种心理。

这些心理问题往往导致问题行为。一些大学生或因自身综合能力不足或因机遇把握不准而找不到理想的工作。就业失利后，他们往往不能正确归因，而是怨天尤人，加之平日缺乏应有的品德与个性修养，就可能发生各种各样的问题行为。不良心理往往导致少数大学生对社会、对人生产生偏颇看法，过激者甚至出现如损坏公物、报复、迁怒于人、进行不良交往、过度消费、嗜烟、酗酒等行为。问题行为不仅会影响个人的顺利择业，还可能导致严重的违纪与违法。

2. 大学生求职心理的自我调适

自我调适是指个体运用一定的原理和方法，使自己的心理和行为获得积极改变的过程。可以从以下几个方面调适心理。

（1）审时度势，顺势而为。大学生在择业时要认真考虑所学专业，了解社会对该专业的需求情况，根据自己的职业兴趣、专业特长、实际能力、性格气质特点等确定职业期望值，要以自己所长择社会所需。需要强调的是，大学生择业过程中容易步入急功近利、求闲怕苦、虚荣攀比等心理误区，在一定程度上影响了自身的职业发展。因此，大学生应学会正确处理国家、集体和个人之间的关系，把个人职业发展和社会要求有机结合起来。

（2）正视自我，调整心态。一个不能正确认识自己的人，就不能把主观愿望和客观条件有机地结合起来，从而选择符合实际的目标。大学生要对自己的思想表现、专业学习状况、各种能力、身心素质等有充分正确的认识，要把第一份工作看成聚集实力和积累竞争资本的好机会。择业时要杜绝盲目攀比的风气，心理价位尽量向市场价位靠拢；把目标从求轻松、求舒适转到重视拼搏奉献、重视自我创业、实现自我价值上来；排除趋热、趋利的择业误区，走向基层、走向农村。这样，有助于大学生自我的职业发展，有助于国家人力资本的积累。

（3）勇于竞争，不怕失败。大学生一定要树立竞争意识，要有敢想、敢说、敢做，有敢为天下先的精神，还要从实际出发，充分考虑到自己的专业、性格、气质、爱好等，扬长避短，竞争要靠真才实学，而不能靠纸上谈兵、夸夸其谈，更不能互相忌妒或互相拆台。同时，大学生还要准备经受挫折的考验，求职择业的过程充满竞争，失败在所难免，有了充分的思想准备，才会成为竞争中的强者。

（4）调整期望，善于竞争。就业是一个过程，大学生应调整择业期望，将总的期望分解成几个阶段性目标逐步付诸实施。如果发现自己所选择的阶段期望过高，就把它移作下一阶段的期望目标。大学生要善于自我调整，就业是对自己的期望职业按主次分成不同的层次，首先满足主要的需求，然后根据实际情况依次进行必要的调整，直到个人意愿与社会需求相吻合。另外，还要善于竞争，这主要体现在具备良好的心理素质、实力和良好的竞技状态上。

四、采集有效的就业信息

求职信息是指通过各种媒介传递的有关求职就业方面的消息和情况，比如就业政策、就业机构、供需双方的情况以及用人信息等。能否成功就业不仅取决于一个人的知识、能力、体力，以及社会和经济的因素，还取决于就业信息的及时精确。就业信息是职业选择的基本前提，也是择业决策的重要依据。

（一）收集就业信息的内容

1. 国家的就业政策及法律法规

国家及学校关于大学生就业的相关政策和规定，对于大学生来说，这些都是在毕业之前需首先收集的重要信息，因为大学生收集到的其他就业信息，只有符合这些相关政策法规，才是有效的就业信息。

2. 就业单位的相关信息

对于有意向的用人单位，必须了解用人单位的相关情况，包括用人单位的准确全称、用人单位的隶属关系、用人单位的联系方法、用人单位的所有制性质（国企、合资、民营等）、用人单位所需人才的具体要求（专业、岗位配置、具体工作岗位）、用人单位的规模（发展前景、企业文化、业务范围等）、用人单位的福利待遇（工资、福利、奖金、社会保险等）、用人单位的培养机制及晋升空间等。

3. 就业市场的相关信息

目前，各级政府和各学校都加强了大学生、用人单位双向选择活动力度，经常在大学生毕业之前定期、不定期地举办一系列的人才交流会或招聘会，尤其一些用人单位可能不定时地到学校直接招聘大学生，这些就业信息是最可靠、最直接、最省力的信息来源，大学生要及时地收集这些信息。当然，社会上的就业市场相关信息也非常重要。

（二）收集就业信息的途径

收集就业信息的途径有很多，比较常用的途径主要有以下几种。

1. 学校就业工作部门

学校就业工作部门是学校专门负责毕业生就业工作的常设机构，它包括学校毕业生就业指导中心和各院系学生工作办公室，他们与负责毕业生就业的各级主管部门和用人单位有着密切的联系，拥有大量的就业信息，而且所掌握的就业信息在准确度、权威性上，都具有明显的优势。

2. 政府教育主管部门和就业工作机构

大学生就业工作是教育部主抓的一项重要工作，县级以上的教育和人事部门都成立了毕业生就业的管理机构或指导机构。这些部门制定辖区内的毕业生就业政策，定期收集所在地用人单位的需求信息，经过整理后，通过多种渠道发布出去，为毕业生就业提供各种咨询与服务，这些信息几乎涵盖当地各行业的需求信息，地域性较强。对于有明确的就业地点要求的毕业生来说，这种渠道的就业信息尤为重要。

3. 老师和校友

教师，尤其是专业课老师，比一般人更了解本专业毕业生适合就业的方向和范围，他们与一些专业对口的单位关系密切，通过他们了解就业信息，或者通过他们推荐到就业单位，对毕业生成功就业是很有帮助的。校友大都在专业对口的单位工作，他们对所在部门和单位的情况比较熟悉，有的对本单位引进毕业生还有一定的影响力，他们提供的就业信息更准确，可信度更强，成功率更高。

4. 家长、亲朋好友

利用家长及各种亲朋关系获得就业信息是一个非常有效的渠道。每人都可以通过自己的家庭成员和亲友等社会关系，建立一个广泛的就业信息关系网络，这也是毕业生获取就业信息的一个重要渠道。

5. 就业招聘会及人才市场

学校单独或联合举办的毕业生供需见面会、各地市举办的主要面向本地区用人单位和毕业生的人才市场、招聘会，能在较短的时间内汇集众多用人单位和大量的需求信息，对于毕业生来说，是了解信息、成功择业的大好机会。

6. 社会实践和顶岗实习

大学生到用人单位参加社会实践或顶岗实习活动，不仅有利于开阔视野，而且有利于了解单位的企业文化、工作情况和工作要求，更重要的是还可以获取单位的用人需求信息。毕业生应充分利用社会实践、顶岗实习的机会到各单位去锻炼，展现出自己的才华、能力、忠诚度与敬业精神。如果各方面表现非常突出，社会实践或顶岗实习很可能为日后的择业竞争奠定良好的基础。

7. 网络

随着互联网的普及，网上求职因其方便快捷，已成为毕业生求职的一种时尚，越来越多的用人单位在互联网上发布用人信息。毕业生可以从专业的求职网站上查找信息，也可以从各大搜索引擎上查找就业信息；甚至可以从微信公众号及微信朋友圈了解相关的招聘信息。

（三）整理就业信息

就业信息的整理就是对收集到的就业信息进行辨别、加工、分析、归类，从中筛选出满足自身需求的有效信息，更好地为自己求职择业、正确决策服务。就业信息的整理，是毕业生求职择业过程的关键阶段。通过整理，毕业生可以将收集到的就业信息去伪存真、去粗取精，使所得信息真正有利于自己，符合自己的职业目标和需求，从而为自己正确择业、成功就业服务。

1. 辨别信息真伪，分析信息价值

毕业生通过各种途径能够获得大量的就业信息，但由于获得信息的途径形式多样、就业信息的来源不是很明确、信息的传播渠道相对复杂等因素，往往造成收集到的信息比较模糊，有的甚至可能是虚假信息或骗人的广告。所以，收集信息后，毕业生不要急于与招聘单位联系，更不要急于发送简历，首先要辨别这些信息的真伪，防止上当受骗。招聘骗局的特点是：对应聘者的条件要求过低，学历、工作经验，甚至年龄等条件都可放松或根本没有要求，但承诺的工资待遇却比较高。一个小公司，却招聘工种、职位繁多的人员；招聘程序简化，只留地址或联系电话，让求职者直接前去面试。核实信息时，可通过网络搜索或电话查询，甚至现场调查等办法来确认它的真实性和准确性。即使就业信息是真实的，也要认真分析信息的价值，判断是不是真正符合自己的职业目标和择业标准，对那些质量较低、不适合自身需求或者过时的信息可以直接删除。另外，对于拿不准的信息，不妨采用实地考察或是委托亲友打听，以核实信息。

2. 厘定择业标准，筛选信息质量

在辨别真假信息、删除无效信息的前提下，毕业生要根据自己的实际情况、专业特长、求职方向、性格特点等设置一套标准，对信息进行筛选。首先，要对自己进行正确的客观分析，确定自己的核心竞争力，总结自己所具备的专业理论知识和技能，分析自己的性格特点和最适合的职业等。其次，筛选出质量较高、较完整的就业信息。可以按照用人单位的名称及其所有制、用人单位的主管部门及其发展趋势、用人单位所属行业及其发展趋势、意向的职业岗位在用人单位中的地位和作用、用人单位及意向岗位的工作环境和福利待遇、用人单位的地理位置和发展前景、用人单位对求职者的具体要求、招聘的名额数量和报名办法等对收集到的大量就业信息进行进一步筛选。

3. 厘清信息类别，编制信息条目

通过定位标准和筛选信息质量，毕业生可以将信息进行分类，并编制信息条目，这一过程是就业信息整理的最后阶段，也是确定信息的阶段。其意义在于厘清类别，对就业信息按两种信息类别进行整理。一是就业政策信息。对这些信息要搞清楚哪些是国家的规定，哪些是省、市的规定，哪些是所在学校的规定，这些信息可能直接关系毕业生求职过程中的自身权益，毕业生需要格外重视。二是就业招聘信息。对这些信息可以根据招聘单位的所有制特点、行业类型、企业知名度、资产规模、发展潜力等进行综合排序，适度归类整理，也可根据招聘单位对毕业生的专业要求、学历程度、特别要求等进行分类，还可以对这些信息按地域进行分类，即根据招聘单位所在省、市进行分类。毕业生可以按就近原则和可行性适当安排自己的行程，然后采取不同的应聘方式。

五、准备优质的求职材料

好的自荐材料是我们从求职走向面试的“通行证”。在求职的过程中，自荐材料可以让用人单位了解我们，帮助我们得到面试的机会，展示自己的才能和个性。通常，自荐材料由封面、求职信和简历构成。其中，封面设计和求职信的书写，能帮助我们引起用人单位的兴趣。而个人简历作为自荐材料的主体，是我们展示个人信息和能力的主要窗口，它会为我们打通求职的第一道关卡。

（一）准备自荐材料的基本原则

准备自荐材料的时候，需要把握以下三个基本原则。

1. 个性化

个性突出、特征鲜明的求职者容易在竞争中取胜，而自荐材料也需要个性突出、特征鲜明，个性化的自荐材料会从众多自荐材料中脱颖而出，吸引招聘人员的目光。个性化创意自荐材料的制作主要从以下几方面进行。

（1）基于招聘单位进行个性化设计。在简历中出现招聘人员最喜闻乐见的几个基本元素，并且把这些元素同自己联系起来，就会同招聘人员联系在一起，产生情感的沟通。例如，有一位同学去一家电器公司应聘，他把自己的简历当作这家电器公司的新产品说明书来制作，具有唯一性和原创性。简历体现了招聘人员最经常见到又最有感情的几个基本元素。简历的封面充分表现了招聘人员最希望看到的、最有感情共鸣的几个元素：新产品、企业标识、企业名称、企业识别色等企业元素。对于企业招聘人员而言，这些元素具有特殊的意义，招聘人员通过这些元素传递的信息，对简历主人产生认同感和亲切感，对于强化印象，增加好感颇有益处。

（2）基于应聘的岗位进行个性化设计。自荐材料还可以从体现岗位所需的职业技能和职业修养的角度进行创新，在简历上表现出我们具有符合应聘岗位要求的能力、水平和职业意识，这是自荐材料创新的第二个方面。例如，一位同学去某房地产开发公司应聘，这位同学应聘的岗位是策划专员，他把自己的求职简历做成了一份楼盘预售公告。对于房地产开发公司而言，策划专员这个岗位要求应聘者要具备独特的思维，富有创意，要能做好策划工作，首先必须能够策划好自己的简历，而这位学生，结合应聘的岗位进行了自荐材料的创新。

（3）基于专业进行个性化设计。从专业出发进行自荐材料的创新，可用专业语言来对自荐材料进行处理，通过自荐材料体现我们的专业素养和对专业的深入理解，这是进行自荐材料创新的第三个方面。例如，一位会计专业毕业的同学，应聘的岗位是某公司财务，他把自己的求职简历做成了一份会计报表中的资金平衡表。

2. 关联性

关联性是检验一人个处理人际关系的好办法，自荐材料与用人单位的关联性是很重要的。如果能在自荐材料的开头注明用人单位名称甚至是经办人的尊称，不仅会使用人单位的招聘者产生亲切感，拉近情感距离，还会让人觉得自荐材料的主人有很大的诚意。若要使自荐材料更加有效，应尽可能地让求职目标明确，材料的内容要贴近用人单位的用人要求和条件。同时，针对不同单位、不同职位最好能设计不同的自荐材料，因为不同的招聘者、不同的职位，招聘的标准通常是不太一样的。

3. 突出优势

突出优势要做到：人无我有、人有我优、人优我特。

（1）人无我有。就是要强调与众不同之处。不要害怕自己不够优秀，只要有与众不同之处，这就是特长。如果能在自荐材料中将这种与众不同之处巧妙地表现出来，同样会受到用人单位的青睐。

（2）人有我优。就是要突出特长和优势。自荐材料中要注意突出重点，所谓突出重点，就是要突出那些能引起对方兴趣，有助于获得工作的内容，比如与应聘的岗位相关的专业知识、工作经验、特长和个性特点等，这些重点就是优点。通过凸显招聘单位所需要的优点来区别于其他人。

（3）人优我特。就是要体现良好的个人魅力。几乎所有的用人单位都希望录用有良好品性的人，特别是喜欢充满热情和活力的大学生。因此，在自荐材料中要反映出你的热情与活力。可以用具体的事例直接表明自己是一个充满活力的人，如克服困难的意志、助人为乐的品格、努力积累工作经验的经历等。

（二）封面设计与求职信的书写

1. 封面的设计

最常见的自荐材料封面通常由“学校名字＋学校标志性风景＋个人姓名专业”等信息构成。这样的封面，虽不出彩，但好在简单、朴实，还能突出学校特色。所以，如果没有设计出更好的方案，这种中规中矩的封面也是很好的选择，至少不会出错。在电脑普及的今天，确实有更好的条件将个人资料以漂亮、美观的形式反映出来，使招聘单位在看到资料时觉得更加赏心悦目。

设计个性化自荐材料封面时，以下几点是需要注意的。

第一，封面设计以“简”为主。因为相比较而言，招聘者还是更看重“历”。好的封面，主要作用是给招聘人员留下一个好的印象，但对方最后是否给面试的机会，还是需要在自荐材料的内容上下功夫。

第二，不要胡乱套用模板。如今，通过网络可以很容易地找到大量的封面模版，这些图片往往让同学们眼花缭乱，反而更加无所适从。许多同学不懂得根据自己的求职目标和专业选择适当的模板，结果弄巧成拙，引起招聘人员的视觉疲劳。

第三，重视封面内容。在封面上写出招聘单位最感兴趣的内容，并简短地表达出求职的主题。“我是一个某某专业的学生（招聘方首先想要知道的信息），欲从事某某工作（主要想表达的主题）。”这样能使别人在不看简历内容的情况下就能对求职者有个大致的了解。

第四，符合视觉习惯与规律。人的眼睛在看东西的时候都会有条视觉路线，一般都是从左上角往右折线下去再折线往左边扫一下往下。这个过程如果发现了感兴趣的内容便会顺着看下去。因此，在安排封面的内容时，要充分运用这个原理，将有效信息尽可能地放在这条线路上。

第五，封面设计不要太夸张。否则将过犹不及。

2. 求职信的书写

求职信和简历的功能是完全不同的，一封准备充分的求职信，不仅可以吸引招聘人员的眼球，还可以大大提高我们的求职成功率。

（1）内容。

一份标准的中文求职信应包括：

其一，写求职信的理由。从何处得悉招聘信息、申请职位的目的、加入用人单位的原因，你要申请什么职位。

其二，作自我介绍。说明自己为什么适合申请的职位，并提出能为用人单位做什么。

其三，简明地突出自己的相关实力。即为什么比别人更适合这个职位。

其四，强调所受过的培训、过往的主要经历、所具备的技能和取得哪些成就。

其五，提出进一步的行动请求。比如可以建议如何进一步联络，留下可以随时让别人联系到的电话或地址。

（2）注意事项。

其一，求职信要短，要引人入胜，因为只有几秒钟吸引招聘人员继续看下去。在求职信中要重点突出与用人单位最有关系的内容。

其二，言简意赅，切忌面面俱到。招聘人员工作量很大，时间宝贵，求职信过长会使其效果大大降低。

其三，不宜有文字上的错讹。一定要注意措辞和语言，写完之后要通读几遍，精雕细琢，切忌有错字、别字、病句及文理欠通顺的现象发生。否则，就可能为求职带来负面影响。

其四，切忌过分吹嘘。从求职信中看到的不只是一个人的经历，还有品格。求职信一定要符合实际情况，不能有任何虚假的内容。

其五，求职信要有针对性和个性化。不少人事经理反映，现在求职信最常见的问题是“千人一面”。这种千篇一律、没有任何针对性的求职信，会让招聘人员产生严重的视觉疲劳。

（三）个人简历的撰写

撰写个人简历是一门艺术，许多求职者就是因为不会撰写简历而在求职中错失机会。

1. 个人简历的形式

（1）年代式简历。年代式简历适合于找一份与自己专业、工作经验相关的工作。如果我们的学习、工作经历始终围绕着明确的专业范围（如营销）或职业（如教师），那么，年代式简历是展示我们技能的最佳方式。这种类型的简历以时间为顺序列举出求职者的学习和实践经历。先列出最近的学习或实践经历，然后按逆时间顺序将过去的相关经历依次列出。

（2）技巧式简历。技巧式简历突出的是实际的技能和成就。求职者根据需要有选择地列出自己的学习、工作经历，充分展现自己相关的技能、性格和成就。例如，如果要去应聘人力资源部员工，则主要列举这样一些技能：培训、招聘、薪酬管理以及沟通能力等。也就是说，技巧式简历要对症下药，突出重点。

（3）复合式简历。刚刚走出校门的毕业生，面临的是有着相似的学历但却更富工作经验的竞争对手，如果使用年代式简历，会突出自己经历上的相对简单；如果使用技巧式简历，则会凸显自己技能上的相对劣势。这时，需要精心设计一份功能兼具的复合式简历。

2. 个人简历的内容

（1）本人情况。个人基本情况应该写在简历的顶端，包括姓名、性别、年龄、民族、政治面貌；学校、院系、专业、学历、学位；地址、联系电话、电子邮箱、QQ、微信号等。

（2）职业目标。职业目标填写要简明扼要，表明对哪些岗位、行业感兴趣及相关要求。

（3）主要经历。

一是个人履历。主要是从高中阶段至就业前所获最高学历之间的经历，每个阶段的时间应相接。按照履历表的次序，写清就读学校、专业、学习年限及相关证明等，让用人单位迅速了解个人学历背景。

二是专业学习。主要列出大学阶段的主修、辅修与选修课科目及成绩，尤其是要体现与所谋求职位有关的教育科目、专业知识。不必面面俱到（如果用人单位对你的大学成绩感兴趣，可以提供全面的成绩单），要突出重点，有针对性地使学历、知识结构让用人单位感到与其招聘要求相吻合。

三是实践、工作经历。大学生一般没有正式的工作经验，但常利用假期等空闲时间勤工俭学、兼职或积极参加各类性质的社团活动。可充分提供在校期间的打工经验、社团经验，说明自己担任的工作、组织的活动以及特长等，供用人单位参考。这些实践经验可能是短期的、幼稚的，但或多或少突出了个人的一些特性，如兴趣、团队精神、组织能力、协调能力、领导能力、成熟度等。

（4）奖励和荣誉。按时间顺序列出奖励和荣誉的名称、颁发单位。如果用人单位感兴趣，可以提供奖励的原件或复印件。

（5）专业技能。

一是语言能力。语言能力如何，包括外语和普通话水平。二是计算机技能。熟悉哪些计算机软件以及相关等级情况。三是各类证书。取得了哪些专业资格证书。四是特长。无论是与所学专业有关还是个人的兴趣专长，只要是与工作性质有关的才艺，都可以在简历中列出。

（6）性格特点。你认为自己是什么样的人？你周围的人又认为你是个什么样的人？这样的个性对你以前的生活带来什么优劣势？对你在未来的工作上会有什么帮助或可能造成哪些困难？这种介绍要恰如其分，尽可能使你的专长、兴趣、性格与所谋求职业的特点、要求相吻合。

（7）职业展望。对用人单位或工作有哪些看法，希望能从这份工作中得到什么？又能为用人单位带来什么贡献？现在越来越多的用人单位非常看重员工是否有长远的职业规划，是否能够和企业共同成长。所以，提出合理的职业展望也能为求职加分。

（8）联系方式。清楚地标明联系方式，可以全面一点：手机号码、通信地址、QQ、电子邮箱和微信号等。

案例分析

张鹏为北京某大学一名本科毕业生，所学专业是经济管理。在短短两个月的求职时间里，他几乎同时参加了普华永道、毕马威、马士基、百事可乐、壳牌等多家知名企业的招聘，并顺利通过了几家公司的招聘。张鹏生动地描述了他几次参加招聘考试的经历，让人真切感受到了应聘外企的激烈竞争，也真切感受到了企业所期待的大学生应该具备的素质。张鹏求职成功不是因为幸运，而是他从入学开始就不断积淀的结果。以下是他对自己大学四年的总结。

大学四年，说长也长，说短也短。时间一晃而过，大学生应该充分利用有限的时间锻炼自己各方面的能力，培养多种兴趣，多做些自己喜欢的事，让生活变得充实和丰富多彩。

（1）学习：学习不能放松，如果想做本行，专业知识更重要，在面试时肯定会涉及。大学是发挥自学能力的最好时机，努力学更多的知识，多去图书馆开阔视野，从书中吸取养分是很重要的。

（2）社团活动：要积极参与社团活动，全方位锻炼自己的组织能力、协调能力、人际交往能力、领导能力。如团委、学生会的经历还是很有用的，可极大地锻炼组织能力和领导能力。社团是学生的自发性组织，没有老师和学校的支持，完全靠学生自己组织和发展，独立性很强，能够在社团里担任一定职务是非常不错的尝试，不仅能从中学到很多东西，同时也能认识不少优秀的朋友。

（3）文体活动：大学期间可以自由活动的时间非常多，应当充分利用这些时间培养自己的兴趣爱好，锻炼身体。

（4）社会实践：多接触社会，多做兼职（是否做家教，大家要分情况仔细考虑），从大二开始一定要找机会实习。

（5）人际关系：多交朋友。俗话说，多个朋友多条路。不能局限于自己身边的小圈子，朋友多了不是坏事，尤其是优秀朋友的影响很大，学会和不同的人交往，不仅可以锻炼自己的应变能力，而且在与别人的交流过程中还可以学到很多东西。

| 分析 |

求职简历不是写出来的，而是干出来的。求职简历是大学生四年学习、生活情况的写照。如果想在自己的求职简历上有足够多的内容可写，就必须充分利用大学时光，踏踏实实为将来的求职就业做好准备。

知识拓展

新兴行业知多少

2019 年 4 月 1 日，人力资源和社会保障部、国家市场监督管理总局、国家统计局联合向社会发布了 13 个新职业信息。这是自 2015 年版《中华人民共和国职业分类大典》颁布以来发布的首批新职业。这 13 个新职业包括人工智能工程技术人员、物联网工程技术人员、大数据工程技术人员、云计算工程技术人员、数字化管理师、建筑信息模型技术员、电子竞技运营师、电子竞技员、无人机驾驶员、农业经理人、物联网安装调试员、工业机器人系统操作员、工业机器人系统运维员。

2020 年 2 月 25 日，人力资源和社会保障部、国家市场监督管理总局、国家统计局联合向社会发布了 16 个新职业。这是自 2015 年版《中华人民共和国职业分类大典》颁布以来发布的第二批新职业。这16个新职业包括智能制造工程技术人员、工业互联网工程技术人员、虚拟现实工程技术人员、连锁经营管理师、供应链管理师、网约配送员、人工智能训练师、电气电子产品环保检测员、全媒体运营师、健康照护师、呼吸治疗师、出生缺陷防控咨询师、康复辅助技术咨询师、无人机装调检修工、铁路综合维修工和装配式建筑施工员。

不难发现，这些新职业主要集中在新兴产业和现代服务业两个领域。究其原因，一是生产制造和建筑领域的技术革新催生出新职业，二是现代服务业的快速发展孕育出新职业，三是健康照护服务的大量需求派生出新职业。

2020年7月6日，人力资源和社会保障部联合国家市场监督管理总局、国家统计局正式向社会发布一批新职业，包括区块链工程技术人员、城市管理网格员、互联网营销师、信息安全测试员、区块链应用操作员、在线学习服务师、社群健康助理员、老年人能力评估师、增材制造设备操作员等9个新职业。这是我国自2015年版《中华人民共和国职业分类大典》颁布以来发布的第三批新职业。值得注意的是，9个新职业下的“直播销售员”“互联网信息审核员”等5个工种同时发布。“公共卫生辅助服务员”职业下的“防疫员”“消毒员”和“公共场所卫生管理员”等3个工种上升为职业。

“新职业的发布，有利于促进就业创业，有利于人才培养，有利于产业发展。”中国就业培训技术指导中心主任刘康表示。

2021年3月，人力资源和社会保障部与国家市场监督管理总局、国家统计局联合向社会发布18个新职业——集成电路工程技术人员、企业合规师、公司金融顾问、易货师、二手车经纪人、汽车救援员、调饮师、食品安全管理师、服务机器人应用技术员、电子数据取证分析师、职业培训师、密码技术应用员、建筑幕墙设计师、碳排放管理员L（L表示绿色职业）、管廊运维员、酒体设计师、智能硬件装调员、工业视觉系统运维员，这是2015年版《中华人民共和国职业分类大典》颁布以来发布的第四批新职业。此次在发布新职业信息的同时，还调整变更了“社区事务员”等有关职业工种信息。

新职业信息发布使国家职业分类体系更加科学完善，同时也给大学生带来了更多的专业与职业选择。

互动测评

择业倾向测试

根据你的实际情况，对以下两组20道题作出“是”或“否”的回答，看看哪些职业适合你。

一、问题

第一组：

1. 就我的性格来说，我喜欢同年轻人而不是同年龄大的人在一起。

2. 我心目中的伴侣应具有与众不同的见解和活跃的思想。

3. 对于别人求助我的事情，我总是乐意帮助解决。

4. 我做事情考虑较多的是速度和数量而不在精雕细琢上下功夫。

5. 我喜欢新鲜这个概念，如新环境、新旅游点、新朋友等。

6. 我讨厌寂寞，希望与大家在一起。

7. 我读书的时候就喜欢语文课。

8. 我喜欢改变某些生活惯例，以使自己有一些充裕的时间。

9. 不喜欢那些零散、琐碎的事情。

10. 我进入招聘职员经理室，经理抬头瞅了我一眼，说声请坐，然后就埋头阅读他的文件不再理我，可我一看旁边并没有座位，这时我没站在那里等，而是悄悄搬来个椅子坐下等经理说话。

第二组：

1. 我读书的时候很喜欢数学课。

2. 我看了一场电影或戏剧后，喜欢独自思考其内容，而不喜欢与他人一起谈论。

3. 我书写整齐清楚，很少写错别字。

4. 我不喜欢读长篇小说，喜欢读议论文、小品或散文。

5. 业余时间我爱做智力测验、智力游戏一类的题目。

6. 墙上的画挂歪了，我看着不舒服，总要想法将它扶正。

7. 收录机、电视机出了故障，喜欢自己动手摆弄、修理。

8. 我做事情愿做得精益求精。

9. 我对一般服装的评价是看它的设计而不大关心是否流行。

10. 我对经济开支能控制，很少有“月初松、月底空”的现象。

二、评分及结果

统计每组回答“是”和“否”的数量。第一组中答“是”比第二组多为 A；第二组中答“是”比第一组多为 B；如果两组回答“是”大致相等为 C。

结果为 A：你最大的长处是思想活跃，善与人交往。你喜欢把自己的想法让别人去实现，或者与大家共同去实现，适合你的职业是记者、演员、导游、推销员、采购员、服务员、节目主持人、人事干部、广告宣传人员等。

结果为 B：你具有耐心、谨慎、刻苦钻研的品质，是个稳重的人，适宜于选择编辑、律师、医生、技术人员、工程师、会计师、科学工作者等职业。

结果为 C：你具备 A，B 两类型人的长处，不仅能独立思考，也能维持、处理良好的人际关系。供你选择的职业包括教师、教练、护士、秘书、美容师、理发师、公务员、心理咨询员、各类管理人员等。

模拟实训

求职信息收集

说说下列四种求职信息获取渠道的优缺点。

求职信息获取渠道	优点	缺点	我的想法
亲友介绍 1. 亲戚长辈 2. 师长			
报纸杂志 1. 报纸求职广场广告栏 2. 杂志求才专栏 3. 就业快报或行业招聘快报			
学校指导单位 1. 学校就业指导中心 2. 学院（系）就业指导办公室			
中介机构 1. 人力中介公司或职业介绍所 2. 网络猎头或求职网站			

第八讲

求职择业——熟悉求职实战　冲破就业难关

求职择业的过程，是大学生第一次和职场“亲密接触”，是大学生职业生涯的第一站。“万事开头难”，如何走好这第一步，对未来大学生的职业发展具有重要的意义。对于大学生来说，求职择业的过程，既是一个选择的过程，也是一个被选择的过程，充满竞争。因此，要熟悉求职的相关实务，才能在竞争中脱颖而出。

知识目标

1. 了解笔试的有关特点、内容和技巧。
2. 了解面试的相关知识。
3. 了解大学生求职误区。

思政目标

1. 树立正确的求职择业观，勇于了解职业社会，与社会主义的发展正确接轨。
2. 保持浓厚的学习兴趣，树立求职择业的信心。

知识导图

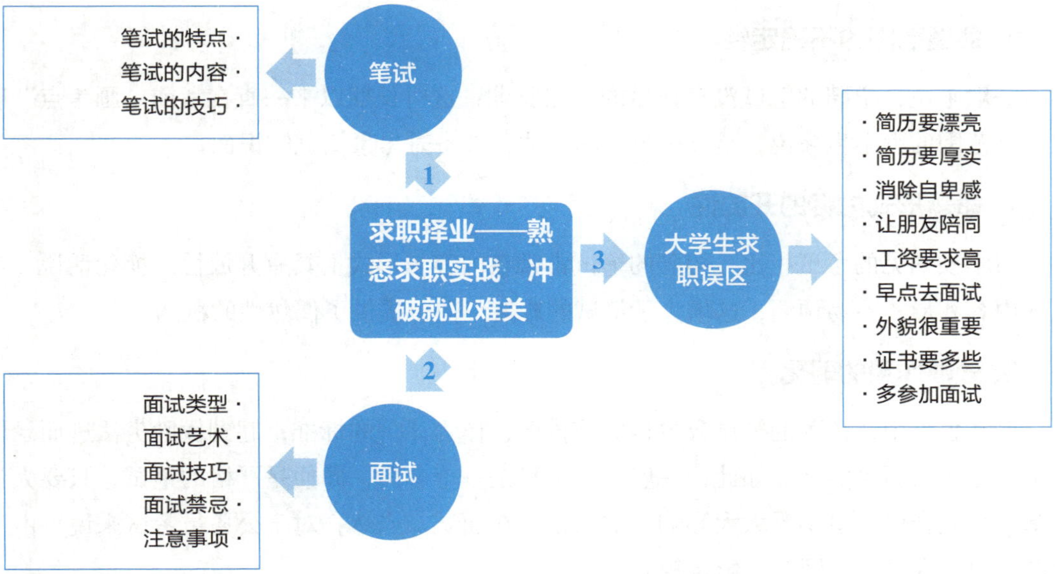

案例导入

北京某外资企业招工，报酬丰厚，要求严格。一些高学历的年轻人过五关斩六将，几乎就要如愿以偿了。最后一关是总经理面试。在到了面试时间之后，总经理突然说："我有点急事，请等我10分钟。"总经理走后，踌躇满志的年轻人们围住了老板的大办公桌，你翻看文件，我看来信，没一人闲着。10分钟后，总经理回来了，宣布说："面试已经结束，很遗憾，你们都没有被录取。"年轻人惊惑不已："面试还没开始呢！"总经理说："我不在期间，你们的表现就是面试。本公司不能录取随便翻阅文件的人。"年轻人全傻了……

| 思考 |

面试时我们应该注意什么？

一、笔试

很多用人单位招聘过程中采用笔试的方式，这就要求大学生对笔试有更加深入的认识。

（一）笔试的特点

对于在考场上"身经百战"的大学生来说，笔试并不陌生，但是招聘的笔试，有其自身的特点。

1. 命题范围的不确定性

一般来说，招聘的笔试没有详尽的考点要求，这对长期以来一直在考前"画考点"确定笔试范围的大学生来说，是一个很大的挑战，准备时尽量拓宽知识面。

2. 命题形式内容的开放性

与学校常见的考试相比，招聘的笔试常常在内容与形式上具有开放性。换句话说，考试的内容和形式不易预测，这增大了笔试的难度，但也提供了偶然性的机遇。

3. 分数作用的弱化

惯性思维中，招聘的笔试分数也应该排序，作为评价的标准，起到优胜劣汰进而录取员工的作用。但事实并非如此，一般的笔试只是一个参照，即便是严格的笔试，只要大学生基本素质合格，也不受太大影响，重点依然在面试。当然，对于公务员考试来说，由于笔试分数计入总分，因此，影响较大。

（二）笔试的内容

招聘笔试的内容依据用人单位的不同、岗位的不同会有很大差异。但通常来说，目前的用人单位会着重以下几个方面的考查。

1. 专业知识考查

这类笔试主要是为了检验大学生的专业知识水平和相关的实践能力。对于一些对专业要求很高的用人单位和岗位来说，专业知识水平的考查显得尤为重要。

2. 心理倾向测试

这类测试要求大学生完成事先编好的标准化量表或问卷，根据完成的数量和质量来测试心理水平和个性差异。主要目的是测试大学生的态度、兴趣、动机、智力、个性等心理素质，以此为依据来判断大学生的心理倾向与岗位是否匹配。

3. 智商测试

这类测试与心理倾向测试的模式相似，通过完成问卷或者量表，来判断大学生的智商高低。这类测试的主要目的是考查大学生的发展潜力，进行这类测试的岗位往往对专业背景要求不高，但对学生的学习能力和创新能力要求很高。

4. 命题作文

给一个题目，写一篇文章，这也是目前笔试的常见方式。一般来说，这类笔试通常从以下几个方面考查：一是考查学生的公文写作能力，包括格式与内容；二是考查学生的论述能力，针对一个观点，进行论证、反驳或者总结；三是写一份策划案，把一个创意完整地表达出来，把一个活动完整地描述出来。总的来说，这类笔试考查的是大学生分析问题的能力、逻辑思维能力和文字应用表达能力。

5. 外语水平

一般来说，招聘的笔试考查大学生的外语水平，主要集中在阅读理解、翻译和写作上，目的是考查大学生的书面外语水平能否达到工作要求。

（三）笔试的技巧

对于招聘的笔试来说，有以下两个技巧。

1. 考试前准备

招聘的笔试虽然不如学校的考试具有确定性和具体考点，但只要有针对性地准备，也会取得好的效果。第一，明确目标单位和目标岗位的要求，比如出版单位，对于文史地理的常识及编校知识肯定会涉及一些，大学生要对目标单位和目标岗位有所了解，进行针对性准备；第二，如果有条件，可以咨询目标单位或者目标岗位的人员，获取有针对性的材料；第三，可以参照与目标单位和目标岗位相近的单位或岗位，了解相近单位或岗位的招聘笔试内容及模式，有参照性地做好准备。

2. 考试的发挥

招聘笔试的发挥至关重要，要注意以下几点：第一，保持良好的心态，卸掉心理负担，轻装上阵，保持思路清晰；第二，答题的时候要搞清题意，先易后难，认真检查，不要给人疏忽大意的印象；第三，答题的时候，要时刻想到目标单位和目标岗位的特点，参照特点进行答题，做到有的放矢；第四，切记论述观点清晰，卷面整洁。很多时候，笔试的关键不是分数，而是细节。

二、面试

面试是招聘活动的关键环节，是整个求职择业的核心，决定着大学生能否应聘成功。一般来说，面试是面试人员对大学生确立印象的过程，是确认信息的过程，而这些，也将是决定录用与否的关键。当然，面试也是大学生了解用人单位的好机会。

（一）面试类型

面试的类型有许多种，但总结起来，主要有以下三种。

1. 依据面试方式划分

（1）问题式面试。面试人员按照事先拟定的提纲对求职者进行发问，其目的在于观察求职者的表现，考核其判断、解决问题的能力。这类面试针对性强，但灵活性不够，是较为初级的面试形式。

（2）自由式面试。面试人员与求职者自由地进行交谈，气氛轻松活跃，无拘无束，面试人员与求职者自由发表言论，各抒己见。目的是于闲聊中观察求职者的谈吐、举止、知识、能力、气质和风度，对其进行全方位的综合素质考查。这种方式相对比较接近真实，但实施难度大，对面试人员的要求也比较高。

（3）压力式面试。面试人员有意识地对求职者就某一问题或某一事件进行一连串的发问，追根问底，给面试者压力。主要考查求职者在特殊压力下的反应速度、思维敏捷程度及应变能力。这种方式容易造成求职者发挥失常，从而体现不出其真实水平，也容易诱发面试人员与求职者的不良情绪。

（4）情境式面试。面试人员设定一个情境，要求求职者进入角色模拟完成，一般的情境是某个工作的场景，主要是考查求职者分析问题、解决问题的能力，还包括应变的能力。这种方式能够发现闪光点，也容易忽视缺点，是一种相对片面的面试形式。

2. 依据目的划分

（1）筛选型面试。筛选型面试的任务是对求职者进行淘汰，而非选拔，凭借经验和规则找出面试者不足之处。这类面试要求往往不高，但鉴于其筛选功能，往往会有一些硬性的标准，也容易遗漏人才。

（2）集训型面试。集训型面试是进一步考查求职者的面试方式，考查求职者工作技能、团队精神、学习能力等，用人单位根据需要以集训或演练的方式对求职者进行学习性或实习性的选拔和淘汰。

（3）决定型面试。决定型面试一般由具有人事任用权的领导来完成，领导的提问未必遵循什么规则，但往往很有难度，气氛也往往趋于紧张，其目的除了建立对求职者的印象之外，还要了解和考查求职者面对压力时的反应，最终确定录用与否。

3. 依据组织形式划分

（1）个人面试。个人面试有以下三种。①一对一面试。一对一面试是最普遍的面试形式，求职者众多时，可按顺序点名面试。面试问题较为规律，求职者的注意力也容易集中，由于只面对一个面试人员，所以话题的专注度加强。②连续性面试。求职者从一个办公室到另一个办公室。求职者必须以饱满的热情对待每位面试人员，回答不同面试人员的问题，开始不同的交流。③一对多面试。这种形式是一个求职者面对多个面试人员，面试场面容易紧张，面试中的倾向性也不容易协调，更不容易专注。求职者要沉着、冷静，避免紧张，每次只针对一个问题来回答，把重心集中在那个提问的面试人员身上，要和在场每个人进行良好的目光交流，不能忽略任何一个人。

（2）群体面试。群体面试有以下两种。

①集体讨论。集体讨论是对求职者风度、教养、见识、知识的灵活运用等诸方面的综合考查。这类面试，应把握好如下几点：一是要点明确，将个人意见归纳为几个要点，讨论要不离正题。二是尊重他人意见，任何全面否定他人意见的做法都会给面试人员留下不好的印象。若有异议，应在他人发言完毕后，陈述己见。三是切忌感情用事，受到反驳时，恼羞成怒、高声辩解或反唇相讥是不可取的，应表现出自己的涵养和冷静。四是置身于讨论之中，要与讨论群体高度融合，漫不经心或静坐不语等都会给面试者留下不良印象。

②小组面试。小组面试是由用人部门主管和人事主管或员工问题专家组成面试小组。小组面试一般是面试的最终阶段，对面试活动具有决定性意义，求职者一次性地出现在所有面试人员面前，其目的是让多名决策者在较短时间内了解求职者，并考查求职者在压力下的状态。当一位面试人员提问时，其他面试人员可以观察求职者的反应和回答。面试人员的提问会井然有序，但在更多的情况下，各种意想不到的问题会同时出现，加重求职者

的紧张状态与不安。

（二）面试艺术

面试有一定的规则可遵循，但更是一门艺术。

1. 准备艺术

“凡事预则立，不预则废”，机会属于有准备的人。求职者必须经过精心而充分的前期准备，才有可能在面试中拥有良好的表现而获得成功。

（1）心理准备。面试不仅是对大学生知识储备、专业能力的考查，也是心理素质的考验。良好的心理素质可以使求职者在面试时冷静、从容，确保自己能在面试中正常甚至超常发挥。良好的心理状态表现为自信和镇定，求职者要正确认识自己的实力和能力，勇敢自信地接受面试，果敢地应对面试中出现的各种问题，乃至挫折和失败。当今大学生应充分认识到就业形势的严峻，做好多种心理准备。梦想很美好，现实却很残酷。专业不对口、应聘屡遭失败等现象在当今社会已很普遍。大学生应调整好自己的心态，以平常心去争取和把握每一个机会。

（2）应答准备。应答的关键是知己知彼。知己，是对自己的客观认识和评判；知彼，是对应聘单位情况的了解和掌握。求职者要对自己的专长与弱项、优势与劣势准确剖析和概括，对应聘单位的基本情况、发展前景等深入了解，并预测面试人员可能提出的问题以及准备好自己要问的问题。只有“知己知彼”，求职者才能在面试时胸有成竹、临阵不乱，才能稳定出色地发挥。

（3）设计形象。不同行业和职业有各自的行业特点和职业要求，选人用人的条件也不尽相同。大学生在求职时，必须了解具体职位的基本情况，明确自己所要应聘的岗位性质，然后根据岗位要求设计自己的形象。大学生以得体的发型、服饰、妆容以及仪态，出现在面试场上。外在形象更需要内在气质的支撑，一个精力充沛、自信又沉着冷静的阳光青年，必然会给面试人员留下美好的印象，这对成功应聘有着不可低估的作用。求职者切忌盲目地“包装”自己，以免适得其反。特别需要强调的是，女生不要浓妆艳抹，装扮应符合大学生的身份和特点。如果着装打扮不适合自己的身份会让人感到突兀，再美的形象也缺乏竞争力。

2. 语言艺术

（1）遵循“礼貌原则”。面试时，求职者应随时随地表现出良好的文明素养。说话时措辞委婉，语气平和，语音清晰，语速适中，音量以对方能清楚地听到每个字音为宜，语调富有变化。多用“您好”“谢谢”“贵公司”等礼貌用语，给面试人员彬彬有礼、落落大方的印象。

（2）遵循“诚信原则”。诚实是与人相处和沟通的前提，更是美的体现。一个坦诚守信的求职者容易得到面试人员的好感和尊重。面试时一定要如实回答提问，不能信口开河，随意夸大自己的才能；更不能为掩饰自己的不足而撒谎；也不要拐弯抹角、牵强附会地回答，这样反而让人觉得虚伪，引起面试人员的反感。

（3）遵循“适切原则”。陈望道先生认为：“修辞不过是调整语词使达意传情能够适切的一种努力。”“适切”是言语表达的基本审美要求，也是最高审美标准。面试时，面试人员和求职者的交谈是一种谈话语体，求职者要切合特定语境，力求用最准确的语言、最恰当的方式表情达意，以达到最理想的言语表达效果。面试时的有声语言应质朴无华，避免过分雕琢，不可过多使用专门术语，不要在中文表达中夹杂英语。否则，会给人以炫耀卖弄的印象。遵循“适切原则”，还应做到言语有度，不要过分咨询工作时间的长短或工资奖金的多少，也不要提毫无意义的问题。学会耐心倾听，千万不能随意打断面试人员的问话，适时保持沉默，少出现言谈上的失误，切勿“言多有失”。

（4）遵循“简洁原则”。作为面试人员，每次要面对众多的求职者，他们希望能在有限的时间里听到简洁而精彩的回答。求职者要准确地理解和把握面试人员的提问，作出有针对性的清晰简明的回答。切忌答非所问，不着边际；或含糊其词，啰唆重复，拖泥带水。否则，会给听者思维不顺畅、表达不流畅、语言表达能力不佳等不良印象，必然会影响面试人员的评判，影响面试效果。

（5）遵循“机智原则”。要求求职者在交谈时要诚信、坦率、朴实，并不意味着可以刻板和犯傻。求职者要努力给面试人员以既诚信真实又不失机智灵敏的深刻印象。机智首先体现在能敏锐地捕捉到面试人员的提问意图，迅速作出正确判断并巧妙回答。对有些必须回答而无法确切回答，或者没有确切答案的问题，求职者可以采用虚实结合或迂回绕道等应答策略。求职者还要善于换位思考，尽量读懂面试人员的眼神、表情和下意识的动作，理解和体会他们的心理和情绪，尽可能地与之缩短心理距离。机智还体现在作答时能扬长避短，尽量突出自己的优势，并把个人的长处同应聘的岗位有机地结合起来；还要坦诚而勇敢地承认自己的不足，同时作出必要且合理的解释，以坦诚赢得印象分。

3. 体态艺术

某种意义上说，面试就是雇主和他的人事经理对求职者的视觉、听觉甚至嗅觉的印象。面试时，面试人员对求职者的评判是全方位的。语言很重要，体态同样不可轻视。得体大方的体态令人赏心悦目，而矫揉造作或扭捏作态则会令人反感。

（1）要注意自己的姿势。

进入面试场地，男性的步伐应该矫健、稳重，女性的步伐应该轻盈、柔和。走路时，上身挺直，头要摆正，肩要放平，两手随着步伐自然摆动，摆动幅度以离开双腿一拳以内为宜。如果是要开门进入面试场地的，敲门声音要清晰有节奏，一般敲两次。获得进门的允许后，面带微笑地开门进入，此时切忌面部表情呆滞或是惶恐，应表现给面试人员一种自信的态度。进入场地后，微微鞠躬，表现出礼貌与大气，也体现出一名职业人的基本职业素养。

如果是站立面试，要抬头、挺胸、立腰，两肩放平，两臂自然下垂，身体重心落于两腿正中。双目平视前方，下颌微收，整个身体端庄挺拔。双腿并拢立直，两脚跟靠紧，脚尖分开。男性站立时，双脚可分开，但不能超过肩宽。女性站立时，应用小丁字步，双手在腹前交叉。总的来说，要给人干练的感觉。

通常情况下，求职者都是面对面试人员而坐。坐姿能给面试人员一个最直观的印象，坐在位置上要两肩放平，挺胸收腹。女性如果穿着裙装，要注意落座时将裙子抚平再入座，避免在离座后裙子上出现褶皱，褶皱会给人不端庄的感觉。入座后，双腿并拢，不要让双腿间有缝隙，以免失礼，此时两手掌心向下自然叠放在膝盖上。男性两膝间的距离以松开一拳或两拳为宜。正确的坐姿应是坐在椅面的前 2/3 处，上身挺直，身体略向前微倾，要用最放松自然的状态面对面试人员。面试过程中，不能因为交流得很轻松而靠在椅背上，也不要因为回答不出问题而低头注视地面，更不能因为坐久了将身体歪向一侧，那样显得太过随意。面试有时会坐在沙发上进行，应该尽量调整好自己的身体，把重心控制在胸腹部，不要将身体陷到沙发中去，以免显得不够庄重。面试结束后，整个姿态不能松懈，要保持动作干练稳重。

在面试过程中，恰当自然的手势也会给面试人员留下美好的印象。正确的手势语应是符合自身的身份和个性的，幅度较大的手势适合男性和性格较外向的人，轻巧的手势则比较适合文静的人。手势语不应过多，过于频繁的手势语会给面试人员以不稳重的印象。切忌手舞足蹈，双手不应有不雅的小动作，例如玩笔、纸片、玩手指、抠指甲、挠头、抠鼻孔、双手托腮、说话时用手掩着口等，这样的小动作会降低面试人员对你的印象分，还可能使其产生厌恶的感觉。

当面试人员主动向你握手时，应立即伸出右手，轻轻握住对方的手掌，握不住和握得太紧都是失礼行为。握手时间不应太长，两手上下轻轻摇动即可，力度要恰当，不要用两只手同时握住。握手的同时注视对方前额，脸上要有笑容，上身要微前倾，头要微低。求职时，求职者伸手求握是不合时宜的，应等面试人员有握手表示后，再伸手相握。

（2）要注意面部表情。

面试过程中始终要保持自然亲切的微笑，微笑可以拉近双方的距离。微笑一定要真诚自然，不自然地微笑会流露出虚假的神色，会让面试人员觉得求职者不友善。只有真实、自然的微笑才是自信的表现。但是也要注意，与面试人员交流得再融洽，也不能在面试过程中放肆大笑，从而失了分寸。

在面试开始时，由于双方不熟悉，可以将目光停留在面试人员的双眉之间或者鼻尖。接触时间长了之后，为了避免尴尬，可以将目光放虚，可以把目光放在脸部两眼至额头中部的上三角区，有利于双方的进一步交流。面试时，要聚精会神地注视着面试人员，让其感到被尊重和重视。

面试时眼珠不能随意转动，但是切忌死死盯着面试人员。切忌仰视和俯视，应该正视面试人员。若面试人员为多人，在回答问题的时候要时不时地用目光环视其他面试人员，并且与每位面试人员都要有眼神的接触，因为只与一个面试人员有眼神接触会让其他面试人员觉得有被忽视的感觉。

思考时眼神不要过于飘忽，也不要过于呆板。眼神接触时不要躲闪，躲闪容易会被认为是胆怯、缺乏自信的表现。也不能频繁眨眼，眨眼过多表示对对方的谈话内容不感兴趣，是不尊重人的行为，同时也会给人心虚的印象。

面试是一门艺术，是求职者综合素质的体现。需要有端正坦诚的态度、临场不乱的心理素质、出色的语言表达艺术、机智的临场应变能力、得体大方的体态语等。

（三）面试技巧

面试的技巧是指帮助我们获得更好面试效果的方法和途径。掌握一定的面试技巧，可以使求职者在面试中表现得游刃有余。

1. 自我介绍的技巧

自我介绍是面试时一个非常重要的内容。除了应向面试人员完整、准确地介绍本人的基本情况外，求职者还应用准确、简明的语言介绍自己的经历、经验、能力、水平、成绩等情况。一般来说，求职者在介绍这些时要注意用词恰当、实事求是，切忌过多地自我夸大或赞美。另外，求职者应充分照顾和考虑对方的身份和感情，从对方本身的情况谈起，避免无视对方存在而大谈自己的情况，以免引发面试人员的不良情绪。

2. 回答问题的技巧

（1）用语适度。面试场上，面试人员经常采用的一个基本策略就是尽量让求职者多讲话，目的在于多了解一些求职者在书面材料中没有反映的情况。有一位求职者在面试时，当面试人员问“你有什么缺点”时，他按事先准备好的答案做了回答。当他发现面试人员没反应时，就以为是自己答得不好，又怕冷场，于是他又讲了一个缺点。可是面试人员依旧没有反应。就这样，求职者一个又一个地讲了不少，而且都是没有经过预先考虑过的，结果面试失败了。不简约应答是不明智的，吃亏的往往是求职者自己。在面试时切记思考后再问答，如果认为已经回答完了，就不要再讲。不要为了自我推销而试图采用多讲话的策略让面试人员多了解自己，事实上这种方式对大多数人来说并不可取。该讲的讲，不该讲的绝不要多讲，更不要采取主动出击的办法，以免画蛇添足。

（2）随机应变。面试中，对那些需要从几个方面来加以阐述，或者“圈套”式的问题，求职者要注意运用灵活的语言表达技巧，不要一开始就把话讲死。否则，很容易将自己置于尴尬境地或陷入“圈套”之中。当面试人员提出“对于……，你认为应抓住几个要点”之类的问题时，你的应答最好这样开头：“我认为这个问题应抓住以下‘几个’要点”。在此用“几个”而不用具体的数字“三个”“四个”或“五个”来回答，给自己预留了灵活发挥的空间，可以边回答边思考边丰富。反之，如果话一讲死，一旦出现卡壳，就会慌乱、紧张。当面试人员提出“据说你对某某问题很有研究，不妨谈些你的看法”这样一些诱导式的问题时，你的应答必须特别谨慎。因为面试人员提出问题的时候，就把你界定在一个特定的背景下，实际上是为了对你进行深入了解所设定的“圈套”。即使你真的对“某某”问题很有研究，也切不可自以为是。否则，你将面临难度更大的追踪性问题。你不妨这样回答：“谈不上很有研究，只是略知一二，我说一下，您多指教。”既表现出对面试人员的谦恭，又给自己留下回旋的余地，以便随机应变。

（3）稳定情绪。有时面试时，面试人员会冷不防地提出一个应试者意想不到的问题，目的是想试试求职者的应变能力和处事能力。这时，求职者需要的是稳定情绪，千万不可乱了方寸。

（4）模糊应答。应试场上，面试人员时常会设置一些无论求职者作肯定回答还是作否定求职者的回答都不讨好的问题。比如，面试人员问：“依你现在的水平，恐怕能找到比我们公司更好的单位吧？”如果求职者的回答是肯定的，则说明这个人心高气傲，或者“身在曹营心在汉”；如果求职者的回答是否定的，说明求职者的能力有问题，或自信心不足；如果回答“我不知道”或“我不清楚”，则又有拒绝回答之嫌。真是左右为难！别急，当你遇到这类任何一种答案都不是很理想的问题时，就要善于用模糊的语言来应答。可以先用“不可一概而论”作为开头，接着从正反两方面来解释你的观点。不妨这样回答这个问题：“或许我能找到比贵公司更好一点儿的企业，但别的企业在对人才培养方面或许不如贵公司重视，机会或许也不如贵公司多。我想，珍惜已有的是最为现实的。”这样回答，不仅能让自己置于一个有利的位置，而且会让面试人员领略到你的高明。

（5）圆好说辞。在面试中，有时面试人员所提的一些问题并没有什么标准答案，只是要求求职者能回答得自圆其说而已。这就要求求职者答题之前要尽可能考虑得周到一些，以免使自己陷于被动。有一位商场的采购经理参加一次面试，当面试人员提出“请你举一个实例说明你的工作规范和流程”时，他回答：“这有可能涉及我们的商业秘密。”面试人员说：“那么好吧，请你把那些不属于商业秘密的内容告诉我。”这样一来，问题的难度更大了，他先得分清楚哪些是商业秘密，哪些不是，一旦说漏了嘴，则更显出其专业水平不够，若是不能自圆其说，很可能处境两难。有两个典型的考题，在面试场上出现的频率很高。一是“你最大的优点是什么？”二是“你最大的缺点是什么？”这两个考题貌似简单，其实很难答好。因为接下来面试人员会追问：“你的这些优点对我们的工作有什么帮助？”“你的这些缺点会对我们的工作带来什么影响？”之后，还可以层层深入，“乘胜追击”，求职者是很容易陷入不能“自圆其说”的尴尬境地。面试在某种程度上就是一种斗智，你必须圆好自己的说辞，才不致陷入被动。

（6）委婉机敏。应试场上，面试人员往往会针对求职者的薄弱点提出一些带有挑战性的问题。比如，对年轻的求职者会设问："从你的年龄看，我们认为你担任经理这个职务太年轻了，你怎么看？"对年龄稍大的求职者又会设问："我们觉得你的年龄稍大了点儿，恐怕在精力方面不如年轻人，你怎么看？"面对这样的考题，如果回答"不见得吧""我看未必""完全不是这么回事"等，虽然也能表达出自己的想法，但由于语气过于生硬，否定过于直接，往往会引起面试人员的不悦。比较好的回答应该是"这样的说法未必全对""这样的看法值得探讨""对这样的观点可以商榷""这样的说法是有一定的道理，但我恐怕不能完全接受"等。总之，面对这样一些带有挑战性的考题，你一定要较为委婉地加以反驳和申诉，切不可情绪激动，更不能气急败坏，以免引起面试人员的反感而招致应试失败，切记"海纳百川，有容乃大"。

（7）大胆想象。面试中，偶尔也会出现一些近乎怪异的假想题，这类题目一般都具有不确定性和随意性，这也使求职者在回答时有了发挥想象的空间和进行创造性思维的领域，你只要充分利用自己积累的知识，大胆地以"假设"对"假设"，就能够争得主动，稳操胜券。一位同学到一家美国公司应试，在众多稀奇古怪的问题中，她遇到了这样一道怪题："在没有天平的情况下，你该如何称出一架飞机的重量？"这是一个假设性的问题，刁钻怪异得近乎天方夜谭。这位同学也用假设法作了应答，"假如是中国人，他会从古老的'曹冲称象'中得到启迪；假若是美国人，他或者现实一些，拆下零件来分别过磅"。这种颇有想象力且极富创意的应答，令面试人员不得不为之惊叹，于是，她顺理成章地通过了面试。不要过多去纠缠可行性，要大胆想象，挖掘想象的空间，在成为可行的实践之前，大胆的假设也颇有价值。

（四）面试禁忌

1. 忌不良用语

（1）关于待遇。一些求职者开始就问"你们的待遇怎么样？"工作还没干，就先提条件，何况还没被录用。谈论报酬待遇无可厚非，只是要看准时机，一般在双方已有初步意向时，再委婉地提出。

（2）关于熟人。一些求职者喜欢拉关系，"我认识你们单位的某某""我和某某是同学，关系很不错"等，这种话面试人员听了会产生反感。如果面试人员与求职者所说的那个人关系不怎么好，甚至有矛盾，那么，求职者这话引起的结果就会更糟。

（3）关于反问。面试人员问："关于工资，你的期望值是多少？"求职者反问："你们打算出多少？"这样的反问就很不礼貌，很容易引起主面试人员的不快，大有互相挑衅的嫌疑。

（4）关于逻辑。面试人员问："请你告诉我一次失败的经历。"有求职者回答："我想不起我曾经失败过。”如果这样说，在逻辑上讲不通。又如“我可以胜任一切工作”的说法也不符合实际。

（5）关于本末倒置。一次面试快要结束时，面试人员问求职者：“请问，你有什么问题要问我们吗？”求职者欠了欠身，开始了他的发问：“请问你们的单位有多大？招考比例有多少？请问，你在单位担当什么职务？你会是我的上司吗？”参加面试，一定要把自己的位置摆正，像这位求职者，就是没有把自己的位置摆正，提出的问题已经超出了应当提问的范围，使面试人员产生了反感。

2. 忌不良习惯

面试时，个别应试者由于某些不拘小节的不良习惯，破坏了自己的形象，使面试的效果大打折扣，导致失败。

手部最易出毛病。如双手总是不安稳，忙个不停，做些玩弄领带、挖鼻、抚弄头发、掰关节、玩弄面试人员递过来的名片等动作。

腿部容易不住地晃动、前伸、翘起等，不仅人为地制造紧张气氛，而且显得心不在焉，相当不礼貌。

眼睛容易出现惊慌失措或躲躲闪闪，该正视时，却目光游移不定，给人缺乏自信或者隐藏不可告人的秘密的感觉，容易使面试人员反感；另外，过分盯着面试人员，又难免给人压迫感，招致不满。

脸部容易出现呆滞死板、冷漠无生气，如此脸谱般的表情怎么能打动人？求职者应该明白，一张活泼动人的脸很重要。

在行动方面，其动作手足无措，慌里慌张，明显缺乏自信；反应迟钝，不知所措，不仅会自贬身价，而且面试人员也会看轻求职者。

总之，面试时，这些坏习惯一定要改掉，并自始至终保持斯文有礼、不卑不亢、大方得体、生动活泼的言谈举止，不仅可大大地提升自身的形象，而且往往使应聘成功机会大增。

3. 忌不良态度

凡参加面试的人，一定不要忘记自己是在接受用人单位的挑选，要保持谨慎的态度，不要让不良态度毁掉面试。

（1）盛气凌人。有的求职者笔试成绩名列前茅，各方面条件也较优越，于是就恃才傲物，目空一切。面试中，态度傲慢，说话咄咄逼人。当面试人员对自己的回答不够满意或进行善意引导时，常强词夺理、拼命狡辩、拒不承认错误；还有的总想占据面试的主动地位，经常反问面试人员一些与面试内容无关的问题，如用人单位住房条件如何，自己将任何种职务，好像用人单位已决定录用他，面试仅仅是在谈条件；三是在被问及原单位工作情况时，不能保持冷静，常贬低原单位领导及工作，否定人家的成绩。因为面试中过分地贬低原单位领导的工作，会让人觉得你桀骜不驯，难以管理，喜欢背后议论别人，合作精神差。

（2）孤芳自赏。有的求职者平时性格孤僻，对人冷淡、心事较重，并把这种个性带进了面试考场，面试中表情冷漠，不能积极与面试人员互动，缺乏必要的热情和亲切感。岂知所有用人单位的领导都希望自己的工作人员能够在工作中和睦相处、与人为善、团结互助、使人感到轻松愉快，这样才能提高工作效率。即使求职者平时性格孤僻，在面试的过程中，也要加以克服。否则，气氛一定很沉闷，回答机械呆板，影响面试效果。

4. 忌不良表现

（1）准备不足。每个单位、每个岗位都不同，因此，求职者有必要做针对性的准备。无论你学历多高，资历多深，工作经验多丰富，当面试人员发现应试者对申请的职位知之不多，甚至连最基本的问题也回答不好时，印象分自然大打折扣。面试人员不但会觉得应试者准备不足，甚至会认为他们根本无志于在这方面发展。所以，面试前应做好充分的准备工作。

（2）迟到失约。守时不但是美德，更是面试时必须做到的事，迟到失约是面试中的大忌。迟到不但会反映求职者缺乏时间观念和责任感，更会令主面试人员觉得应试者对这份工作没有热忱，印象分自然大减。因此，求职者应提前 10~15 分钟或准时到达。如因有要事迟到或缺席，一定要尽早打电话通知该公司，或预约另一个面试时间。

（3）目标缺失。面试时，求职者千万不要给面试人员留下没有明确目标的印象。虽然一些求职者的其他条件不错，但工作没有目标就会缺少主动性和创造性，给企业带来损失。面试人员倒情愿聘用一个各方面表现虽较逊色、但有远大目标和热忱的求职者。

（4）耍小聪明。有的求职者一进入面试考场，便无拘无束，神采飞扬，处处显示高人一筹。不管面试人员愿不愿意，主动上前与他们一一握手；对面试人员所提出的各种问题均表现出不在话下的样子，回答问题总喜欢用“我以为”“我主张”一类的字眼开头，不管对错，均夸夸其谈。有些问题自己确实答不上来，但自作聪明，东拉西扯地乱讲一遍，宁可答跑了题，也不愿做个老实人。这样做不仅容易贻笑大方，而且会使面试人员感到你骄傲自满、敷衍塞责、不可信赖。

（5）想“套近乎”。具备一定专业素养的面试人员是忌讳与求职者套近乎的，因为面试中，双方关系过于随便或过于紧张都会影响面试人员的评判。“套近乎”也会在客观上妨碍求职者在短短的面试时间内做好专业经验与技能的陈述。聪明的求职者可以列举一至两例来赞扬招聘单位，从而表现出你对这家公司的兴趣。因此，对求职者来说，与招聘单位和面试人员保持一定的距离，也不失为明智之举。

（6）回答太长或太短。虽说面试是在推销自己，不过切勿滔滔不绝、喋喋不休。面试人员最怕应试者长篇大论，无始无终。其实，回答问题只需针对重点。相反，有些求职者十分害羞，不懂得把握机会表现自己，无论回答什么问题，答案往往只有一两点，甚至只回答“是、有、好、可以”等，这也是不可取的。如果性格胆小害羞，则应多加练习。总之，求职者的语言长度要适度，不可太长也不可太短。

（7）沉默冷场。面试开始时，求职者不善于打破沉默，而等待面试人员打开话匣。面试中，求职者又出于种种顾虑，不愿主动说话，结果使面试出现冷场。即便能勉强打破沉默，语音语调也极其生硬，使场面更显尴尬。实际上，无论是面试前或面试中，求职者主动致意与交谈，会给面试人员留下热情和善于交谈的良好印象。

（8）语气词多。求职者使用太多的如“嗯、呢、啦、吧”等语气词或口头禅会把面试人员弄得心烦意乱，这只会让面试人员误以为你自卑，准备不充分。此外，可以有一定的方言和口音，但切忌刻意学习某些腔调，避免招致面试人员的反感。

（9）数落别人。面试时，当着面试人员数落他人的不是，这样做不但得不到同情，只会令人觉得你记仇、不念旧情和不懂得与人相处，反而更会招来面试人员的反感。

（五）注意事项

1. 不要紧张

有些求职者尽管在面试前已做好了充分的心理准备，但是一进面试室就紧张起来；有些应试者在答辩中遇到“卡壳”时，心情也立刻变得紧张起来。怎样解决在这两种情况下出现的心理紧张呢？这种极度的紧张是由于求职者的卑怯心理和求胜心切而造成的。因此，求职者一进面试室，应该去掉“自愧不如人”的意识，确立“大家都差不多，我的水平与其他人一样”的意识，有了这种意识，紧张的情绪就会减轻一大半，随着面试的开始，紧张情绪就有可能完全消失。对于遇到“卡壳”而紧张的问题，如果抱着“能取胜则最好，不能胜也无妨”的态度，紧张就会即刻消失，很快就进入正常的面试状态，有可能“柳暗花明又一村”。所以，求职者在面试中一定不要紧张。

2. 着装与举止得体

在面试中，女生大胆前卫、浓妆艳抹的装扮，男生戴奇异的戒指、留长头发等标新立异的装扮不太合适，会给面试人员留下很坏的印象。求职者入座以后，尽量不要出现晃腿、玩笔、摸头、伸舌头等小动作，这很容易给面试人员一种幼稚、轻佻的感觉。一般来说，穿着打扮应力求端庄大方，稍作修饰即可。男生可以把头发整理整齐，皮鞋擦得干净一些；女生可以化个淡雅的职业妆。总之，应给面试人员留下自然、大方、干练的印象。

3. 不卑不亢

相当一部分求职者不能很好地控制自己的情绪，容易走向两个极端。一是妄自菲薄，觉得坐在对面的面试人员都博学多才、身居要职，回答错了会被笑话。所以畏首畏尾，欲言又止，肚里有货却“倒”不出来。二是有些求职者在学校里担任过学生会干部，组织过很多活动，社会实践能力很强，所以表现出自负，进入考场，如入无人之境，对面试人员嗤之以鼻。这两种表现都不可取，都会影响求职者的面试得分。最好的表现应是：平视面试人员，彬彬有礼，不卑不亢。应树立三种心态。第一，双方是合作不是比试。面试人员对求职者的态度一般是比较友好的，他肩负的任务是把优秀的人才挑选到单位，而不是想和求职者一比高低，所以，求职者在心理上不要定位谁强谁弱。第二，求职者是在通过竞争谋求职业，而不是向面试人员乞求工作，面试与否的关键在于自己的才能以及临场发挥情况，这不是由面试人员主观决定的。第三，面试人员来自不同的行业，一般都具有较高的学历和多年的工作经验，理论水平较高，工作经验也比较丰富。但尺有所短，寸有所长，说不定求职者所掌握的一些东西，面试人员不一定了解。

4. 辩证分析，多维答题

回答问题不要陷入绝对的肯定和否定，应多方面进行正反两面的考虑。面试所测评的重点往往不在于求职者答案的是与非，或是观点的赞同与反对，而在于分析说理让人信服的程度。所以要辩证地分析问题、解决问题，而不要简单地下结论，有时还要从多个角度去思考，具体情况具体分析。

5. 冷静思考

一般来说，面试人员提出问题后，求职者应稍作思考，不必急于回答。即便是面试人员所提问题与你事前准备的题目有相似性，也不要在面试人员话音一落就立即回答，那给面试人员的感觉可能是你没有经过思考就回答，而是在背事先准备好的答案。如果是以前完全没有接触过的问题，则更要冷静思考。磨刀不误砍柴工，匆忙回答可能会不对路、东拉西扯或是没有条理性、眉毛胡子一把抓。经过思考，厘清思路后抓住要点、层次分明地回答，效果要好一些。

6. 对方意识

面试中，求职者始终处于被动地位，面试人员始终处于主动地位，求职者要注意树立对方意识。首先，要尊重对方，对面试人员要有礼貌，尤其是面试人员提出一些难以回答的问题时，求职者脸上不要露出难看的表情，甚至抱怨面试人员。当然，尊重对方并不是要逢迎对方，看对方的脸色行事，对面试人员的尊重是对他人人格上的尊重。其次，求职者在面试中不要一味地提到“我”的水平、“我”的学识、“我”的文凭、“我”的抱负、“我”的要求等。“我”字太多，会给面试人员目中无人的感觉。因此，要尽量减少“我”字，要尽可能地把招聘方摆进去：“贵单位向来重视人才，这一点大家都是清楚的，这次这么多人来竞争就说明了这一点。”这种话既得体，又确立了强烈的对方意识，是很受面试人员欢迎的。最后，当面试人员提问时，求职者再开始回答，不要面试人员没有提问，求职者就先谈开了，弄得面试人员要等求职者停下来才提问，既耽误时间，同时也会给面试人员带来不愉快。另外，面试完后，千万不要忘记向面试人员道声“谢谢”和“再见”。

三、大学生求职误区

大学生求职过程中有许多误区，应该引起大学生足够的关注。

（一）简历要漂亮

如果面试是座门，那简历就是钥匙。简历就是面试者的形象，有的人认为简历一定要精美漂亮。其实不然，企业都在讲管理费用降低，办公成本下降，如果你不是学设计的，就不用把简历搞得像彩色连环画。当然不用精美漂亮，不代表脏乱差就也可以，不要将那些皱巴巴的、折得不平整、上面沾有污垢的简历拿出来，保证简历在交给面试人员时是干净、整洁的。

（二）简历要厚实

很多人认为，简历一定要详细。如果只有一两张纸，会显得没内容。但对于面试人员来说，每次面试可能要接触很多的简历，面试人员阅读你的简历到提问前的时间有限，简历一页纸就够了，正面中文，背面英文。

简历上要写清个人基本信息，写完整，写仔细，这是最基本也是最重要的。有的简历写了几十页，但居然没有联系方式。

记得贴照片。面试人员记不住你的名字和简历，但肯定会记住你的脸。如果你不是很优秀，在面试人员的待考虑当中，照片可能帮你获得下一轮面试机会。

所学课程可不写，如果面试人员对你所学的课程很感兴趣或有特别要求，他肯定会提问的。

教育经历可不写，或从高中开始写即可。面试不是查户口，没人会对你的小学、初中和高中生活感兴趣。

获奖情况要简明扼要。特殊才艺获奖可以写明，如果是一般的奖励，就不要写了。获奖情况的排序也很重要。一般根据由重要到次要，由高到低，由专业到非专业排序，譬如省级—市级—校级等，如英语—计算机—乐器—绘画等。

兴趣爱好要与工作有关联。不是说你喜欢看小说，喜欢听音乐，喜欢上网不好，但这和找工作没多大关系，且过于普通。要是实在没什么特别的兴趣爱好，可不写。

校内外活动经历，多写活动中自己的角色，少写参与情况和活动描述。有些活动很大，但基本和你无关，就不要写了。

社会实践如很多，可以挑两三个知名或有代表性的企业来写。如确实在实践实习中学到很多，可写详细点；如没学到什么，简单一两句话即可。

（三）消除自卑感

很多求职者会认为，没通过面试，是因为不优秀，这是大学生最容易受打击的一个想法。大学生没有社会背景和从业经历，因此，同等条件下，企业更倾向于自信的求职者。不要因前一个求职被拒绝破坏了后面真正的就业机会。当然，如果明显是因为你实力不济，那也没什么好受打击的。若能力不够，即便破格录用了你，也很难在日后的岗位上做出成绩，因此没必要失落。

（四）让朋友陪同

尤其是女孩子，经常由朋友陪同面试，这往往是面试人员拒绝求职者的一个很大原因。如果连自立都无法做到，怎么有能力胜任工作呢？

（五）工资要求高

大多数企业都有完善的薪资福利制度，大学生要想好自己的最低标准，而不是最高标准。因为企业能给你薪资，通常在你面试之前就确定了。在面试人员问及你的薪资需求时，你不妨说出自己的最低心理价位，并解释原因。

（六）早点去面试

很多大学生认为面试不但要准时，而且要早到。其实不然，求职者早到容易给面试人员造成压力，可能打乱面试人员的安排，让面试人员慌乱。提前五分钟到场是不错的选择。如参加大型宣讲会和招聘会，应提前到场。否则，可能没有位子，且可以利用提前到场的机会协助面试人员安排现场。中国人先入为主的观念很重，所以面试时要想办法排在前面面试。企业招聘的名额是有限的，一旦招到了满足他们要求的人，后面的面试者若要成功，除非有特别大的优势才行。

（七）外貌很重要

这个问题需要具体分析。服务业对相貌气质要求较高，这是行业特点。气质有时候比外貌更容易打动人。衣着打扮也很重要。参加面试时不用都穿职业装，除非是特殊行业。衣着不要太随意，妆不要太浓，整洁大方即可。当然，职业装可能为你加分，但是至少，你要穿一套适合你，你穿着也合适的。衣着太过时、太旧、不合身，都可能适得其反。衣服不用太讲究牌子，价格也不用太高，面试人员不会关注这些的。

（八）证书要多些

证书的含金量比数量更重要，没有必要花上几页纸写你从小到大获得的证书。譬如你曾经通过大学英语四级和六级，写大学英语六级即可；考过计算机二级和三级，写计算机三级即可。获奖学金很多次，写一等奖几次，二等奖几次即可。如证书不太有名气但又能证明你的实力，建议作特别注明，比如国家级、省级奖励，特殊奖励等。

（九）多参加面试

“广泛撒网，重点捕捞”，很多人都在说。可大多数人只知道广泛撒网，不知道重点培养。不管曾经参加过多少次面试，最终你工作的是一家公司。因此，要有计划，有针对性。提前通过网络了解招聘会上的企业，挑选几家最适合你的，收集所有你能收集到的资料，最起码公司的基本情况、文化、提供的产品或服务是应该了解的。到了招聘会现场，直奔重点，越快越好。还是那句话，先入为主。等到了招聘会现场才寻找适合自己的公司，浪费的时间太多了，而且太盲目。

知识拓展

面试的心理效应

面试人员面试时，根据他本人的经历、所处的环境、近期所发生的事情等情况，会出现以下效应。

一、顺序效应

面试人员在对多名考生依次进行评定时，往往会受面试顺序的影响，而不能客观地评定考生的情况。例如，面试人员在面试了三个很不理想的考生之后，第四位考生即使很一般，面试人员也会对他有比前三位好得多的印象。反之，如果面试人员连续面试了三位很理想的考生，即使第四个考生水平很高，面试人员也会认为他比实际的水平还要差。

二、相似效应

面试人员对于考生表现出的与自己相似的经历、思想和行为，往往产生更大的兴趣，对这样的考生也易产生好感。例如，考生看过的某部影片正好面试人员也看过，对主人公的评价，对故事情节的感受都相同，或双方都有相同的兴趣、爱好等。

三、首因效应

人与人第一次交往中给人留下的印象，在对方的头脑中形成并占据着主导地位，这种效应即为首因效应。首因效应也叫首次效应、优先效应或“第一印象”效应。它是指个体在社会认知过程中，通过“第一印象”最先输入的信息对客体以后的认知产生的影响作用。

心理学研究发现，与一个人初次会面，45秒钟内就能产生第一印象。这一最先的印象对他人的社会知觉产生较强的影响，并且在对方的头脑中形成并占据着主导地位。近代心理学家艾宾浩斯就曾经指出："保持和复现，在很大程度上依赖于有关的心理活动第一次出现时注意和兴趣的强度。并且这种先入为主的第一印象是人的普遍的主观性倾向，会直接影响到以后的一系列行为。"因此，面试中留下良好的第一印象至关重要。

四、晕轮效应

即光环作用，是指当考生表露出某一方面特长时，面试人员就由此联想到在其他方面也无所不能。例如，看到某考生曾在报纸上发表过一篇文章，因此便认为他公文写作、综合调研方面也必定造诣匪浅。反之，看到考生某一缺点，就认定他在别的方面也必然水平一般。这种效应容易使面试人员在评定考生时产生只见树木不见森林、以偏概全的错误。

五、近因效应

是指测评者记忆中最近的印象来作出判断，评价。日常生活中，领导可能会根据某人的近期表现而改变对他的一贯看法，也有正反两个相反方向。正方向效应表现为领导偶然发现某人近期的优点或好的表现，对他产生好的看法，于是迅速改变以前对他的坏看法，给予提拔和重用。如某人一贯表现平平，突然做了一件好事或工作上有好的表现，领导就会对他刮目相看。反方向效应表现为领导发现某人近期的缺点或工作中的失误，改变以往对他的好的看法。这种情况出现在面试中，面试人员忽视测评的特定场景，导致测评误差。

互动测评

微软笔试智力题

1. 烧一根不均匀的绳子，从头烧到尾总共需要1个小时。问如何用烧绳子的方法来确定半小时的时间呢？

2. 10个海盗抢到100颗宝石，每一颗都一样大小且价值连城。他们决定这么分：

（1）抽签决定自己的号码（1~10）。

（2）首先，由1号提出分配方案，然后大家表决，当方案超过半数的人同意时，按照他的方案进行分配；否则，将被扔进大海喂鲨鱼。

（3）如果1号死后，再由2号提出分配方案，然后剩下的9个人进行表决，当且仅当超过半数的人同意时，按照他的方案进行分配；否则，将被扔入大海喂鲨鱼。

（4）以此类推。

条件：每个海盗都是很聪明的人，都能很理智地作出判断，从而作出选择。

问题：第一个海盗提出怎样的分配方案才能使自己的收益最大化？

3. 为什么下水道的盖子是圆的？

4. 中国有多少辆汽车？

5. 你让工人为你工作 7 天，回报是一根金条，这根金条平分成相连的 7 段，你必须在每天结束的时候给他们一段金条。如果只允许你两次把金条弄断，你如何给你的工人付费？

6. 有一辆火车以每小时 15 公里的速度离开北京开往广州，同时，另一辆火车以每小时 20 公里的速度从广州开往北京。如果有一只鸟，以每小时 30 公里的速度和两辆火车同时启动，从北京出发，碰到另一辆车后就向相反的方向返回飞，就这样依次在两辆火车之间来回地飞，直到两辆火车相遇。请问，这只鸟共飞行了多长的距离？

7. 你有两个罐子以及 50 个红色弹球和 50 个蓝色弹球，随机选出一个罐子，随机选出一个弹球放入罐子，怎样给出红色弹球最大的选中机会？在你的计划里，得到红球的概率是多少？

| 参考答案 |

1. 两边一起烧。

2. 96，0，1，0，1，0，1，0，1，0。

3. 因为口是圆的或圆井盖掉不下去。

4. 很多。

5. 分 1，2，4。

6. 北京到广州的距离。

7. 100%。

模拟实训

模拟面试

邀请三名同学作为面试人员，设定单位、岗位、面试人的身份，三名同学的身份分别是“老板”“部门主管”“有经验的员工”，进行面试。具体程序见下表。

面试程序表

面试人员职务：“老板”“部门主管”“有经验的员工”	好	一般	需改进	评语
开场，陈述，第一印象				
眼神交流				
总体仪态，梳洗（头发、妆容等）与服装				
描述过去的经验、教育背景和培训经历等				
解释技能，强调与工作相关技能的能力				

续表

面试人员职务："老板""部门主管""有经验的员工"	好	一般	需改进	评语
解释个人目标、兴趣和期望的能力				
解释个人生活中有疑问的问题				
回答招聘者提出的问题或者做相关的陈述				
积极倾听，并注意回应面试人员的肢体语言				
总体印象，你会雇用这个求职者吗				

总结：

"老板"的面试意见：______

"部门主管"的面试意见：______

"有经验的员工"的面试意见：______

根据上述意见，自我评价：______

制订简单的改进方案：______

第九讲

权益维护——重视签约环节　合法解决争议

签约是大学生就业活动的落实环节，也意味着大学生拿到了通向职场的钥匙。但签约不是就业活动的终结，恰恰相反，签约代表的只是职业人生活的开始。特别值得注意的是，签约的过程，也是明确各方权责的过程，不可当作儿戏。大学生要明确签约的注意事项，维护自身的权益。

知识目标

1. 了解大学生签约的注意事项。
2. 了解就业协议的签订。
3. 了解违约及其责任。
4. 了解签订劳动合同相关的内容。
5. 了解劳动争议及处理方式。
6. 认清求职陷阱。

思政目标

1. 了解有关劳动法律、法规中的相关规定，做到遵纪守法，践行社会主义核心价值观。
2. 培养好的职业道德，提倡契约精神，遵守契约规定。

知识导图

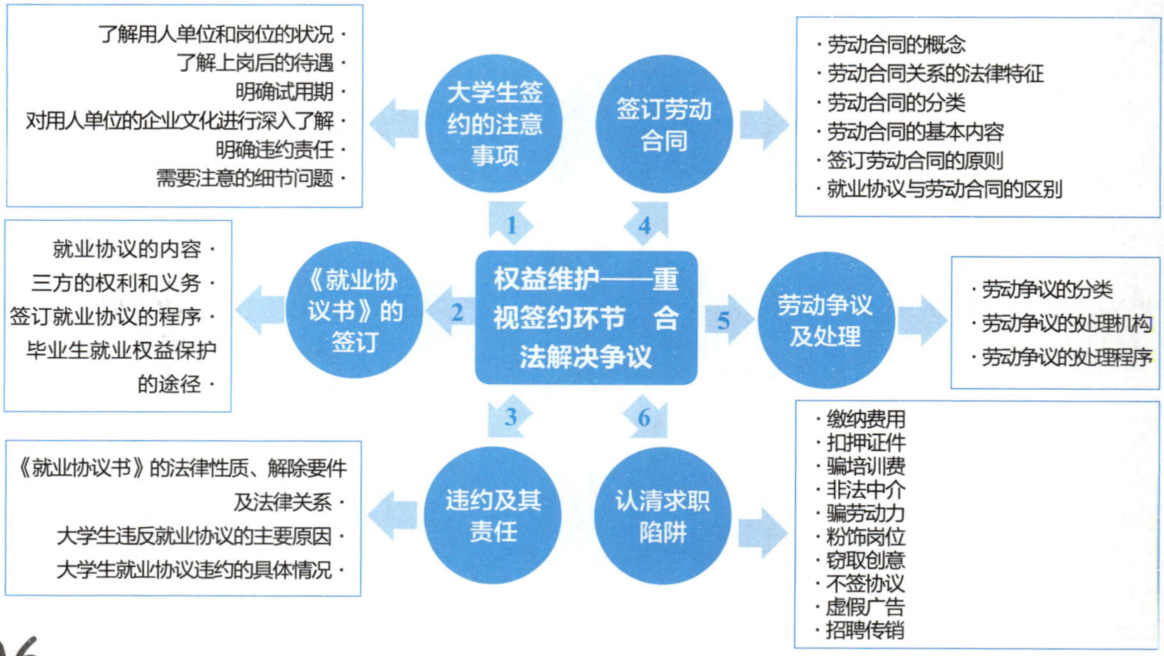

案例导入

小刘就读于河南一所大学，在校是学生干部。眼瞅着放暑假，他想找份兼职，于是加入了一个大学生找工作的QQ群，很快看到一条“上海招录暑期工”的信息，根据这条信息，他与一位名叫“曾广凯”的“招录负责人”取得联系。交谈中，“曾广凯”许诺介绍小刘到上海某电子公司做暑期工，包吃包住、月薪三千。面对这样的待遇，小刘当即动心了。见小刘动心，“曾广凯”马上“好心地”建议他，可以发动同学们一起来，多多益善。小刘听了很高兴，立即把好消息分享给同学们，结果一下召集到41名同学。随后同学们包了一辆大巴，满腔热情地来到上海，并根据事先约定在一家旅馆与“曾广凯”见了面。与“曾广凯”同来的还有两名“工作人员”，那阵势感觉很正规。“曾广凯”见到同学们，立即表示工作没问题、已经安排好了，每人只需交纳200元押金、100元体检费即可。信以为真的同学们爽快地交了钱。钱到手后，“曾广凯”和两名“工作人员”借故有事出去一下，随即便人间“蒸发”了。同学们等不到人，联系“曾广凯”也没了回音，万般无奈之下，同学们选择报警。

浦东警方接报后非常重视，立即着手调查，通过一系列摸排取证工作，迅速锁定作案对象，并抓获化名“曾广凯”的犯罪嫌疑人王某以及杨某、杜某。学生们被骗的钱款也被悉数追回。审讯中，王某等三人又供述了其涉嫌的多起招工诈骗案（现已查证两起），而诈骗对象多是在校大学生。为什么将目光盯住大学生呢？据王某等人供述，大学生缺乏社会经验，更主要的是缺乏维权意识，很多人被骗后都自认倒霉、不会报警，正因为此他们的胆子才越来越大。现三名犯罪嫌疑人因涉嫌诈骗罪被刑事拘留，案件正在进一步审理中。

| 思考 |

是什么导致了小刘和同学们上当受骗？

一、大学生签约的注意事项

为了顺利地签约，维护自己的权益，在签约之前，要了解以下注意事项。

（一）了解用人单位和岗位的状况

为了更好地提高就业质量，在签约之前，有必要对公司及岗位进行深入的了解，特别是对一些问题要与用人单位明晰。第一，户口问题。这个问题比较关键，尤其是对于签约到北京、上海、广州、深圳等一线城市的学生来说，由于这些城市落户难度大，所以这个问题需要明确。第二，岗位的具体工作内容及一般发展路径。虽然这个问题在面试阶段应该已经清晰，但有必要在签约之前再明确一次，免得用人单位随意调换岗位。第三，工作地点。很多大学生对工作地点想当然，认为北京的公司一定在北京工作，上海的公司一定在上海工作，这是认识的误区。很多时候，一些公司的工作地点不一定在公司注册地，有的公司的工作条件比较艰苦，公司担心影响招聘，往往故意模糊这个问题，应聘的大学生一定要询问清楚，最好把工作地点写在协议中。另外，如果是外派，要问清楚具体地点和时限，也要写在合同上。第四，关于加班和出差。这个问题要明确加班的密度、出差的密度，要明确加班或者出差的相关补贴，要以文字的形式写在协议中。

（二）了解上岗后的待遇

待遇问题主要包括：第一，工资、奖金、补贴、福利、股票（期权）、保险及公积金等。在工资方面，要问清楚对方所说的工资数额是税前还是税后，因为税前和税后的工资有一定的差额。第二，在奖金方面，要问清楚奖金的评定形式和发放形式，是月奖、季度奖还是年终奖。第三，补贴要明确种类，如通信补贴、住房补贴、采暖费补贴等。第四，在福利方面，可以了解一下福利的内容和种类。第五，对一些即将上市的公司来说，员工有可能获得股票，多数情况下，这是不错的福利。第六，保险及公积金，也就是常说的“五险一金”。“五险”指的是养老保险、医疗保险、失业保险、人身意外伤害保险、生育保险，“一金”指的是住房公积金。这个问题需要关注两点：一是公司给员工上了哪几种保险，二是缴费基数是多少。

（三）明确试用期

大学生要注意与用人单位就试用期问题进行明确约定，主要有以下三点：第一，试用期的时间是多长；第二，试用期的待遇是什么，从法律上讲试用期薪资不低于劳动合同约定工资的 80%，这个一定要明确，避免不必要的误会，也避免权益受到侵害，必要时需签订试用期合同；第三，转正需要什么条件，如何考核，何时考核，这个也要明确，避免用人单位以试用不合格为由单方面解约；第四，如果在试用期，有一方解约，需要承担什么样的责任。

（四）对用人单位的企业文化进行深入了解

大学生与用人单位签约是在入职之前，看到的是用人单位的“硬件”，而往往对用人单位的企业文化却知之甚少。但作为现代企业，其魅力恰恰在于其企业文化。因此，大学生有必要在签约之前了解一下用人单位的企业文化。首先，通过单位，通过管理模式和单位活动简要了解；其次，通过询问用人单位的在岗人员，进一步了解；最后，通过网络或调查相关领域，了解一下单位的口碑。

（五）明确违约责任

我们希望大学生守约。但是，如果万一有必要违约，最好在签约的时候就明确违约的责任，避免互相指责推诿，纠缠不清。要明确的问题有三个：一是大学生应该通过什么渠道和程序进行解约，这个是操作层面的问题；二是大学生和单位在解约中承担什么样的责任和义务，如大学生依据签约条款进行赔偿，用人单位协助办理相关手续；三是哪些特殊情况下，双方可以免除责任，包括大学生毕业后攻读研究生和报考公务员等。

（六）需要注意的细节问题

1. 就业协议不能代替劳动合同

高校应届毕业生就业时会与学校和用人单位签订《普通高等学校毕业生就业协议书》(以下简称《就业协议书》)，这是由学校作为见证，大学生与用人单位签订的一份意向性协议，它具有法律效力，但它不能替代劳动合同。

2. 违约金要约定上限

《就业协议书》中的违约金必须经由大学生与用人单位协商之后约定，并且违约金的数额必须符合用人单位所在地的相关规定。现在国内大部分地区都没有明确规定违约金的上限，这种情况下都以双方协商金额为准。大学生与用人单位还可以商定用人单位违约的违约金，以应对用人单位违约的情况，从而维护自身的权益。

3. 口头承诺应写进备注

大多数大学生就业《就业协议书》中的备注栏全是空白。由于缺乏社会经验和法律知识，很多大学生因为急于就业而相信用人单位的一些口头承诺，常常在到岗以后与单位发生纠纷。毕业生一定注意充分利用好就业协议的备注栏，尽量将单位的承诺，如休假、住房补贴、解决户口、保险等各项承诺明确写入备注栏，切实保障自己的合法权益。

二、《就业协议书》的签订

目前，《就业协议书》是在校大学生与用人单位的就业约定，我国高校毕业生通用的就业协议是由教育部制定，省、自治区、直辖市就业主管部门印制的《普通高等学校毕业生就业协议书》，其主要内容包括以下几个部分。

（一）就业协议的内容

1. 原则性规定

按照《普通高等学校毕业生就业工作暂行规定》的要求，“为维护国家就业计划的严肃性，明确毕业生、用人单位、学校三方在毕业生就业工作中的权利和义务，经协商，毕业生、用人单位、学校三方签订如下协议。”所签订的就业协议书将作为制订就业计划和派遣的依据。否则，国家不能派遣毕业生到用人单位报到就业。

《就业协议书》中应至少有如下七条内容：

第一，“毕业生应按国家规定就业，向用人单位如实介绍自己的情况，了解单位的使用意图，表明自己的就业意见，在规定的时间内报到。若遇到特殊情况不能按时报到，需征得用人单位同意。”本条款是对毕业生在签订就业协议书前提出的要求，毕业生应如实地做好条款中的相关事宜。

第二，“用人单位要如实介绍本单位的情况，明确对毕业生的要求及使用意图，做好各项工作。凡取得毕业资格的毕业生，用人单位不得以学习成绩为由提出违约；未取得毕业资格的结业生，本协议无效。”本条款明确了对用人单位的要求。

第三，“学校要如实向用人单位介绍毕业生的情况，做好推荐工作，用人单位同意录用后，经学校审核列入建议就业计划，报教育部批准，学校负责办理派遣手续。”本条款主要是明确对学校的要求及学校的职能。

第四，“学校应在学生毕业前安排体检，体检不合格者不派遣，本协议自行取消，由学校通知用人单位。如用人单位对毕业生身体条件有特殊要求，原则上应在签订就业协议书前进行单独体检。否则，以学校体检为准。”本条款是对毕业生的身体情况提出的要求。

第五，“毕业生、用人单位、学校三方如有其他约定，应在备注中注明，并视为本协议书的一部分。”本条款是对签约三方如有其他约定的说明。

第六，“本协议经各方签字、盖章后生效，三方都应严格履行本协议。若有一方提出变更协议，须征得另两方同意，由违约方承担违约责任，并在备注栏中注明。”本条款是对就业协议书的生效所作的原则规定。

第七，“本协议一式四份，毕业生、学校各执一份，用人单位两份，其中一份由用人单位反馈学校所在省级调配部门，复印无效。”本条款明确了协议的持有者及其严肃性。

2. 对签署意见与签字盖章的规定

签署意见与签字盖章是签约的实质性工作，是各方对就业工作意愿的具体表述。这一部分将具有“白纸黑字”的法律效力，通常包括三个方面的内容。

第一，用人单位的情况及意见。这部分内容由用人单位填写。用人单位的情况包括单位名称、单位隶属、联系人、联系电话、所有制性质、单位性质、毕业生档案转寄详细地址及用人单位的意见和用人单位上级主管部门的意见。

第二，毕业生的情况及意见。这部分内容由毕业生填写。毕业生的情况包括姓名、性别、年龄、民族、政治面貌、培养方式、健康状况、专业、学制、学历和家庭地址以及毕业生的意见，毕业生的意见要求毕业生对是否愿意到用人单位就业表明自己的态度。

第三，学校意见。这部分主要包括两级意见：学院意见（毕业生所在单位的基层意见）和学校意见。学校对《就业协议书》进行实质性审核，表明学校对毕业生与用人单位所签的就业协议书的态度。

3. 备注

备注是为毕业生、用人单位、学校三方共同约定的其他条款所设定的。备注中，毕业生与用人单位约定的条款如果不涉及学校的有关规定，不违反政策，并只在毕业生与用人单位之间有约束力，学校是不予干涉的。这里特别说明一点，备注不是摆设，大学生要充分利用。

（二）三方的权利和义务

毕业生就业活动主要涉及毕业生、用人单位和学校三个方面，明确各方的权利和义务，对就业工作的顺利开展、学生合法权益的维护等方面有着重要的意义。

1. 毕业生的权利和义务

毕业生是签订《就业协议书》的主体，毕业生在就业活动中一定要清楚自己的权利和义务，只有明确权利和义务，才能有效签订就业协议，维护合法权益。

平等就业和自主择业的权利。《中华人民共和国劳动法》（以下简称《劳动法》）规定："劳动者享有平等就业和选择职业的权利"，大学生在求职择业过程中具有自主性，选择职业是毕业生所享有的权利，任何单位或个人无权干涉，即使毕业生的家长和亲属也不能对毕业生选择职业进行干涉和强迫。当然，为了合理、有效地择业，毕业生在择业前，应与家长、亲属进行沟通，在听取他们意见的基础上，结合自身情况进行择业。

全面了解用人单位情况的权利。选择职业、确定用人单位，关系着毕业生未来的生活状况和事业前途。毕业生在与用人单位签约之前，有必要也有权利对用人单位的情况进行全面细致的了解，包括用人单位的岗位配置、工作环境、福利待遇、工作时间等。用人单位有义务向毕业生和学校如实地介绍本单位的情况，若有需要应尽可能提供能够证明这些情况的有关资料。

如实介绍自己情况的义务。在求职择业时，毕业生有义务向用人单位全面、真实地介绍自己的情况。一般来说，介绍自己的情况包括学习成绩、健康情况、在校表现、社会实践经历以及各方面的能力，并如实提供可以证明自己情况的相关资料。这是用人单位准确了解毕业生的重要基础。

接受用人单位组织的测试或考核的义务。用人单位为了招聘到符合要求的毕业生，一般要通过一些测试或考核等方法进行比较，从而作出是否录用的决定。毕业生应予以积极配合，接受测试和考核，充分展现自己的能力，以期在竞争中脱颖而出。

2. 用人单位的权利和义务

用人单位是大学生就业工作中的接收方，是签订《就业协议书》的另一个主体。一般来说，用人单位具有如下的权利和义务。

（1）全面了解毕业生情况的权利。用人单位根据本单位对所需人员综合素质、知识水平和专业能力等方面的要求，通过学校有关部门或毕业生所在院（系）以及毕业生个人，了解毕业生各方面的情况，并对毕业生进行测试、考核，最终决定是否录用。

（2）如实介绍本单位情况的义务。在招聘活动中，用人单位同样有全面、真实地介绍自己的义务。介绍的内容包括本单位的具体情况以及对毕业生的岗位配置、工作环境、生活待遇、工作时间等。

3. 学校的权利和义务

学校作为毕业生培养单位，在毕业生就业中具有重要的作用。同样，学校也有其相应的权利和义务。

首先，学校有义务对毕业生进行就业指导，向用人单位推荐毕业生。其次，学校有义务向毕业生和用人单位介绍相关情况和提供有关介绍证明、资料。再次，学校对毕业生、用人单位双方当事人的资格和学生相关材料的真实性、合法性进行鉴证，根据国家的有关政策和规定，对《就业协议书》签署是否同意的意见。最后，根据毕业生和用人单位的需求，学校有义务向他们提供有关政策和就业信息的咨询服务。

（三）签订就业协议的程序

《就业协议书》的签订是在毕业生和用人单位供需见面、双向选择之后达成一致意见的结果。签约一般需经过以下的程序（见图 9-1）。

首先，由毕业生本人在《就业协议书》上以文字的形式，明确表达自己同意到用人单位应聘工作的意愿，同时签署本人姓名。

其次，由用人单位人事部门负责人代表单位签署同意接收该毕业生的文字意见，并签字盖章。如果该单位没有人事决定权，则还需要报送上级主管部门签字盖章，予以批准认可。

再次，毕业生所在院（系）和学校主管部门签署意见并签字盖章。最后，报学校上级主管部门审批。

一般来说，为了方便毕业生就业，学校上级主管部门审批或所在院（系）和学校主管部门在学生就业活动开始前就已经对毕业生进行了相应的考查，并进行了相关的审批和批准认可工作。在完成上述程序之后，协议正式生效，并列入国家就业方案，下达学校和有关部门、地区执行。

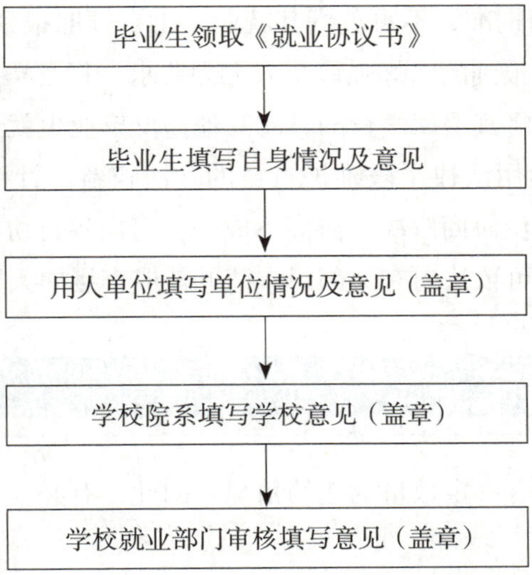

图 9-1 《就业协议书》签订的基本流程

（四）毕业生就业权益保护的途径

实际就业过程中往往会出现一些侵害毕业生权益的现象，毕业生可通过以下途径维护自身的权益。

1. 就业主管部门的保护

就业主管部门可通过制定相应的规章条例来保障毕业生的权益，并对侵犯毕业生权益的行为予以抵制或处理。

2. 高校的保护

学校可通过制定各项措施来规范毕业生就业指导和就业推荐，对于用人单位在录用毕业生过程中的不公平、不公正行为，学校有权予以抵制以维护毕业生公平受录用权。高等学校在毕业生签订就业协议过程中进行监督和指导，对于用人单位与毕业生签订的不符合国家有关政策规定的就业协议，学校有权拒签。未经学校审核同意的就业协议不能作为编制就业方案的依据。

3. 毕业生自我保护

毕业生自我保护体现在以下三方面。

（1）毕业生应了解目前国家关于毕业生就业的有关方针、政策和规定，熟悉毕业生在就业过程中的权利和义务，这是毕业生保护自我权益的前提。

（2）毕业生应自觉遵循有关就业规定，接受其制约，保证自己的就业行为不违反就业规定，不侵犯其他毕业生和用人单位的合法权益。毕业生如有下列情形之一的，由学校报地方主管毕业生就业部门批准，不再负责其就业。①自领取报到证之日起，无正当理由，超过三个月不去用人单位报到的；②强调个人无理要求，扰乱毕业生就业秩序的；③提出无理要求，导致用人单位将其退回学校的；④其他违反毕业生就业规定的行为。

（3）毕业生应学会运用法律手段维护自身的合法权益。针对侵犯自身就业权益的行为，可首先与有关用人单位协商解决。协商不成的，可向签订协议所在地的毕业生就业工作主管部门申请调解，也可依法向有关部门申请仲裁或直接向人民法院提起诉讼。

三、违约及其责任

每年的毕业生中，总有一定数量的违约情况。因此，有必要对违约及其责任有准确的认识。

（一）《就业协议书》的法律性质、解除要件及法律关系

1.《就业协议书》的法律性质

用人单位与高校毕业生签订的《就业协议书》，一经双方签署即受法律保护。《就业协议书》是用人单位与大学生建立的劳动合同，并以大学生按期毕业为劳动合同发生效力的条件，是附条件发生效力的劳动合同。因此，如果用人单位解除该就业协议，可视为解除劳动合同，大学生可以以用人单位不履行合同为由，通过仲裁和诉讼请求法律保护，要求用人单位承担损害赔偿责任。当然，作为就业协议的劳动合同，可以约定解约事项，从这个角度来讲，可以认为就业协议是附带保留解约权的劳动合同。

2. 就业协议的解除

用人单位和劳动者作为劳动合同权利义务的主体，应该设立明确而公正的规则。同理，就业协议也应该设立制定当事人均应遵守的公正而明确的规则，如规定就业协议的解除条件和情形，以更好地实现劳动契约关系上的权利义务。

有些《就业协议书》对解除事项作了明确规定。比如，有的省份在《就业协议书》中规定，对于甲方用人单位和乙方大学生来说，“甲方所介绍的情况严重失实，乙方可以单方解除本协议并免责。乙方所提供的自荐材料内容严重失实，甲方可单方解除本协议并免责”。“符合下列情形之一，经书面告知对方，本协议解除：①甲方被撤销或依法宣告破产的；②乙方在毕业离校前升学、入伍、被录取为国家公务员或参加国家及地方志愿服务项目的；③乙方报到时未取得毕业资格的；④乙方被判处拘役以上刑罚或者被劳动教养的；⑤法律、法规、政策规定的其他情况。”应该说，上述规定列举了解除就业协议的情形，但有的规定尚有欠缺，需要更加具体完善。

（1）用人单位解除就业协议的情形。将就业协议解释为有解约权的劳动合同时，与之

相适应的被保留的解约权的内容需要加以确定。一般来说，被保留的解约权与对该录用者的解雇理由相比，其范围更大。但对该问题的最终判断，只能根据就业协议关于解除合同的规定来进行客观的、合理的判断。具体来说：

第一，就业协议是以应届毕业生的毕业为前提的，如果大学生不能按期毕业，用人单位可以解约。

第二，就业协议制度的另一个前提是保证毕业的大学生工作后能立即持续地提供劳动力，如患有需要长期疗养的疾病、到国外学习、被判刑或者劳教等，在报到后不能立即持续地提供劳动力时，用人单位可以解除就业协议。

第三，就业协议是为了通过提前预约录用来保证劳动力的质量。如果在签订就业协议以后至毕业期间，因该学生的学业成绩显著下降，或者因为伤病导致智能、体能的下降，对劳动力的质量评价发生变化时，用人单位可以解除就业协议。

第四，学生的自荐材料和面试时的申告事项，通常是决定录用时的重要的判断资料，如果其内容严重失实，关系到用人单位对劳动力能力的评价，据此对劳动力的配置发生错误，给用人单位带来具体损害时，可以解除就业协议。

总之，如果认为就业协议是劳动合同，那么解除合同就应当依法进行，即适用《劳动法》的规定。未正当行使解约权而任意地解除就业协议，属于无效解雇。一般来说，要对照就业协议制度的宗旨、目的，在存在客观合理的事由的情况下才被允许。

（2）大学生解除就业协议的情形。实践中，大学生一方解除就业协议的情况也并不少见，其表现形式及其合理性要做具体分析。

一是在与前一个用人单位签订就业协议以后，又找到了新的劳动条件更好或更适合自身发展的用人单位。在这种情况下，大学生单方解除就业协议的行为不具有合理性。因为，前一个用人单位在招聘、录用的过程中投入了大量的人力、物力和财力，对人力资源的配置进行了统筹安排，大学生解除就业协议会给用人单位造成一定的利益损害，特别是如果已经错过毕业季招聘时期，用人单位无法保证优质劳动力，给生产经营等带来不利影响，那么，大学生一方应该承担违约责任。但考虑到劳动合同并没有实际履行，所以与一般的违约责任相比，性质上显著轻微，可以比照我国法律关于试用期终止劳动合同的有关规定，大学生一方按照就业协议以书面或口头方式提出终止就业协议，应该予以许可。有些单位在就业协议中附加了违约金条款，对此是否合法存在争论。笔者认为参照《中华人民共和国劳动合同法》（以下简称《劳动合同法》）相关规定，如果用人单位没有提供培训费用和涉及保密、竞业限制等问题，则不能约定违约金；已经约定的，该约定条款无效。如果大学生参加了由用人单位提供的出资培训，则应该赔偿不高于用人单位支付的培训费用的上限的违约金。

二是研究生和公务员等的最终录取结果公布时间晚于签订就业协议的时间，大学生在毕业离校前升学、入伍、被录取为公务员或参加志愿服务项目，解除与用人单位的就业协议，在这种情况下，因为大学生在主观上不能对此加以预测，所以主要不是由大学生个人的原因造成的，因此，不能认为大学生负有违约责任；但这也可能给用人单位带来一定的利益损失。现实中，我们强调毕业生可以因此解除协议，但有时忽略了保护用人单位的权益，这也是不应该的。

三是用人单位没有遵守诚实信用的原则，未如实披露或故意隐瞒应该披露的信息，影响到大学生对该用人单位的评价，使之在工作选择时发生误判，在此情况下，大学生解除就业协议具有合理性。

3. 就业协议的成立

如上所述，就业协议是附带保留解约权的劳动合同，但是，这种劳动合同的效力是始于实际就业的开始时间，还是就业协议签订时间？对此，在实践中有争议，但从法律上讲，劳动合同一旦签订即成立。从理论上加以分析的话，这是因为大学生对用人单位的招聘，进行了应聘，是对劳动合同的申请，对此，用人单位同意签订就业协议是对这一申请的承诺。据此，用人单位与该学生之间，可以认为该学生的就业合同在该学生大学毕业之前已经成立。

如果用人单位在同意签订就业协议后要求该学生来单位实习，向单位提交实习报告，参加单位的各项活动，禁止该学生去其他单位应聘，规定违约金等，可以认为在上述事实范围内发生了劳动合同的效力。在这种情况下，如果不认可劳动合同的开始时间是指就业协议的签订时间，那么就会产生另外一个问题，即大学生是否有义务遵守用人单位的上述要求？参加实习获得的报酬是否是《劳动法》中所规定的“工资”？在实习中负伤和患病是否认定为工伤？因此，对在什么情形下有权解除合同应当作出明确规定。

（二）大学生违反就业协议的主要原因

1. 职业定位模糊

职业定位是指在社会分工的大舞台上确定适合自己的角色，即做自己最喜欢、最适合的工作。职业定位包括“我是谁（个人基本情况）、我想做什么（职业理想）、我能做什么（自己的能力）、环境允许我做什么（客观条件约束）、我到底应该做什么（各种因素、估价后的最终选择）”五个方面内容，毕业生通过比较分析，最终选择做什么。职业定位是择业过程中的关键步骤和核心问题，大学生的职业定位是否具有准确性和合理性，关系到大学生本人能否顺利就业，找到合适的职业岗位。美国“职业辅导之父”帕森斯曾说过：“选择一种职业的时候，要把握三个因素：准确地了解自己；明白在各个领域获得成功所需要的条件和环境；对两部分事实相联系的准确认识。”一些大学生因为职业定位模糊，择业时没有考虑到自身条件、职业特点和用人单位的要求是否匹配，同时也不清楚自己是否适合这个职位，这个职位是否与自己的职业目标、人生规划相一致，结果造成签约时往往只看重较高的薪水和较好的工作环境等外在的东西，以后如果遇到自认为比原来的条件更好的单位时，就可能产生违反已签订的就业协议的想法或者作出违反已签订的就业协议的行为。可见，职业定位模糊不仅是对自身与环境缺乏认知的表现，也是不负责任的表现。

2. 不良择业心态

一是保底心态，即所谓“骑驴找马”。大学生就业压力大，他们在工作未落实之前往往害怕找不到工作，碰到自己基本能接受的岗位，不敢轻易放弃，但是心理上又不甘心，总觉得后面还会有更好的单位，于是先签下来“保底”，如果有更好的岗位，就放弃前者。根据调查，这样的“保底”心态在很多毕业生中普遍存在，他们在签约之前一般都做好了充分的违约准备，为了职业前途，愿意支付违约金。

二是盲从心态。所谓“随大流”。一些大学生在求职过程中缺少主见，为了尽快落实工作，有时急于求成，对用人单位还不十分了解，对应聘的岗位也没有认真仔细地研究，看到其他同学签约了，自己也赶紧签了。在进一步了解了用人单位的情况后，觉得并不满意，或者是自己本来认为挺好的工作，但签约后听别人说不好，就产生了动摇，因而违约。

三是攀比心态。所谓“这山望着那山高”。大学生在择业的过程中普遍存在攀比心态，他们会在同学之间相互比较，比工作薪酬、工作地区、工作条件等。心里想着“你找的工作好，我要找比你更好的”。如果发现自己签约的单位不如别人，而后面还有更多选择机会的时候，就会想到违约。这在一定程度上也是虚荣心的表现。

3. 诚信意识淡薄

部分大学生诚信意识淡薄，他们觉得“人往高处走”，如果有更适合自己的岗位，没必要被协议所束缚，也不在乎违约，他们把违约作为一种择业的手段和策略，只要按照程序办事，赔付违约金，就算不上不诚信，这是合理利用市场经济“游戏规则”。实际上，他们完全没有意识到签约是一件非常严肃的事，一定要认真对待。不能随便签约，更不能随便违约。一旦违约，除了自己会有一定的经济损失外，更重要的是使用人单位错过了招聘时机，造成不可挽回的损失，同时给母校的声誉带来不良影响，其他毕业生也因此受害。这也是一种不负责任的表现。

（三）大学生就业协议违约的具体情况

大学生通过与用人单位双向选择后，只能与一个用人单位签订就业协议。就业协议一经签订就具有法律效力，任何一方不得擅自违约。否则，违约方应向对方支付协议规定的违约金。

1. 大学生违约的表现及后果

（1）大学生违约的表现。有的大学生在确定一个垫底的单位之后，便匆匆忙忙签订就业协议。但是他们并不满足于此，一旦找到更理想的单位，则毫不犹豫地重选后者、抛弃前者，构成违约。这是目前大学生群体中的常见现象，也是大学生违约的主因，给用人单位极大的不安全感。

向用人单位提供不真实的情况，违反用人单位的选用条件。有的大学生为了达到与用人单位签约的目的，向对方提供虚假情况，从而误导用人单位。一旦档案被用人单位核对，则露出马脚，导致用人单位不满，甚至被退回学校。

其他违约行为。如家庭发生意外情况、出国、参军、升学等，致使所签订协议不能履行。值得注意的是，出国、参军、选干、考研等情况，许多大学生并未在签约时言明。

（2）违约后果。从实际情况来看，就业违约多为大学生违约。大学生违约，除本人应承担违约责任外，往往还会造成其他不良后果，主要表现如下：

①就用人单位而言，用人单位往往为录用大学生做了大量的工作，有的甚至对毕业生将要从事的具体工作也有所安排。同时，毕业生就业工作时间相对比较集中，一旦大学生因某种原因违约，势必使用人单位的招聘录用工作付之东流。用人单位若重新招聘，选择其他大学生，在时间上也不允许，从而给用人单位的人力资源工作和有关工作造成被动。

②就学校而言，用人单位往往将大学生违约行为视为学校的行为，从而影响学校与用人单位的合作关系。用人单位因为大学生存在违约现象，而对学校的推荐工作表示怀疑。面对激烈的就业竞争，用人单位需求是大学生择业成功的前提，如此下去，必定影响今后学校的大学生就业工作。同时，影响学校就业计划方案的制订和上报，并影响学校的正常派遣工作。

③就大学生群体而言，用人单位到校招聘大学生，一旦与某大学生签订就业协议，就不可能再录用其他大学生。若日后该大学生违约，有些当初希望到该用人单位工作的其他大学生由于录用时间等原因，也无法补缺，造成就业资源的浪费，影响其他大学生就业。因此，大学生在就业过程中应慎重选择，认真履约。

2. 用人单位违约的主要表现及应承担的责任

（1）用人单位违约的表现。

①拒收。尽管已同某大学生签订了就业协议，主管部门也列入了就业计划，但大学生前去报到，用人单位在拿不出充分事实根据和法律依据的情况下，拒不接收该大学生，使该大学生错过了其他选择机会而无法按时就业。

②欺骗。提供不真实的情况和虚假材料，误导大学生与之签约。大学生就业报到后，一旦了解了真实情况，可以上当受骗为由，要求退回学校另谋出路。

③其他违约行为。例如，为约束大学生而向其收取各种不合理费用；违反行政管理机关的有关法规、规章，不执行有关规定，侵害大学生的合法权益，而大学生又势单力薄，难以与其抗争等。

（2）应承担责任。从法律意义上讲，谁侵害了他人的合法权益，就要承担相应的法律责任。就业协议的签约方由于违约而侵害对方的权益，同样应当从法律上承担相应的责任。具体的责任方式如下。

①违约金。双方签约时应当约定违约金的数额，违约者依约定承担责任。

②赔偿损失。这种损失包括直接损失和可预见的间接损失。例如，用人单位拒收毕业生，应赔偿报到往返的费用、再次联系就业所需支付的费用、未能就业造成的收入减少等。

③由权威部门裁决继续按约履行。如果签约双方之外不涉及第三方，或与第三方的关系密切程度有限，可以在违约方不承担责任或承担相应责任的情况下，要求违约方继续履行协议。

四、签订劳动合同

毕业生在和用人单位签订《就业协议书》后，应通过劳动合同确定双方的法律关系。劳动合同是劳动者与用人单位确立劳动关系、明确双方权利和义务的协议，也是维护劳动者和用人单位合法权益的法律保障。

（一）劳动合同的概念

根据《劳动法》的规定，劳动合同是指劳动者与用人单位确立劳动关系、明确双方权利和义务的协议。建立劳动关系应当订立劳动合同。劳动合同一经签订，即在法律上确定了劳动者与用人单位之间的劳动关系，使双方的权利、义务通过书面合同的形式确定下来。劳动者根据劳动合同在用人单位担任一定职务或一定的工作，遵守劳动纪律法规和用人单位的规章制度，完成劳动合同约定的工作；用人单位则根据劳动合同的约定，为劳动者提供符合国家有关规定的劳动保护和劳动条件，督促劳动者履行劳动义务，并按照劳动者所提供的劳动数量和劳动质量支付劳动报酬。

（二）劳动合同关系的法律特征

劳动合同是劳动关系确立的凭证和法律形式，劳动者与用人单位按照《劳动法》的规定订立了劳动合同，两者之间就产生了法律意义上的权利与义务关系。这种法律关系，具有以下基本法律特征。

（1）劳动合同关系的主体是特定的。劳动合同所确定的劳动关系主体是拥有生产条件的用人单位与具有劳动能力（包括劳动权利能力和劳动行为能力）的劳动者。劳动合同一方当事人是国家机关、企事业单位、社会团体或个体经济组织等用人单位。另一方则是劳动者本人。

（2）劳动合同当事人双方具有平等的法律地位。劳动合同是双方当事人在平等自愿、协商一致的基础上达成的协议，是双方意志一致的产物。劳动合同的订立，体现了在法律约束下的单位用工自主权和劳动者择业自主权。

（3）劳动合同具有不同于普通合同的特殊性。劳动合同依照《劳动法》的规定调整劳动关系，即在社会劳动过程中，因为雇佣关系而产生的劳动者和用人单位之间的关系。换句话说，劳动关系是因“雇用劳动者、实现劳动过程”而产生的。这就决定了劳动合同与其他合同的区别。劳动合同所确定的当事人一方是用人单位，一方是求职者，是劳动接受者与劳动提供者之间的合同。

（三）劳动合同的分类

根据劳动合同的内容，按照不同的划分标准，劳动合同可以有许多种类。比如在合同期限方面，可分为固定期限劳动合同、无固定期限劳动合同、以完成一定工作任务为期限的劳动合同。在招收职工方面，有录用合同、聘用合同、聘任合同、任用合同等。在工作任务方面，有任期合同、上岗合同等。

（四）劳动合同的基本内容

劳动合同的内容，是规定双方当事人权利和义务、双方共同达成的有关事项。任何一份劳动合同，都应包含以下两个基本部分。

第一部分是订立合同双方当事人自己规定的条件。这一部分，在不与国家法律及有关规定相抵触的前提下，由劳动者与用人单位双方协商约定。如生活福利、劳动者担任的职务、发生争议时解决的途径等内容。这部分内容，又可以分为必要劳动条件和补充条件两种。必要劳动条件是双方自己规定条件中的主要事项，是劳动合同成立的必要条件。补充条件视双方协商而定，但须在法律框架内。

第二部分又称劳动合同的法定条款，是劳动合同必须具备的、不由当事人双方商定，而是按法律、法规规定的条件。按照《劳动法》规定，劳动合同的法定条款包含七项内容：劳动合同期限，工作内容，劳动保护和劳动条件，劳动报酬，劳动纪律，劳动合同终止的条件，违反劳动合同的责任。

（五）签订劳动合同的原则

在与用人单位签订劳动合同时，应注意以下原则。

1. 坚持平等自愿的原则

一是劳动者和用人单位均以劳动力市场主体资格出现，互不隶属；二是劳动者和用人单位依照法律规定享有平等权利；三是劳动合同内容根据法律规定由双方共同协商，任何一方不能把自己的意志强加给另一方或采用欺诈手段订立劳动合同。

2. 不得违反法律、法规强制性规定

一是双方的主体必须具有有效资格。用人单位必须是依法设立的机构组织。劳动者必须达到法定年龄、具有劳动权利能力和行为能力。二是劳动合同内容合法，真实体现当事人的意愿，同时语言表达要明白，避免歧义。三是劳动合同的程序、形式合法。劳动合同必须有规范的文本。按照《劳动法》规定，劳动合同必须以书面形式订立，口头合同是无效的。违反上述原则订立的劳动合同称为无效劳动合同，无效劳动合同从订立的时候起，就没有法律约束力。确认劳动合同部分无效的，如果不影响其余部分的效力，其余部分仍然有效。劳动合同无效或部分无效有争议的，由劳动争议仲裁委员会或者人民法院确认。

（六）就业协议与劳动合同的区别

就业协议与劳动合同均为用人单位录用毕业生时所订立的书面协议，在就业过程中，有些毕业生有时将两者等同或割裂开来，因而有必要对两者进行分析、比较。

1. 主体不同

就业协议适用于应届毕业生（一般尚未毕业离校）与用人单位、学校三方之间，就业协议对用人单位的性质没有规定，适用任何单位；而劳动合同只适用于劳动者（含应届毕业生）与用人单位（不含公务员单位和参照实行公务员管理制度的组织和社会团体以及军队系统）之间，与学校无关。

2. 内容不同

就业协议的内容主要是毕业生如实介绍自身情况并表示愿意到用人单位就业，用人单位表示愿意接收毕业生，学校同意推荐毕业生并列入就业方案，而不涉及毕业生到用人单位报到后所享有的权利义务。而劳动合同的内容涉及劳动报酬、劳动保护、工作内容、劳动纪律等方面。

3. 时间不同

一般来说，就业协议签订在前，而劳动合同往往在毕业生到用人单位报到后才签订，二者有一定程度上的衔接关系，签订劳动合同后，就业协议即终止。

4. 目的不同

就业协议是毕业生和用人单位关于未来就业的约定，是对双方的基本条件以及即将签

订的劳动合同的部分基本内容的认可，并经用人单位的上级主管部门和高校就业部门统一鉴证，一经毕业生、用人单位、高校、用人单位主管部门签字盖章，即具有法律效力，是编制毕业生就业方案和将来双方订立劳动合同的依据。而签订劳动合同的目的是明确劳动合同双方当事人的权利和义务，保护双方的合法利益。

5. 适用法律不同

就业协议发生争议，除根据协议本身内容之外，主要依据现有的毕业生就业政策和法律来加以解决，而劳动合同发生争议，应依据《劳动法》以及《劳动合同法》等来解决争议。

五、劳动争议及处理

劳动争议又称劳动纠纷，是指劳动者与用人单位之间因执行相关劳动法律、法规或履行劳动合同、集体合同而发生的争执。随着相关法律法规的完善，劳动者和用人单位越来越多地借助法律手段来解决劳动争议。

（一）劳动争议的分类

按照不同的标准划分，劳动争议有不同的分类。

（1）按劳动者人数划分，劳动争议分为个人劳动争议和集体劳动争议。个人劳动争议是指劳动者个人与其所在用人单位发生的劳动争议；集体劳动争议指劳动者人数在三人以上（含三人），并有共同申诉理由的劳动争议。

（2）按合同类型划分，劳动争议分为劳动合同争议和集体合同争议。劳动合同争议是指因确认劳动合同效力和履行劳动合同而发生的争议；集体合同争议是指因订立、履行集体合同发生的争议。

（3）按争议内容划分，劳动争议分为：因开除、除名、辞退职工和职工辞退、自动离职而发生的争议，因执行国家有关工时、工资、保险、福利、培训、劳动保护的规定而发生的争议，因履行劳动合同、集体合同而发生的争议，法律、法规规定的其他劳动争议。

（二）劳动争议的处理机构

当劳动争议双方不能对争议达成共识的时候，要借助相关的劳动争议的处理机构加以解决。

1. 劳动争议调解委员会（以下简称调解委员会）

劳动争议调解委员会是指依法成立的调解本单位发生的劳动争议的群众组织。《劳动法》第八十条规定："在用人单位内，可以设立劳动争议调解委员会。劳动争议调解委员会由职工代表、用人单位代表和工会代表组成。"同时，《中华人民共和国企业劳动争议处理条例》第七条规定："企业可以设立劳动争议调解委员会（以下简称调解委员会）。调解委员会负责调解本企业发生的劳动争议。调解委员会由下列人员组成：(一) 职工代表；(二) 企业代表；(三) 企业工会代表。"调解委员会的职责：一是调解本单位内发生的劳动争议；二是检查督促争议双方当事人履行调解协议；三是对职工进行劳动法律、法规的宣传教育，做好劳动争议的预防工作。可见，调解委员会是解决劳动争议的初级形式。

2. 劳动争议仲裁委员会（以下简称仲裁委员会）

劳动争议仲裁委员会是指依法成立的行使劳动争议仲裁权的劳动争议处理机构。《劳动法》第八十一条规定："劳动争议仲裁委员会由劳动行政部门代表、同级工会代表、用人单位方面的代表组成。劳动争议仲裁委员会主任由劳动行政部门代表担任。"《劳动人事争议仲裁组织规则》第五条中规定"仲裁委员会组成人员应当是单数。"第六条中规定"仲裁委员会设主任一名，副主任和委员若干名。"

仲裁委员会处理劳动争议，实行仲裁员、仲裁庭制度。仲裁员包括专职仲裁员和兼职仲裁员。专职仲裁员由仲裁委员会从劳动行政主管部门专门从事劳动争议处理工作的人员中聘任；兼职仲裁员由仲裁委员会从劳动行政主管部门或其他行政部门的人员、工会工作者、专家、学者和律师中聘任。仲裁庭在仲裁委员会领导下处理劳动争议案件，实行一案一庭制。仲裁庭三名或一名仲裁员组成，由三名仲裁员组成的，设首席仲裁员。首席仲裁员由仲裁委员会负责人或授权其办事机构负责人指定或担任；另两名仲裁员由仲裁委员会授权其办事机构负责人指定或聘任，也可由双方当事人在仲裁员名册中各选一名。

3. 人民法院

人民法院是指行使审判权的审判机关，劳动争议案件由人民法院指定的民事审判庭或行政审判庭受理。人民法院也是最终解决劳动争议的机关或行政审判庭。

（三）劳动争议的处理程序

《劳动法》第七十七条规定："用人单位与劳动者发生劳动争议，当事人可以依法申请调解、仲裁、提起诉讼，也可以协商解决。"可见，劳动争议的解决有协商、调解、仲裁、诉讼四种形式或途径。

1. 协商

劳动争议发生后，当事人应当协商解决。但是，协商不是处理劳动争议的必经程序；不愿协商的，可以直接申请调解。

2. 调解

劳动争议发生后，当事人不愿协商或协商不成的，可以向本单位调解委员会申请调解，但调解不是处理劳动争议的必经程序。若不愿调解，可直接申请仲裁。

当事人申请调解，应当自知道或应当知道其权利被侵害之日起 30 日内，以口头或书面形式向调解委员会提出申请，并填写《劳动争议调解申请书》。调解委员会应在 4 日内作出受理或不受理申请的决定。对不受理的，应向申请人说明理由。

调解委员会调解劳动争议，应当自当事人申请调解之日起 30 日内结束。到期未结束的，视为调解不成；经调解达成协议的，下发调解协议书，双方当事人应当自觉履行。

3. 仲裁

当事人不愿调解或调解不成的，可以直接向劳动争议仲裁委员会申请仲裁。仲裁是处理劳动争议的必经程序。现将仲裁的全过程简述如下。

首先，应由当事人申请。《劳动法》第八十二条规定："提出仲裁要求的一方应当自劳动争议发生之日起六十日内向劳动争议仲裁委员会提出书面申请。"当事人向仲裁委员会申请仲裁，应当提交仲裁申请，并按照被诉人数提交副本和证据清单。当事人可以委托 1~2 名律师或者其他人代理参加仲裁活动。

其次，案件受理。《中华人民共和国劳动争议调解仲裁法》第二十九条规定："劳动争议仲裁委员会收到仲裁申请之日起五日内，认为符合受理条件的，应当受理，并通知申请人；认为不符合受理条件的，应当书面通知申请人不予受理，并说明理由。"第三十条规定："劳动争议仲裁委员会受理仲裁申请后，应当在五日内将仲裁申请书副本送达被申请人。被申请人收到仲裁申请书副本后，应当在十日内向劳动争议仲裁委员会提交答辩书。劳动争议仲裁委员会收到答辩书后，应当在五日内将答辩书副本送达申请人。被申请人未提交答辩书的，不影响仲裁程序的进行。"

最后，案件审理。《劳动人事争议仲裁办案规则》第三十七条规定："仲裁委员会应当在受理仲裁申请之日起五日内组成仲裁庭并将仲裁庭的组成情况书面通知当事人。"第三十八条中规定"仲裁庭应当在开庭五日前，将开庭日期、地点书面通知双方当事人。" 第三十九条规定："申请人收到书面开庭通知，无正当理由拒不到庭或者未经仲裁庭同意中途退庭的，可以按撤回仲裁申请处理；申请人重新申请仲裁的，仲裁委员会不予受理。"仲裁庭处理劳动争议应当先行调解，促使当事人双方自愿达成协议。调解达成协议的，仲裁庭应当根据协议内容制作调解书，调解书自送达之日起具有法律效力；调解未达成协议或者调解书送达前当事人反悔的，仲裁庭应当及时裁决。仲裁庭作出裁决后，应当制作裁决书，送达双方当事人。《劳动法》第八十二条规定："仲裁裁决一般应在收到仲裁申请的六十日内作出。对仲裁裁决无异议的，当事人必须履行。"

4. 诉讼

《劳动法》第八十三条规定："劳动争议当事人对仲裁裁决不服的，可以自收到仲裁裁决书之日起十五日内向人民法院提起诉讼。一方当事人在法定期限内不起诉又不履行仲裁裁决的，另一方当事人可以申请人民法院强制执行。"

六、认清求职陷阱

对刚刚毕业的大学生来说，由于最近几年就业压力的增大，很多毕业生在求职择业的过程中存在着盲目性，加之毕业生刚刚从校门走向社会，对社会上的种种骗局不十分清楚，所以在就业过程中往往会掉入求职陷阱。毕业生在就业的时候一定要擦亮双眼，防止上当受骗。

（一）缴纳费用

我国的《劳动合同法》有明确的规定，建立劳动关系，不得要求劳动者提供担保或者以其他名义向劳动者收取财物。正规的用人单位不会向求职的毕业生收取任何费用。调查显示，职场中最大的骗局是收取保证金、押金。要求先缴纳各种押金是不合法的。一些单位通常草草面试后就允诺录用，随后便让求职者缴纳保证金，理由是求职者应分担由于自身原因造成业务和客户的损失。然而，求职者一旦交钱，一些不法企业没等到毕业生上班就会以种种借口违约或逃走，钱也不退了。遇到收取保证金、押金的招聘单位，谨防上当受骗。

（二）扣押证件

《劳动合同法》规定，用人单位招用劳动者，不得扣押劳动者的居民身份证和其他证件，求职者不要轻易地将自己的证件交给这样的单位。凡是扣押证件的招聘单位大多是非法传销公司。近年来，大学生求职受骗落入传销圈套的案件时有发生。

（三）骗培训费

有些单位会在招聘信息上注明"先培训后上岗"，其实，这些企业中以"培训为主、上岗为辅"的情况居多。不少企业确实在培训者中招用了一些人员，但更多的是培训结束就没了下文。他们正是利用了政府提供的培训优惠政策，从政府补贴中获取利益。有的求职者付款后，往往接收不到任何消息，最终难以要回已付的款额。

（四）非法中介

部分非法职介机构通常采取拖延时间、与用人单位共同欺骗等手段，骗取求职者的信息费、介绍费等。求职者碰到那些"一间门面、一张桌子、一部电话"的职介所要格外当心。正规的职介机构通常具备以下特征：有营业执照和招工许可证原件；明码标价；公示劳动监察机关举报受理电话；收费时，出具由税务部门监督的正规发票；服务人员持有职业资格证。大学生通过职介机构求职，一定要认真鉴别。

（五）骗劳动力

有些企业在招聘时，将试用期定得很长，试用期的工资往往定得很低，但承诺转正后工资会大幅度上涨。但是，试用期即将结束时，企业便以各种理由炒求职者的“鱿鱼”。求职者在确定去这家公司之前，最好找到该公司的员工打听消息，询问那里的工作情况。如果已经去了公司，更应该主动多和同事交流这些情况，及时采取措施。根据《劳动合同法》第十九条规定：“劳动合同期限三个月以上不满一年的，试用期不得超过一个月；劳动合同期限一年以上不满三年的，试用期不得超过二个月；三年以上固定期限和无固定期限的劳动合同，试用期不得超过六个月。同一用人单位与同一劳动者只能约定一次试用期。”

（六）粉饰岗位

招聘单位在招聘广告上把职位写成是“市场总监”“保险事业部经理”等，结果到了岗位，应聘者却发现其实是去做“业务员”“保险代理员”等。有的单位也会以“到基层先锻炼锻炼”“储备干部”为幌子，欺骗求职者，使他们继续工作下去。因此，求职的时候要搞清楚职位的具体内容，仔细分析，询问工作细节。某些用人单位提供的虚而不实的职位，常常冠以好听的头衔，却强调无须经验，这有悖于用人常识，值得警惕。有一些招聘单位虽在招聘广告中列出要招聘的多种职位，其实这些职位都是做业务的，甚至是没有底薪的业务。

（七）窃取创意

由于聘请专家或聘用专业人才的费用较高，有些设计公司或者营销公司为了节约成本，通过大规模招聘的方式来获取好的创意或方案。这类招聘往往要求求职者做一些案例，进行创意策划。如遇这种情况，求职者为安全起见，事先要和公司约定好策划或者创意的版权问题，声明你的创意或者策划不经本人允许不得使用或转让。

（八）不签协议

一些用人单位以各种理由不与毕业生签订《就业协议书》，这是完全不合理的，也是违规的。《就业协议书》是转递毕业生人事关系的依据，如果不签订就业协议，毕业生的人事档案、户籍关系等就无法转入工作单位及所在城市，而这些关系的办理涉及毕业生切身利益，如办理社会保险、职称评审、工龄计算等。因此，单位不与毕业生签订《就业协议书》，对毕业生的工作、生活、职业发展是不利的。毕业生应主动要求用人单位解决这些问题，并可通过当地的人才交流中心协助办理人事档案、户口等关系的接收。

（九）虚假广告

一些招聘广告很是诱人，毕业生也信以为真。一般来说，招聘广告中的承诺，在法律上并非是要约，而是要约邀请。作为毕业生，如想要招聘单位兑现招聘广告中的承诺，一定将这些承诺写入双方的劳动合同条款中，用《劳动法》来约束用人单位对毕业生履行承诺。切记只有形成书面文件，才有法律效力。

（十）招聘传销

传销是指组织者或者经营者发展人员，通过对被发展人员以其直接或者间接发展的人员数量或者销售业绩为依据计算和给付报酬，或者要求被发展人员以缴纳一定费用为条件取得加入资格等方式牟取非法利益，扰乱经济秩序，影响社会稳定的行为。通俗地理解，传销就是用劣质的货以次充好或是不存在的货让你购买，当你购买后就上当了，甚至会让你血本无归乃至失去最基本的生活费用。为了摆脱这种生活状况，必须想方设法用你手里的所谓的“货”去引诱另外一个人购买，就这样，这件劣质的或根本不存在的货就以一个很高的价位从一个人手里传到另一个人手里，一个传一个。同时，由于你很难取得一个陌生人的信任并让他去购买你的东西，你的下一个目标很可能是你的亲戚朋友，这样做的话，你就极大地伤害了你的亲人和朋友，可谓害人至深，传销一直被我国法律明令禁止。但近年来，非法传销组织往往以招聘为名，诱骗涉世未深的大学生上当。

毕业生求职时，面对竞争激烈的就业市场，心情不可过于迫切。否则，便容易掉入一些不法企业设计的陷阱中。因此，毕业生在求职时不应该只看到某个职位的诱惑，而应该事先意识到，求职本身是有风险的，可能会遇到一些陷阱。在求职过程中，要避免陷入求职陷阱。同时，还要对目标单位有充分的了解。若误入求职陷阱，可求助于学校或劳动保障部门保护自己的合法权益。

知识拓展

大学生实习中的权益保障

随着经济社会的进一步发展，大量在校大学生为了在日后激烈的就业竞争中凸显自己，选择在校学习期间通过实习等方式积累工作经验。但与此同时，大学生实习期间的权益受到侵犯的案例时有发生。我国《劳动法》以及《劳动合同法》并没有将全日制大学生纳入法律保护对象范围，因此，在大学生实习过程中发生的相关权益侵害问题有一部分都得不到法律的保护。根据一项调查显示，将近半数的大学生在打工过程中受到不同程度的伤害，其合法权益难以得到保障，即使在合法权益受到侵害时，选择各种途径维权的大学生仅占两成，而选择忍气吞声的大学生占八成。由此可见，我国大学生在我国没有完善法律制度的大环境下，再加上自身维权意识的缺失，实习过程中权益被侵害严重的问题亟需引起重视。

一、权益内涵

实习时期的大学生处于管理的“真空”阶段，缺少统一的规定和程序，劳动权益保障机制急需进一步完善。而明确大学生实习的基本权益需要做的第一步工作就是制定专门保障大学生劳动权益的制度。

1. 基本权益

大学生作为中华人民共和国公民，享有宪法赋予的合法权益。体现在实习过程中的普通权益有以下两点：第一是财产权。即财产所有人有权控制使用其合法财产，实习生在实习过程中应得的实习报酬不得被他人扣留、克扣或者拖延支付。第二是生命健康权。即保障生命安全以及保护身体健康。冒险作业、有毒有害劳动条件等都会损害生命健康权。实习生在实习期间发生人身伤害事故时，实习单位、学校等相关责任人应承担相应的法律责任。实习生在实习单位的工作环境应当符合国家职业卫生安全标准，不得让实习生在有毒有害环境中进行实习（除特殊专业），保障其健康权。

2. 实习权

实习权是指未毕业的大学生为就业而获取真实性工作劳动机会的权利。它既是一项受教育权，也是一项劳动就业权，它是公民受教育权与公民劳动权的交集，是两项权利相互交集而衍生出来的一项新的权利。实习权不能脱离受教育权和劳动权而独立存在，而是这两种权利的集合体。从法律根据来看，我国尚没有规定大学生实习的专门立法。实习权益内容包括以下两个方面。

（1）受教育权

这项权利既是受教育权的具体化，又关系到学生生存权和发展权的实现，在性质上是宪法权利。从实习权利内容看，享有参加教学活动并使用实习教育资源的权利；享有国家给予物质帮助的权利；享有实习人身权；享有公正评价与获得资格证书的权利；享有申诉权等。只有按照教学计划需要实习的学生才能成为实习权的实际享有者。

（2）劳动权

劳动权是涵盖了就业权、劳动保障权、劳动保护权、职业培训权和劳动争议处理权等内容的权利体系。从具体权利内容来看包括平等实习权，即平等地被实习单位选择的权利；自由实习选择权，即自由选择实习单位的权利；劳动报酬权，即对实习工作取得合法报酬的权利；劳动安全卫生权，即享受国家规定的工作卫生标准的权利；休息权，即在实习工作中休息的权利；社会保障权，即享受社会保障的权利等。

二、侵权现状

据了解，大学生实习期往往变成“盘剥期”，企业单位无故辞退实习生或延长学生试用期现象屡屡发生；大学生实习期间尚未享受相关待遇，最低生活保障问题难以解决；实习生与实习单位未签订《劳动保障协议书》，发生工伤、医疗等事故，合法权益无法获得保障等，这些都是实习生权益受到侵害的具体表现。

1. 实习关系的认定

在实习现象越来越普遍的同时，实习关系的认定却并不完善。一项统计数据显示，学校要求学生所在实习单位开具实习证明，单位拒绝开具的比例占 8%，72% 的企业顺利开具实习证明，20% 的实习并没有要求开具实习证明。在企业要求学校开具同意学生实习证明的调查中，52% 的学生在实习中没有遇到过这类情况，32% 的学生顺利开具过学校同意实习证明，16% 的学生在开具证明过程中遭到拒绝。

2. 实习期劳动权益损害类型

大学生在实习中权益被侵犯的情形主要有五种：工作超时、超负荷体力活；用工单位不给或拖欠应得的劳动报酬；安全不受保障，出现事故伤害位；实习单位拒绝或不正确作出实习鉴定；而随着人们素质的普遍提高，人格歧视和侮辱的情况已经不多但仍然存在。

3. 实习期劳动权益维护意识

一项调查报告显示，在遇到权益侵害时，被调查者中有 47% 的人选择与单位人力资源部门协商解决，24% 的人想向学校求助，13% 的人会选择劳动争议仲裁，11% 的人认为提起法律诉讼更为有效，更有 5% 选择默默承受。

三、归因分析

大学生实习权益遭到侵害的原因是多方面的，其中最主要的就是社会原因和法律原因。

1. 社会原因

社会原因主要是企业以盈利为目的，肆意侵害实习生权益。学校方面对于实习生权益被侵害的不作为，以及大学生本身维权意识不强也是一方面原因。

（1）高校人才培养与市场需求脱钩，传统就业领域实习和就业岗位供应不足。由于社会经济快速发展，就业市场呈现供过于求的态势，人才市场需求变化很快，而大学生培养周期较长，许多高校难以根据市场需求及时调整专业设置，专业设置与社会需求之间的差距较为明显。

（2）参加就业实习的大学生缺乏必要的社会保障。在现行的劳动和社会保障制度体系中，对实习大学生没有专门的规定，也没有将其纳入现行的社会保障体系。大部分用人单位为降低成本，不为就业实习的大学生缴纳医疗、工伤等基本保险，使他们相对于正式就业人员来说处于弱势地位。

（3）大学生缺乏自我维权意识和自我保护能力。由于没有相关法律法规保障，实习期间，大学生在与用人单位的交涉中处于劣势，这使得一部分学生的权益在受到侵害后，较少通过合法途径维护自己的合法权益，有的甚至并未意识到自己的合法权益受到了侵害。

2. 法律原因

（1）相关立法缺乏。当前，我国大学生实习权益保障立法在国家层面属于空白，国家没有专门的法律法规来保障大学生实习期间的合法权益，大学生的实习问题属于法律管理的“真空地带”，同时，国家的有关规定中对校外兼职和实习环节的约束太少，缺乏可操作性，造成大学生实习期权益受损无法可依。

（2）适用现有其他法律困难。首先，《中华人民共和国教育法》第四十三条仅对学生享有的申诉权、诉讼权等程序性权利作出规定，第三十条中规定“维护受教育者、教师及其他职工的合法权益”，而对合法权益包括哪些内容并没有规定，也没有对实习生在实习教学过程中的权利作出任何的规定。其次，实习生在实习教学过程中受伤的，并没有被纳入《劳动法》的范围。我国法律并未明确将实习生规定为“工伤赔偿主体”，且在校生与实习单位之间并未建立实质意义上的劳动者与用人单位之间的身份隶属关系，双方之间不存在法律上和事实上的劳动关系，其权利义务关系不受《劳动法》以及《劳动合同法》保护，在实习工作中受伤的，也不能按照《工伤保险条例》规定进行工伤认定。

宪法第四十二条规定：“中华人民共和国公民享有劳动的权利和义务。”

宪法虽然没有直接确认高校实习生，但高校实习生作为我国公民，显然是宪法意义上的劳动者，应当享有相应的劳动权利。

（3）可以适用民法中的有关规定。也就是按照民事侵权处理，从民法角度分析，实习大学生在实习中受到意外伤害，虽然不能按照劳动案件来处理，但并不意味着实习生在劳动中受到的伤害应当由其自己负责，高校实习生可以向自己所在的学校和实习的单位请求人身损害赔偿。《中华人民共和国民法典》规定：“行为人因过错侵害他人民事权益造成损害的，应当承担侵权责任。”“行为人造成他人民事权益损害，不论行为人有无过错，法律规定应当承担侵权责任的，依照其规定。”“民事权益受到侵害的，被侵权人有权请求侵权人承担侵权责任”“用人单位的工作人员因执行工作任务造成他人损害的，由用人单位承担侵权责任。用人单位承担侵权责任后，可以向有故意或者重大过失的工作人员追偿。”“侵害他人造成人身损害的，应当赔偿医疗费、护理费、交通费、营养费、住院伙食补助费等为治疗和康复支出的合理费用，以及因误工减少的收入。造成残疾的，还应当赔偿辅助器具费和残疾赔偿金；造成死亡的，还应当赔偿丧葬费和死亡赔偿金。”所以实习生人身伤害事故应当依法得到赔偿。

四、法律制度构建

1. 专门立法

要彻底解决实践中出现的大学生实习权益受侵害问题，国家应出台一部统一的法规，把大学生实习权益列为确定的保护对象。内容主要包括：明确大学生享有获得公平实习机会的权利，建立大学生实习协议制度及实习报酬补助制度，确定大学生实习期间的人身伤害事故责任制度及赔偿制度，建立相关奖励、合作以及专门的纠纷解决机制和监管机制等。各地方则根据区域特点及现实情况，在统一立法之下制订相应的地方性法规。

2. 行政规章保护

大学生就业难问题早已引起社会各界的广泛关注。近年来，其热度更是有增无减。大学生是享有宪法保障的劳动权的主体，构建保障大学生劳动权益的劳动关系体系可由教育部制定行政规章试行。具体可从劳动合同的签订、规定最低薪酬、最高工时制度、强制缴纳社会保险等方面进行规定，为大学生实习建立起一个具有中国特色的保障机制。

3. 多方救济

实习生发生人身伤害事故后，实习单位往往认为不是工伤而拒绝赔偿，高校则称属于校外事故，也不愿意承担责任，再加上实习生在现实中举证困难，其权益很难得到切实维护。要解决此问题，一是可以采纳某些学者的建言，实行强制实习保险制度，要求高校对大学生实习风险进行投保，一旦实习生人生受到伤害，则由保险公司给予赔偿。如果没有投保，可以排除校方责任而是实习单位的责任时，由实习单位承担；如果不能排除校方责任，或无法分清校方与实习单位的责任大小时，企业和校方承担连带责任；如果无法确定责任，则由保险公司补偿。二是建立专门的实习事故和纠纷解决机制。首先，高校要科学管理学生实习，保持信息反馈渠道通畅，一旦实习生发生意外事故，校方可以第一时间介入，采取有效措施帮助其救济；其次，由政府教育部门、人力资源和社会保障部门共同设立大学生实习纠纷调处机构，专门处理大学生实习期间产生的纠纷和申诉。

互动测评

法律知识竞赛试题

一、单项选择题（请将正确答案填写在括号内，每题 2 分，共 40 分）

1. 建立劳动关系，应当订立（　　）。

A. 书面劳动合同　　B. 口头劳动合同　　C. 书面或者口头劳动合同

2. 用人单位未在用工的同时订立书面劳动合同，与劳动者约定的劳动报酬不明确的，如何支付劳动者的劳动报酬？（　　）

A. 按集体合同规定的标准执行，没有集体合同或者集体合同未规定的，按最低工资标准支付

B. 按集体合同规定的标准执行，没有集体合同或者集体合同未规定的，按本单位同岗位劳动者工资的 80% 支付

C. 没有集体合同或者集体合同未规定的，实行同工同酬

3. 无固定期限劳动合同是指（　　）。

A. 用人单位与劳动者约定以某项工作的完成为合同期限的劳动合同

B. 用人单位与劳动者约定合同终止时间的劳动合同

C. 用人单位与劳动者约定无确定终止时间的劳动合同

4. 用人单位自用工之日起满多长时间不与劳动者订立书面劳动合同的，视为用人单位与劳动者已订立无固定期限劳动合同？（　　）

A. 一个月　　B. 六个月　　C. 一年

5. 三年以上固定期限和无固定期限的劳动合同，试用期不得超过（　　）。

A. 八个月　　B. 十二个月　　C. 六个月

6. 同一用人单位与同一劳动者在约定试用期时如何约定？（　　）

A. 可以多次约定试用期

B. 与劳动者解除或终止劳动合同一段时间后又重新雇用时可以重新约定试用期

C. 只能约定一次试用期

7. 劳动者在试用期的工资支付是（　　）。

A. 劳动者在试用期的工资不得低于本单位相同岗位最低档工资或者劳动合同约定工资的 80%，并不得低于用人单位所在地的最低工资标准

B. 劳动者在试用期的工资不得低于用人单位所在地的社会平均工资

C. 劳动者在试用期的工资不得低于本单位平均工资的 80%

8. 固定期限劳动合同是指（　　）。

A. 用人单位与劳动者约定以某项工作的完成为合同期限的劳动合同

B. 用人单位与劳动者约定合同终止时间的劳动合同

C. 用人单位与劳动者约定无确定终止时间的劳动合同

9. 用人单位在试用期解除劳动合同的（　　）。

A. 应当向劳动者说明理由

B. 不需向劳动者说明理由

C. 根据需要解除劳动合同

10. 什么条件下，用人单位可以与劳动者订立协议，约定服务期？（　　）

A. 用人单位为劳动者提供了培训

B. 用人单位为劳动者提供专项培训费用，对其进行专业技术培训

C. 用人单位为劳动者提供了培训，并与劳动者协商一致

11. 用人单位为劳动者提供专项培训费用，对其进行专业技术培训，可以与该劳动者订立协议，约定服务期。在服务期中，可约定劳动者违反服务期约定的，应支付的违约金数额（　　）。

A. 不得超过用人单位提供的培训费用

B. 应等于用人单位提供的培训费用

C. 可以大于用人单位提供的培训费用

12. 劳动合同期限三个月以上不满一年的，试用期不得超过（　　）。

A. 一个月　　　　　　B. 两个月　　　　　　C. 三个月

13. 劳动合同被确认无效，但劳动者已付出劳动的，用人单位如何向劳动者支付劳动报酬的数额？（　　）

A. 按照当地最低工资标准支付

B. 按照本单位平均工资支付

C. 参照本单位相同或者相近岗位劳动者的劳动报酬确定

14. 用人单位拖欠或者未足额支付劳动报酬的，劳动者如何维护自身权利？（　　）

A. 依法向当地人民法院申请支付令

B. 当地人力资源和社会保障部门

C. 当地人民法院或人力资源和社会保障部门

15. 用人单位发生合并或者分立等情况，原劳动合同如何处理？（　　）

A. 终止

B. 由用人单位解除劳动合同

C. 继续有效，劳动合同由承继其权利义务的用人单位继续履行

16. 变更劳动合同，应当采用哪种形式？（　　）

A. 书面形式报告　　　　B. 口头形式报告　　　　C. 书面或者口头

17. 在哪些情形下，劳动者无须告知可以立即解除劳动合同？（　　）

A. 用人单位以暴力、威胁或者非法限制人身自由的手段强迫劳动者劳动的，或者用人单位违章指挥、强令冒险作业危及劳动者人身安全的

B. 劳动合同对劳动报酬和劳动条件等标准约定不明确

C. 用人单位以欺诈、胁迫的手段或者乘人之危，使劳动者在违背真实意思的情况下订立或者变更劳动合同的

18. 用人单位解除劳动合同，如何进行经济补偿？（　　）

A. 经济补偿按劳动者在本单位工作的年限，每满一年支付一个月工资的标准向劳动者支付

B. 六个月以上不满一年的，按一年计算；不满六个月的，向劳动者支付半个月工资的经济补偿

C. 支付经济补偿的年限最高不超过 12 年

19. 集体合同草案，应当提交（　　）讨论通过。

A. 职工代表大会或者全体职工

B. 行业性工会联合会

C. 全体职工

20. 集体合同订立后，应当报送劳动行政部门；劳动行政部门自收到集体合同文本多长时间未提出异议的，集体合同即行生效？（　　）

A. 十日内　　B. 十五日内　　C. 五日内

二、多项选择题（请将正确答案填写在括号内，每题 4 分，共 20 分）

1. 订立劳动合同应当遵循哪些原则？（　　）

A. 协商一致、诚实信用

B. 合法、公平、平等自愿

C. 自愿协商、诚实信用

2. 劳动合同的类型有（　　）。

A. 固定期限劳动合同

B. 无固定期限劳动合同

C. 以完成一定工作任务为期限的劳动合同

3. 劳动合同的必备条款是（　　）。

A. 用人单位的名称、住所和法定代表人或者主要负责人

B. 劳动合同期限

C. 工作内容和工作地点、劳动报酬、社会保险

4. 哪些情形下应当订立无固定期限劳动合同？（　　）

A. 劳动者在该用人单位连续工作满十年

B. 用人单位初次实行劳动合同制度或者国有企业改制重新订立劳动合同时，劳动者在该用人单位连续工作满十年且距法定退休年龄不足五年

C. 连续订立两次固定期限劳动合同，且劳动者没有《劳动合同法》第三十九条和第四十条第一项、二项规定的情形，续订劳动合同的

5. 用人单位将哪些人员列为竞业限制人员？（　　）

A. 中层管理人员　　B. 高级管理人员　　C. 高级技术人员

参考答案

一、单项选择题

1~5 ACCCC　6~10 CABAB　11~15 AACAC　16~20 AAAAB

二、多项选择题

1.AB　2.ABC　3.ABC　4.AC　5.BC

模拟实训

模拟案例判决

通过讨论、查阅资料，说说下述案例法院会如何判决，增强法律意识与维权意识。

1. 个人违约案例

某报社到某高校选聘文字编辑人员。在校生小赵参加了招聘考试并签了约。高校毕业生就业工作基本结束时，小赵仍未去报到，也没有任何音信。原来她已经到另外一家报社上班了。在始终没有得到任何方面明确答复的情况下，报社向法院提起诉讼，状告小赵违约，要求被告赔偿。法院开庭审理此案。你认为法院会怎么判？为什么？

____

____

____

2. 单位违约案例

三名名牌高校毕业生与上海的一家大公司签订了毕业生就业协议。协议约定月收入为7000元，但是没有约定违约责任和赔偿。按惯例，毕业生应当在毕业当年的7月到签订就业协议的单位报到，成为这个单位的正式职工。但是在6月底，那家公司电话通知他们，由于原来准备上一个新项目，现在决定不上了，所以要撤销就业协议。他们几次找这家公司理论，但都遭到拒绝。就这样，他们被耽搁了半年，不但就业时机被耽误，工资可能也要大打折扣。遇到这样的招聘单位，这几名毕业生该怎么做？

____

____

____

3. 违约金案例

小张原本与一家运输公司签订了就业协议，后来发现这家公司不适合自己，想提出违约。但是她还和公司内部签了一份协议，协议上写明违约方要付违约金3000元。可是在实习期，公司只发给800元的生活费，其他什么待遇也没有。你认为这种赔偿合理吗？为什么？

____

____

____

附录

就业推荐网站

1. 中国人事考试网（www.cpta.com.cn）

人力资源和社会保障部人事考试中心是直接隶属于人力资源和社会保障部的事业单位。按照部赋予的职能，人事考试中心主要承担公务员录用考试、专业技术人员资格考试、公务员遴选考试、中央单位接收安置军转干部考试和事业单位公开招聘考试等五大类，多种考试的命题、阅卷、考务组织、考试技术指导和考试服务等工作。

2. 全国高等学校学生信息咨询与就业指导中心（http://chesicc.moe.edu.cn）

全国高等学校学生信息咨询与就业指导中心是教育部直属事业单位，是专门从事高校招生、学籍学历和毕业生就业信息咨询与指导服务的专门机构。“中心”依托大型数据仓库和中国高等教育学生信息网，为高校学生司等相关单位开发了多套电子政务平台，并开展了一系列面向社会的高校学生信息咨询服务。

3. 智联招聘校园频道（http://xiaoyuan.zhaopin.com）

智联招聘面向大型公司和快速发展的中小企业，提供一站式专业人力资源服务，包括网络招聘、报纸招聘、校园招聘、猎头服务、招聘外包、企业培训以及人才测评等，是拥有政府颁发的人才服务许可证和劳务派遣许可证的专业服务机构。

4. 前程无忧校园频道（http://xy.51job.com）

前程无忧是国内领先的集多种媒介资源优势的专业人力资源服务机构。它集合了传统媒体、网络媒体及先进的信息技术，加上一支经验丰富的专业顾问队伍，提供包括招聘猎头、培训测评和人事外包在内的全方位专业人力资源服务。

5. 中国就业网（chinajob.mohrss.gov.cn）

中国就业网是国内专业从事人力资源服务平台之一，中国就业网为个人和企业提供一站式招聘服务，集合网络招聘、校园招聘、猎头服务于一体，让企业和个人足不出户就能轻松找到自己适合的人才和工作。为更多企业和人才提供全面、专业的人力资源服务。

6. 中国教育在线（http://www.eol.cn/html/c/job）

中国教育在线就业频道推出全国各地区高校就业信息平台，囊括大学本科、高职、高专等众多院校的就业信息，大学生就业服务，相关就业法规以及丰富的职业信息。

7. 中华英才网校园频道（http://campus.chinahr.com）

中华英才网是国内首家提供全面校园招聘解决方案的企业，从2000年至今，累积为多达30余个行业的近300家中外知名企业提供系统、专业的校园招聘定制服务，为客户成功输送近30,000名优秀毕业生。中华英才网成为全国公认的最佳校园招聘服务企业的品牌形象。

8. 各大名校校园就业指导网站

比如上海的复旦、交大、财大；北京的清华、北大、人大；合肥的中科大；厦门的厦大；西安的交大等等，因为这些名校往往是一些知名企业在当地高校的宣讲会宣讲点，因此这些高校的就业网站值得关注。

参考文献

[1] 通识教育规划教材编写组. 大学生职业生涯规划（慕课版）[M]. 北京：人民邮电出版社，2019.

[2] 何霞，方慧. 职业生涯规划实战体验手册 [M]. 北京：机械工业出版社，2021.

[3] 孙中森. 职业生涯规划与创新创业（微课版）[M]. 北京：清华大学出版社，2021.

[4] 曹鸣岐. 职业生涯规划 [M].3 版 . 北京：高等教育出版社，2019.

[5] 苏文平. 大学生职业生涯规划与发展 [M]. 北京：中国人民大学出版社，2019.

[6] 姜霞. 大学生职业生涯规划与就业指导 [M]. 北京：北京理工大学出版社，2015.

[7] 丁晔. 职业生涯规划专项技能培训教程 [M]. 北京：中国劳动社会保障出版社，2019.

[8] 刘佳，何芗. 职场进阶：职业生涯规划与面试宝典 [M]. 北京：清华大学出版社，2021.

版权声明